어른에게도
놀이터가
필요하다

어른에게도
놀이터가
필요하다

주은경의
시민교육기획 노트

궁리
KungRee

내 인생의 삼중주, 사람 배움 상상

"직업은 당신의 진정한 기쁨과 세상의 깊은 허기가 서로 만나는 장소다."

-프레데릭 뷔허너

배우고 성장하는 삶

정년퇴직 후 지리산 산마을에 작은 방 하나를 얻었다. 서울에서 나고 자라 도시에서만 일했던 내게 시골생활은 오랜 로망이었다. 친구들이 물었다. "거기서 뭐 해? 심심하지 않아?"

"심심할 틈이 없어. 뒷집 강아지 산책시키고, 하루 한 시간 동네 헬스장에서 운동하고. 밥 해 먹고. 두 평 남짓한 텃밭에서 호박 키우고 풀 뽑고. 책 읽고 글 쓰고." 그뿐만이 아니다.

나는 1주일에 평균 두 번 노트북을 켜고 비대면 모임에 접속하고 있다. 매주 일요일엔 '느티나무 시민연극단' 친구들과 낭독연극 모임을 한다. 격주로 서울시 50플러스 인생학교의 후속모임 '조이' 친구들과 또 다른 연극대본을 읽는다. 한 달에 한 번 시와 꿈을 나누는 '생시몽' 모임도 있다. 다섯 명의 친구들이 각자 그날 다가온 한 편의 시를 낭독하고 그 느낌을 이야기하면 마음이 촉촉해진다.

온라인 북토크에도 참여한다. 발달장애와 정신장애가 있는 형제를 둔 비장애형제들이 쓴 『나는 괜찮지 않아도 괜찮아』. 이 책을 쓴 여섯 사람이 각자 자신의 경험을 얘기할 때 70여 명이 숨죽이며 이야기를 들었다.

독서모임도 두세 개 한다. 지난 해부터 30년지기 친구들과 한 달에 한 번 독서모임을 하고 있다. 시작한 지 4년 된 독서모임 '와인'도 빠지지 않는다. 온라인 말고 직접 만나는 모임도 있다. 매주 한국미술사 강의도 듣고 전통북 난타를 배우기 시작했다.

퇴직 후에 시간이 많아진 탓도 분명 있지만, 나는 배움을 통해 사람들과 만나고 소통하는 것을 무척 좋아한다. 좋아하니까 계속 참여하는 건 당연하다. 내가 좀 유난한 건 인정하지만, 모든 사람들에게 그 욕구가 있다. 배움과 성장의 욕구. 즐겁게 의미 있는 삶을 살고 싶은 마음.

시민교육기획자의 일

막히면 뚫는다. 코로나 때문에 많은 것이 막혔지만 새로운 장이 열렸다. 지난 10년 한국사회에 눈에 띄는 변화의 현장이 있다. 도서관, 평생학습관 등 시민교육공간의 프로그램 수준이 높아지고 방식도 다양해졌다. 인문학공동체, 작은 도서관, 동네책방 등 시민들이 독립적으로 운영하는 공간도 많아졌다. 코로나는 온라인 공간을 더욱 확장시켰다. 많은 시민들이 화상모임, 단톡방 챌린지에 참여하고 있다. 코로나가 학교교육뿐 아니라 시민교육 현장에도 큰 변화를 가져온 것이다.

시민들의 배움의 공간이 다양해진다는 건, 그 일을 하는 사람들도 많아진다는 것을 의미한다. 시민들의 예술, 놀이, 공부모임 역시 그렇다. 그 모임을 만들어 잘 진행되게 하려면 그것을 기획하고 운영하는 일이 필요하다. 여기서 중요한 것이 있다. 이 일을 하는 사람 스스로 늘 품고 있어야 하는 질문.

"시민교육기획자, 나는 누구인가." "스스로 어떤 정체성, 어떤 철학과 목표를 가지고 시민교육을 하는가." "시민교육을 왜 좋아하는가." "이 일을 하면서 어떤 성장과 변화를 경험하고 있는가."

이 질문은 시민교육기획자에게 힘을 주는 질문이다. 비록 내 개인의 경험이라는 한계는 있지만, 나의 경험을 통해 이 질문에 대해 함께 생각해보자는 것. 이것이 내가 이 책을 쓴 이유다. 그러면 나는 왜 이 질문들을 중요하게 생각할까. 이 질문은 지난 나의 시민교육 경험에 어떻게 녹아 있을까.

노동자교육-교육은 공감이다

나는 교육학자가 되겠다고 대학에 들어갔다. 그리고 15년 만에 졸업했다. 대학 강의실에서 배우는 교육학은 재미없었지만 교육을 매개로 사람을 만나고 그 공간을 만들어내는 일은 언제나 즐거웠다. 사람들이 배움을 통해 친구가 되고 성장하고 변화하는 것을 함께 보고 경험할 때, 여기에 나의 작은 노력이 보탬이 될 때 정말 큰 감동이었다. 그것은 나 자신이 깨지는 소리와 함께 오기도 했다.

1980년 광주는 나의 20대를 완전히 뒤흔들어놓았다. 서울 여의도 아파트에서 광주 소식을 들었을 때 대학교 2학년. 당시 취미로 피아노를 치던 나는 실존의 고민에 빠졌다. 내가 피아노 건반을 두드리는 바로 그 시간, 무고한 시민들이 총에 맞아 죽어갔다. 나를 둘러싼 시간과 공간이 완전히 무너지고 흔들리는 경험이었다. "이게 뭐지?" "세상이 이래도 되나?" 아마도 2014년 세월호 사건이 시민들에게 던져주었던 슬픔과 분노, 절망의 감정과 비슷하지 않을까? 몇 달 후 나는 선배에게 부탁해 구로공단의 노동야학에 참여했다. 당시 독재정권에 맞서 뭐라도 해야겠다는 마음에.

노동야학 장소는 구로공단의 이른바 '닭장집'. 쪽방 문을 열고 들어가면 부엌이 있고 그 안쪽에 두 평 조금 넘는 방이 있었다. 어떤 때는 여섯 명, 적은 날엔 두세 명 앞에서 칠판을 놓고 수업을 했다. 그중에 지금도 또렷이 기억하는 얼굴이 있다. 얼굴이 동그랗고 눈이 유난히 똘망똘망했던 김현옥. 그를 포함해 하루 10~12시간 미싱을 돌리다 온 노동자들은 꾸벅꾸벅 졸았다. 이런 친구들 앞에서 나는 한국근현대사를 강의했다. 전봉준이 어떻고, 독립운동이 어떻고. 도서관에서 살다시피 하며 며칠을 준비해 한 시간 강의를 하는데 서로 공명하는 느낌이 들지 않았다. "강의를 듣는 노동자들에게 이 내용은 어떤 의미가 있을까? 이들에게 어떤 감흥을 주고 있을까?"

그때 깨달은 것이 있다. 교육은 일방적 전달이 아니라는 것. 참여한 사람들이 왜 여기 와 있는지 그 처지와 욕구를 읽어낼 수 있어야 한다는 것. 참여자들과의 깊은 소통과 공감이 중요하다는 것. 실패의 경험이긴 했지만 나는 우리가 공유했던 소중한 것이 있었다고 생각한다. 서로의 처지에서 '변화'를 위해 함께 열정을 나누었기에.

그 후 학교에서 시위를 주동하고 1년 감옥살이를 하고 나왔다. 인천에서 남의 주민등록증을 위조해 이른바 '위장취업'으로 공장에 들어갔다. 의류공장 완성반에서 아침 8시부터 새벽 3, 4시까지 야근 특근을 하고 나면 다리가 퉁퉁 부었다. 전자공장에 다니면서 위장취업이 드러나고 노동자들에게 유인물을 뿌리다 붙잡혀가기도 했다. 조직 사건에 연루돼 경찰에 쫓겨 동가식서가숙 도망을 다니며 거리에서 1987년 6월 항쟁을 맞이했다. 그리고 그해 7, 8월 노동자투쟁이 한고비를 넘길 즈음, 인천민중교육연구소 교육부에서 일하기 시작했다. 그때 나는 가장 나에게 맞는 일을 만났구나 하는 확실한 감을 잡았다.

인천민중교육연구소는 노동운동가들을 교육하고 상담해주는 조직이었다. 10명이 넘는 활동가들이 무보수에 단체 운영비까지 마련하면서 일을 했다. 당시 노동자교육은 강의가 거의 전부였다. 내용도 중요하지만 일단 사람들을 휘어잡는 능력과 말솜씨가 좋아야 했다. 하지만 나는 그런 능력이 없었다. 앞에서 강의하는 일보다 뒤에서 교육을 조직하고 필요한 자료를 만드는 일이 더 재미있었다. 노동조합을 직접 방문해 교육을 홍보하고 사람들이 참여하도록 독려할 때는 교육활동가가 아니라 영업사원 같다고 느낀 적도 있다. 그래도 좋았다. 사회의 변화를 위해 노동자가 어떤 역할을 해야 하는지 공부하고 토론하는 시간이 재미있었다. 그런데 점점 고민이 생겼다. 노동자교육, 이렇게 강의 중심으로 해도 되나. 좋은 강사는 어떤 사람인가. 어떤 철학과 목표를 가지고 교육을 해야 하는가. 구체적인 동기부여는 어떻게 해야 할까. 강의 말고 정서적으로 파고드는 교육자료도 필요하지 않을까.

인천민중교육연구소에서 일하던 나는 1990년 서울에서 전국노동단체연합을 만드는 데 파견되었다. 전국단체라 해도 실무자는 서너 명. 그 단체 사무국에서 나는 3년 동안 사무처장, 교육위원장으로 일했다. 교육자료집을 만들어 소속 지역단체 교육활동가들을 지원하는 일을 했다. 노동절집회에 내는 유인물도 썼다. 안 써봤던 글이라 고생을 했다. 타이프를 치고, 충무로 인쇄골목에 가서 조심조심 인쇄를 하고, 3천 부의 유인물을 경찰의 철통 봉쇄를 뚫고 집회장이었던 대학 안으로 들여보내고. 그렇게 연달아 두 해의 노동절 유인물을 썼다.

그러다 1993년 무렵 그 단체가 깨지면서 나는 노동운동을 떠났다. 건강에도 빨간 불이 켜졌다. 무엇을 해야 하나 앞이 보이지 않았다. 다행히 교정 아르바이트를 했던 인연으로 월간지 인터뷰 기사를 쓰게 됐다. 혼자 힘으로 자동차의 결함을 입증해 대기업을 상대로 재판에서 이긴 열혈 시민을 취재했다. 1993년 한국여성 에베레스트 원정대 대장으로 히말라야 에베레스트에 태극기를 꽂았던 지현옥도 인터뷰했다. 아프리카에서 의료활동을 했던 의사의 자서전을 대필하기도 했다.

시민교육과 방송은 통한다―사랑하는 힘과 질문하는 능력 |

새로운 일이 나의 마음을 사로잡았다. 옛 동료가 술자리에서 말했다. "MBC 〈피디수첩〉에서 방송구성작가로 몇 달 일했는데 나는 정말 아니더라고요. 그만두고 나왔어요." 방송구성작가가 뭐지? 생소했다. 그런데 하고 싶었다. 직감적으로 재미있을 것 같았다. 하지만 서른다섯 나이에 그 일을 시작할 수 있을까? 방송국 관계자들을 몇 사람 만나봤지만 모두들 고개를 저었다. 나이가 너무 많다는 것이었다.

시민문화운동단체에서 주최한 '다큐멘터리 특강'을 들었다. 그날 강사였던 김옥영 방송작가의 말을 지금도 기억한다. "다큐멘터리의 핵심은 각성과 변화다." 다큐멘터리가 내가 추구하는 교육의 핵심과 이렇게 만날 수 있다니. 방송일이 더욱 매력적으로 느껴졌다. 그때가 1994년 2월. 김영삼 문민정부가 시작되고 KBS의 간판 시사다큐멘터리 〈추적60분〉이 부활했다는 소식을 들었다. 그 팀에 이력서와 아이템 기획서를 들고 찾아가 면접을 봤다. 다음 날 연락이 왔다. "내일부터 나올 수 있나요? 일단 한 편 하고 봅시다."

그렇게 나는 방송일을 시작했다. 그 후 15년 동안 다큐멘터리 작가로 〈신한국기행〉, 〈특종 비디오저널〉, 〈역사스페셜〉, 〈KBS 스페셜〉, 〈인물현대사〉, 〈한국사회를 말한다〉, 〈시사투나잇〉 등을 집필했다.

나는 방송작가 일을 참 좋아했다. 비록 근로계약서도 쓰지 못해 비정규직노동자도 못 되는 프리랜서 신분이었지만 일을 하면서 만나는 사람과 세상이 신선했다. 누가 뭐라 하든 나는 스스로 부여한 정체성이 분명했다. '방송작가에게 필요한 것은 사회에 대한 깊은 시선과 애정, 그리고 질문하는 능력이다. 방송작가는 저널리스트다.'

저널리스트로서 방송작가에게 가장 중요한 것은 아이템 기획부터 촬영구성안, 편집구성안, 최종 원고까지 모든 단계에 관통하는 관점과 시선이다. 방송작가는 이 시대를 살아가는 사람들이 무엇에 관심 있는가, 그것에 촉각을 세워 고민하고 구성하고 표현해야 하는 일. 이것은 내가 시민교육기획자의 길을 가는 데도 큰 힘이 되었다. 또 하나 중요하게 배운 것이 있다. 그것은 호기심과 질문하는 능력. 방송은 시청자를 대신해 질문하는 일이다. 왜 그 시대 그런 일이 있었을까. 그 사람은 어떤 사람일까. 왜 그런 행동을 했을까. 교육을 새로 기획할 때도 강의시간에 진행을 할 때도 기획자에겐 질문하는 능력이 매우 중요하다. 참여자들이 질문의 힘을 더 키워가도록 분위기를 만들어내야 한다.

질문하는 능력은 사랑하는 힘이 바탕이 되어야 한다. '나'에서 출발하지만 외부로 시선이 열려 있어야 내가 뭘 모르는지 알게 되고, 더 알고 싶어지고, 내가 느낀 것을 다른 사람들과 나누고 싶어진다. 나에게 방송작가와 시민교육기획자의 일은 질문을 통해 세상을 사랑하는 일이었다.

"이 우주가 우리에게 준 두 가지 선물, 사랑하는 힘과 질문하는 능력."[1] 언젠가 교보생명 광화문 글판에서 발견했던 글귀다. 지금은 교육과 방송뿐 아니라 다양한 자신의 직업 경험을 토대로 시민들 누구나 기자, 편집자, 작가, 예술가가 될 수 있는 시대다. 당연히 시민교육기획도 누구나 할 수 있다. 사랑하는 힘, 질문하는 능력이 있다면 말이다.

---

1 메리 올리버, 『휘파람 부는 사람』.

노동대학—진정한 공부는 머리, 가슴, 발로의 여행

교육기획자로서 가장 뿌듯했던 일을 꼽으라면, 그중 하나가 성공회대학교 사회교육원 노동대학을 처음 기획해 5년 동안 키워왔던 경험이다. 지금도 기억한다. 총 20회 수업의 노동대학 1기를 마치고 첫 수료식을 하던 날. 신영복 선생님은 한 사람 한 사람 눈을 맞추며 수료증을 전달했다. 나는 맨 앞줄에서 수료식 진행을 도우며 흐르는 눈물을 참고 있었다. "해냈구나."

가슴이 벅찼다. 과연 될까? 걱정도 많았지만 여러 사람의 힘으로 만들어낸 장기 공연을 성황리에 마치고 커튼콜을 하는 모습을 보는 느낌이랄까?

프리랜서 방송작가였던 나는 1999년부터 성공회대학교 사회교육원 기획실장으로 일했다. 일종의 '투잡'이었다. 교사들을 위한 '교사아카데미', 일반 시민들을 위한 '고전읽기반'을 기획했다. 동시에 가장 공을 들였던 것은 '노동대학'이었다. 1년에 두 학기, 16~20회의 긴 시간. 그때 사회교육원장이던 신영복 선생님이 수료식에서 말했다.

"머리에서 가슴으로, 그리고 가슴에서 다시 발까지의 여행이 우리의 삶입니다. 머리 좋은 사람이 마음 좋은 사람만 못하고 마음 좋은 사람이 발 좋은 사람만 못합니다."

머리에서 가슴으로 가는 여행이 공부의 시작이지만, 진정한 공부는 발까지 도달해야 한다는 것. 신영복 선생님은 '문사철 시서화(文史哲 詩書畵)'가 통합되는 교육, 시민과 노동자가 이른바 '근로 인테리'가 되어야 한다고 했다. 그때 나는 그 말이 뜻하는 바를 정확히 알지 못했

다. 당시만 해도 근래 10여 년만큼 인문학 강의가 유행(?)하는 시기가
아니었다.

더불어 내가 깊이 고민했던 것이 있었다. 노동운동이나 시민운동
모두 사회변화를 위한 활동이다. 그런데 그 일을 하는 사람이 진정 즐
겁고 행복해야 계속 운동을 할 힘이 생기지 않을까? '사회적 자아'와
'개인적 자아'가 통합되는 자유로운 시민, 사회와 삶의 주인으로 살기
위해 사회적 차원뿐 아니라 일상의 민주주의를 실현해내는 시민. 이러
한 시민들의 성장과 변화에 교육이 역할을 해야 하지 않을까?

노동대학을 만들고 5년. 그 후 2004년 나는 성공회대학교 사회교육
원을 떠났지만, 지금까지 노동대학은 안정적인 노동자교육의 대표 모
델로 성장해왔다.

모든 시민은 교사, 예술가, 정치가

2008년 방송을 접고 나는 참여연대 부설 교육기관 아카데미느티나
무에서 시민교육기획자로서 일을 시작했다. 2020년 말 정년퇴직할 때
까지 정말 즐겁게 일했다. 12년 동안 이 일을 하며 내가 중요하게 품었
던 핵심적인 생각을 말해본다.

- 민주주의는 더 나은 사회로 나아가는 데 꼭 필요한 힘이다. 민주주
  의는 민주주의를 자신의 문제로 생각하는 시민들의 힘으로 성장
  한다. 그 시민들의 힘과 삶의 변화를 돕는 시민교육이 필요하다.

- 모든 시민은 교사, 예술가, 정치가다

모든 시민은 그 삶의 스토리와 경험, 존재 자체를 통해 서로에게 배운다. 서로는 서로에게 '교사'다. 모든 시민은 예술적인 삶을 향유하고 표현할 욕구를 가지고 있다. 전문예술가만 예술가가 아니다. 모든 시민은 '예술가'다. "개인적인 것이 정치적인 것이다." 모든 시민은 정치의 주체로 자신의 삶과 사회의 변화를 만들어낸다. 불의에 저항한다. 모든 시민은 '정치가'다.

- 시민교육, 삶의 물음에 대답하라

사랑하고 분노하고 갈등하고 슬퍼하는 감정의 문제도 시민교육의 중요한 주제다. 자신과 사회의 주인으로 살기 위해 집이란 우리에게 무엇인지, 돈이란 무엇인지 시민 일상의 사안에 대해 성찰하고 문제를 해결하는 힘을 키워야 한다.

- 지성, 감성, 영성의 통합교육

시민교육은 누가 누구를 일방적으로 가르치는 방식에서 벗어나야 한다. 자신이 처한 삶의 문제를 비판적으로 사고하는 '지성', 타인의 고통에 깊이 공감할 수 있는 '감성', 그리고 내면의 목소리를 들으며 성찰하는 '영성'의 통합이 필요하다. 지성, 감성, 영성이 통합되었을 때, 우리는 돈과 권력에 휘둘리지 않는 시민, 지치지 않고 저항하는 시민, 연대하고 관용하는 시민으로 살아갈 수 있을 것이다. 통합성. 이것은 교육의 내용, 형식, 방법 모두에서 추구되어야 한다.

– 이러한 시민교육을 기획하는 당신은 교육자, 교사이며 나아가 교육연출가, 예술가다. 그 정체성이 중요하다.

나의 현장 이야기가 작은 선물이 될 수 있을까

어느 날 시사주간지 기자가 인터뷰 요청을 했다. 정년퇴직을 앞두고 있을 때였다. 시민단체에서 정년퇴직이 있다는 게 신기하다고. 그때 나는 대답했다. "정년퇴직은 은퇴가 아니라고 생각해요. 사회가 정한 선을 넘는 것에 불과하죠. 계속 시민교육 분야에서 보다 자유롭게 활동하고 싶어요."

나에게 '시민교육'은 프레데릭 뷔히너의 말대로 "나의 진정한 기쁨과 세상의 깊은 허기가 서로 만나는 장소"였다. 직업과 소명은 다르다. 참여연대 아카데미느티나무 원장이라는 직책은 내려놓았지만 배움을 통해 사람들과 사랑을 나누는 소명과 즐거움을 포기하고 싶지 않다. 내가 좋아하고 사랑하는 삶이니까. 자유롭게 내가 하고 싶은 것을 하자. 그동안 업무에 밀려서 못했던 '나의 시민교육 현장 이야기'를 쓰자. 함께 공부하고 서로 배우며 모르는 사람과 친구가 되고 낯선 이를 환대하는 공간을 더욱 확장하는 데 조금이라도 도움이 되기 위해.

그런데 고민이 있었다. 너무 철 지난 얘기 아닐까. 이미 다 알아서 잘하고 있는데, 내 얘기가 과연 도움이 될까. 수도 없이 묻고 또 물었다. 그러다 질문을 바꾸기로 했다. 대단한 게 아니어도 괜찮지 않을까? 시민교육 현장에서 내가 어떤 교육철학과 방향으로 일했는지, 어떤 질문이 있었고 그것은 어떻게 변화해왔는지, 어떤 경험과 실천을 했는지, 어떤 충만감과 기쁨이 있었고 어떤 고민과 어려움이 있었는지. 나의 이야기가 이 길을 가는 동료들에게 작은 선물이 될 수 있지 않을까? 그러려면 무엇을 어떻게 써야 할까?

내가 이 책을 쓰겠다고 마음먹은 이유는 또 하나 있다. 지난 10여 년 동안 평생교육과 시민교육 기획자, 대학교수 등 연구자, 교육학과 학생과 대학원생들을 대상으로 크고 작은 토론회의 발표자로 강사로 여러 차례 참여한 적이 있다. 그때마다 아쉬웠다. 그래서 나의 이야기를 본격적으로 풀어놓기로 했다. 책을 통한 소통이 훨씬 깊고 강력하지 않은가.

짐작하겠지만 이 책은 시민교육에 대한 이론서나 매뉴얼 북이 아니다. 시민교육기획 현장에서의 경험을 영상 아닌 글로 쓴 다큐멘터리에 가깝다. 나의 이야기가 자신의 삶을 의미 있게 경작하고 싶은 사람들, 함께 놀고 배우고 공부하는 공간을 좋아하는 시민들, 그리고 소소한 모임을 만들어 작은 변화를 작당하는 사람들에게 미약하나마 힘이 되길 바란다.

지금 어딘가에서 질문을 키워가며 새로운 상상, 의미 있는 시도를 하는 여러분의 이야기를 기다린다. 내가 글을 쓰고 있는 지리산 산마을의 찬란한 햇살이 여러분을 응원한다.

차례

───── 1부 ─────
어른에게도 놀이터가 필요하다
· 서로 배움의 공간 ·

그 누구도 흥미롭지 않은 게 아니다.

그들의 운명은 별들의 운명과도 같다.

그 누구도 특별하지 않은 게 아니다.

별들이 모두 다른 것처럼.

어둠 속에 사는 인간이

어둠 속에서 친구를 얻는다면,

어둠도 흥미롭지 않은 게 아니다.

누구에게나 자신의 세계가 있고

그 세계에는 즐거운 한때가 있다.

그리고 슬픈 한때가 있다.

그 어느 것도 자신의 것이다.

— 예브게니 옙투셴코, 「민중」에서

어른에게도
놀이터가 필요하다

서로 배움의 공간

희곡 읽는 밤

일요일 저녁 8시 30분 휴일이 끝나가는 시간. 컴퓨터 앞에 정자세를 하고 앉는다. 온라인 화상모임 '희곡 읽는 밤'이 시작된다.

코로나가 시작되고 어느덧 두 해째에 접어들던 2021년 1월, 참여연대 아카데미느티나무의 소모임 시민연극단 단톡방에 누군가 제안을 했다.

"우리 희곡 같이 읽어볼까요? 세 명이든 네 명이든 모이는 만큼 그냥 읽기로 해요."

뜻밖에 하겠다고 손드는 사람들이 많았다. 무려 11명. 첫 작품은 〈굿 닥터〉. 안톤 체호프의 콩트를 미국의 극작가 닐 사이먼이 1973년 각색한 희곡작품이다. 젊은 하급 공무원이 상사인 장관의 머리에 재채기를 하고 그 일에 집착하다 죽게 된 이야기, 무서운 통증 때문에 치과를 찾아왔으나 돌팔이 의사에게 이빨을 뽑히는 신부님, 아들의 생일을 맞이해 여자를 체험하게 해주려는 아버지, 주인의 부당한 처사에 말한마디 못하는 순진한 가정교사 줄리아 등 8개의 에피소드. 요즘 말로 '웃픈' 이야기다.

내가 가장 몰입했던 것은 돌팔이의사와 신부님 장면. 나는 4년 전 신경치료를 할 때 몇 날 며칠 잠 못 자고 고생했던 기억이 떠올라 정말 실감나게 낭독했다. 마치 내 이빨이 다시 아픈 것 같았다. 여자 꼬시는 데 타의 추종을 불허하는 바람둥이 장면은 두 사람의 러브라인에 몰입해 낭독하는 친구들 보는 재미도 쏠쏠했다. 함께 소리 내 읽는 건 눈으로 슥 읽는 것과 완전히 다르다. 감정을 최대한 표현해서 읽기 때문에 인물에 몰입하게 된다. 서로 주고받는 에너지도 있다. 앞 대사를 읽은 친구의 영향을 받아 다음 대사에도 감정을 이어간다. 여기서 중요한 팁 하나. 각자 배역을 정해놓고 낭독하지 않는다. 그날의 참여자들이 순서를 정해서 읽는다. 그래야 작품 전체에 집중할 수 있다.

영화로 한 번쯤 봤을 법한 작품들도 읽었다. 무너져가는 가족 이야기를 통해 미국 자본주의의 민낯을 보여주는 아서 밀러의 〈세일즈맨의 죽음〉과 테네시 윌리엄스의 자전적 희곡 〈유리동물원〉.

"TV에서 영화를 본 적이 있어요. 그냥 그런 이야기인가 보다 했죠. 그런데 희곡에 감정을 넣어 소리 내 읽어보니 완전히 달랐어요. 등장인물들 하나하나 그 캐릭터에 집중할 수 있었어요. 특히 주인공 톰의 누나 로라가 너무 불쌍했어요. 앞으로 그는 어떻게 살지?" (참여자 K)

한 사건에 대해 각 인물들이 저마다 다른 기억으로 이야기를 풀어가는 일본희곡의 고전 〈나생문〉. 그리고 환경문제를 풍자한 중국의 현대극 〈청개구리〉도 읽었다. 얼핏 이해하기 어렵기도 하고 각각 일본과 중국의 독특한 느낌이 묻어나는 작품들. 낭독이 끝나면 소감도 나누고 서로 질문도 하면서 작품을 풍성하게 이해할 수 있었다. 혼자 읽었으면 불가능했을 일이다.

한국의 대표 희곡작품도 함께 읽었다. 이름만 장군일 뿐 세상물정 모르는 순진한 농부가 행정오류로 군대에 징집되는 이야기 〈오장군의 발톱〉(박조열 작, 1974), 제목과 반대로 앞이 보이지 않는 가족의 이야기를 다룬 〈청춘예찬〉(박근형 작, 1999). 외국 작품에 비해 우리나라 희곡을 읽을 땐 인물들이 겪는 불행의 강도가 더 크게 다가왔던 것 같다.

다음엔 그리스 비극 세 편. 그때 나는 다른 독서서클에서 카렌 암스트롱의 『축의 시대』를 읽고 있었고 덕분에 그리스 비극을 깊은 시선으로 들여다볼 수 있었다. 그는 〈메데이아〉를 "신의 명령에 따라 행동했던 이전의 영웅들과 달리 오로지 자신의 절박한 로고스에 따라 움직였던" 인간으로 설명한다. 〈안티고네〉는 "가족 간 의리와 폴리스의 법 사이에 일어난 화해할 수 없는 충돌"을 그린 작품이며, 〈오이디푸스 왕〉은 "혐오감을 느낄 만한 범죄를 저지른 죄인에게 관객들이 자비심을 느끼며 초월과 공감의 엑스타시로 안내되는" 작품이라 소개한다.[2] 카렌 암스트롱은 고통과 불안에 직면한 사람들과 그들의 아픔을 함께 느끼는 공감 능력에서 인류의 희망을 본다.

(그리스 비극을 함께 보고) 아테네 사람들은 디오니소스 축제에서 부끄러움 없이 큰 소리로 울었다. 이것은 시민 간 유대를 강화해주었을 뿐 아니라, 개인들에게 그들이 슬픔에서 혼자가 아님을 일깨워

---

2   카렌 암스트롱, 『축의 시대』, 정영목 옮김, 교양인, 2010, 394, 435, 439쪽.

주었다. 그들은 완전히 새로운 방식으로 모든 인간이 고난을 겪는 다는 사실을 깨달았다. 카타르시스는 공감과 자비를 경험하는 데 서 얻을 수 있었다. 타자와 '함께 느끼는' 능력이 비극적 경험의 핵 심이기 때문이다.[3]

입센의 〈인형의 집〉은 너무도 유명해 말할 필요도 없다. 하지만 이 작품을 찬찬히 그것도 소리 내 읽어본 사람이 몇이나 될까?

대본을 다 읽고 나서 우리는 토론을 했다. 대본 자체도 흥미로웠지 만 얘기를 나누면서 한 인물을 여러 시선에서 만날 수 있었다. "노라는 어떤 부분에서 자신의 부부관계에 대한 깨달음이 왔을까요?" "노라는 집을 나간 후 어떤 삶을 살았을까요?"

입센의 〈유령〉, 〈헤다 가블레르〉 역시 압권이었다. 작품을 읽다 중 간에 끊기면, 궁금해도 혼자 먼저 다음 장면을 읽지 않았다. 다음 주 일요일 저녁 함께 대본을 읽을 때까지. 혼자 소설이나 희곡을 볼 때라 면 있을 수 없는 일이다.

이어서 『체호프 희곡전집』의 모든 작품을 다 읽었다. 〈큰길에서〉, 〈고니의 노래〉, 〈담배의 해독에 관하여〉, 〈곰〉, 〈청혼〉, 〈싫든 좋든 비극 배우〉, 〈결혼 피로연〉, 〈기념식〉, 〈이바노프〉 등. 한 작가가 일생에 걸 쳐 집필한 희곡작품을 모두 읽으면 새롭게 알게 되는 것이 있다. 이 작 품에서 이 인물이 저 작품에서 저렇게 변화해서 다시 등장하기도 하 고, 그 인물을 통해 작가가 말하고자 하는 것이 무엇인지 더 분명하게

---

3 카렌 암스트롱, 위의 책, 387쪽. (괄호 안 첨언은 인용자)

드러나기도 한다. 〈바냐 삼촌〉과 〈갈매기〉 같은 유명한 작품은 어떤 과정을 통해 숙성되었는지 알게 되는 재미도 있다. 또한 소설과 희곡의 차이에 대해서도 알게 되었다.

"소설에서는 그 인물이 하는 말 외에 행동, 생각, 배경을 묘사하며 작가의 생각을 풍부하게 서술하잖아요. 그런데 희곡은 주로 대사와 지문 중심이니까 배우와 관객이 상상하고 해석할 여백이 더 많은 것 같아요. 그것이 재미있기도 하고 어렵기도 해요." (참여자 J)

희곡 읽는 밤은 당신에게 무엇이었나요?

매주 일요일을 희곡 읽는 밤으로 마무리했던 한 해, 그동안의 시간이 자신에게 무엇이었는지 친구들에게 물어보았다.

"휴일의 끝자락을 부여잡고 좀 더 늘어지고 싶은 마음을 애써 떨치고 노트북 앞에 앉는다. 읽는 순서를 놓칠까봐 집중하고 인물이 놓인 상황과 성격을 조금이라도 살려보려고 음색을 조절해가며 몰입해 읽다 보면 어느새 주말의 밤은 지나고 잠자리에 들 시간이다."

"지난 1년의 대본 낭독은 나에게 '즐거운 숙제'였다. 숙제를 하면서 끝냈다는 뿌듯함과 즐거움을 느꼈다. 좋은 작품은 온라인으로도 감동의 온기가 나누어진다. 작품을 읽고 얘기를 나눌 때 늘 즐거웠고 10시쯤 마치고 나면 뿌듯했다."

"이 시간은 일상을 떠나 나를 다른 세계, 다른 인물에 풍덩 빠지게 해주는 매력이 있다. 치솟은 전세가격과 이사문제, 부모님과 조카 걱

정, 최근 합류한 동료와의 갈등 같은 소소한 일상을 나눌 수 있는 친구
도 필요하지만, 희곡을 낭독할 땐 그런 일상에서 벗어날 수 있어서 좋
았다. 온라인 모임이라 집이든 어디든 내가 가장 편한 공간에서 만날
수 있다는 것도 매력이었다."

나에겐 어떤 시간이었을까? 희곡 읽는 밤은 '내가 참여하는 주말연
속극'이었다. 나는 이 시간이 재미있어 1주일을 기다렸다. 다음 시간이
궁금했다. 덕분에 정년퇴직 후 글 쓴다고 혼자 시골에 있는 나의 일요
일 저녁이 외롭지 않았다.

코로나 시대 더 많은 온라인 희곡 읽기 모임이 생기면 좋겠다. 전쟁
터에서도 놀 거리를 만들어내는 아이들처럼, 우리들도 창조적으로 놀
아보자.

노년의 자리

아버지에게 그때가 왔다. 정년퇴직 후에도 열정적으로 시민운동을 했고, 나이 80이 넘어서도 신문에 기고를 해오셨던 아버지. 나이 84세. 혼자 살기 어려운 상황이었다. 어머니가 세상을 떠난 후 그 연세까지 10여 년 동안 혼자 독립적으로 살아온 분인데. 누구에게나 닥치는 그 시간, 돌봄이 절대적으로 필요한 시간이 온 것이다.

어떻게 해야 하나. 선배나 지인들의 삶을 어깨너머로 보면서 연로한 부모님을 돌보는 게 얼마나 힘든지 조금 알고 있었다. 특히 나는 일의 특성상 밤늦게 귀가하는 날이 많기 때문에 엄두가 나지 않았다. 마음이 복잡했다. 정리가 필요했다. 한겨울이었지만 지리산 실상사로 내려갔다. 손이 곱아 견디기 힘들 만큼 매서운 산바람을 맞으며 발길 닿는 대로 돌아다녔다. 마음이 잡히지 않았다. 오랜 친구처럼 가끔 독대해온 도법스님과 차담을 나누었다.

"나에겐 큰 약점이 있어요. 이건 내 일이다 마음에 오면 대단한 열정으로 추진력을 발휘하지만, 진심으로 하고 싶은 일이 아니면 못해요. 아니 아예 안 해요. 나는 이런 내가 좋아요. 그런데 아버지 돌보는 일을 나 같은 사람이 할 수 있을까요?"

스님이 말했다. "하기 싫은 일, 힘든 일을 공부 삼아 기꺼이 해보면 어떤가? 그게 수행이지."

마음에 닿는 뭔가가 있었다. 사실 내 마음은 이미 답을 알고 있었는지 모른다. 서울로 돌아오자마자 형제들에게 이야기했다. 아버지와 살겠다고. 내 마음에 거리낌이 없었다. 아버지도 환하게 웃으며 좋아하셨다. 단숨에 아버지와 내가 집을 합쳐 이사를 했다. 그때 나는 아버지의 생활 코디네이터를 자처했다.

아버지의 놀이터를 찾아서

내가 출근해 있는 동안 아버지가 즐거운 시간을 보낼 수 있는 곳이 어디 있을까. 평생 학교에 출근하고 사회활동, 시민운동에 적극적이었던 아버지가 매일 외출하고 친구를 만날 놀이터를 찾아보기로 했다. 마을버스로 갈 수 있는 구립 노인복지회관에 아버지와 함께 가보았다. 프로그램을 꼼꼼하게 살펴보고, 직접 강의실도 찾아가보았다. 노래교실과 합창단에서는 거절당했다. 영어회화반은 강사의 극우 정치색이 너무 강하고, 바둑이나 서예, 가장 인기가 많다는 춤교실도 마땅치 않았다.

그렇게 노인복지관 한 바퀴를 돌았지만 아버지가 참여할 만한 프로그램을 찾지 못했다. 내 아버지가 어떤 사람인가, 무엇을 좋아하는 사람인가는 여기서 중요하지 않아 보였다. 존중하는 분위기가 아니었다. 아버지가 이런 사람이니 적합한 프로그램을 찾고 싶다는 나의 얘기에 노인복지회관 자원활동가의 태도는 매우 차갑게 느껴졌다. "아, 그러셔요" 하는 말 속에 "여기는 잘 나가는 시절에 아무리 대단한 일을 했어도 알아주지 않습니다" 하고 선을 긋는 것 같았다. 그 노인복지회관에서 내 아버지는 나이 84세 먹은 노인 중의 노인일 뿐이었다. 그곳에서 새로 친구를 사귀기에는 아버지가 너무 연로한 존재가 되어버린 것이다. 연습 삼아 복지관 버스를 아버지와 같이 탔을 때도 그 분위기는 별로 다르지 않았다. 늘 허허 잘 웃고, 그 나이 남자들과 비교하면 참 부드럽고 상냥한 내 아버지인데.

놀란 장면이 있다. 식권을 사서 아버지와 내가 노인복지관 구내식당에서 밥을 먹을 때였다. 100석쯤 되는 큰 식당이었지만 여느 구내식당에서 들리는 웃음소리나 대화를 나누는 눈빛을 찾기 어려웠다. 아, 이건 아닌데.

다른 구립 노인복지관도 알아보았다. 하지만 연로하신 아버지에겐 너무 멀었다. 그 먼 거리를 상쇄할 만큼 좋은 뭔가를 발견할 수도 없었다. 방송작가 시절 인연이 있던 노인전문가와 연락이 닿았다. 또 다른 노인복지회관에서 노인들을 위한 늙음과 죽음에 대한 프로그램을 하는데 다른 지역구 주민도 신청할 수 있다 했다. 아버지를 모시고 그곳까지 버스를 두 번 타고 도착했다. 그러나 아버지는 딱 한 번 다녀오신 후 왜 그 멀리까지 가야 하느냐, 그런 프로그램이 내게 왜 필요하냐, 다시는 가지 않겠다 선언하셨다.

아버지 체력관리는 국선도 도장에서 하시면 좋겠다고 생각했지만, 이번엔 도장의 사범이 거절했다. 운동하다 무슨 일이 있을지 알 수 없다는 것. 이렇게 좌충우돌 이것저것 알아보고 시도하다가 몇 달 후에 깨달았다. '아, 내가 할 수 있는 게 없구나.' 마치 부모가 자식에게 여기 가봐라 저기 가봐라 과외도 알아보고 방과 후 교실도 알아봤지만 정작 아이는 전혀 관심이 없는 그런 형국이었다. 중요한 건 '아버지가 원하는 게 무엇인가'였는데 말이다.

의외로 우리 아파트 단지 안에서 좋은 방법을 찾았다. 어느 날 아파트 관리실에서 방송이 나왔다. "오늘 우리 아파트 마을공동체 만들기 프로그램을 시작합니다. 10시, 관리사무소 옆 주민자치방으로 오세요." 식사를 하시던 아버지의 눈빛이 반짝였다. 왜 아니겠는가? 아버지는 『공동체의 경제학』 책을 쓰실 만큼 공동체에 관심이 많은 분이었다. 아버지가 먼저 출발하시고, 나는 설거지를 마치고 30분 늦게 행사장에 도착했다. 아버지는 벌써 그 자리에 참여한 30~40대 여성 주민들과 인사를 끝내고 그 어느 때보다 해맑고 밝은 얼굴이었다. 그렇게 주 1회 총 4회의 프로그램이 진행됐다. 마지막날 자신이 마을 만들기에 공헌할 수 있는 것은 무엇이 있을까, 서로 이야기를 나누는 시간. 아버지는 일본어를 가르칠 수 있다고 했다. "와, 나도 할래요." 그 자리에서 주 1회 4명의 주민들이 참여하는 일본어 회화반이 만들어졌다.

그러나 이것만으로는 부족했다. 이것저것 알아보던 나는 결국 아버지가 원하는 대로 하기로 했다. 좀 멀더라도 아버지가 가고 싶은 곳, 친구가 있는 곳으로 외출하는 것으로. 그렇게 1년 동안은 큰 어려움이 없었다. 그러다 아버지가 크게 넘어지셨고, 그 후엔 많은 것이 달라져야 했다. 아버지 혼자 외출하는 건 너무 위험했다. 나는 다시 정보를 찾고 찾았다. 다행히 오전 10시부터 오후 4시까지 다닐 수 있는 곳이 있었다. 오후 4시 무렵엔 요양보호사가 아버지를 집에 모셔오고, 저녁 식사를 챙겨드린 뒤 퇴근하고. 이런 일상이 자리를 잡았다.

그러나 힘든 일만 있었던 건 아니다. 중요한 것을 배웠다. 돌봄이 얼마나 사랑과 충만감 있고 가치 있는 일인지. 나는 매일 아침 아버지와 가벼운 아령을 들고 함께 운동을 했다. 의식적으로 아버지와 눈빛을 맞추고 활짝 웃으며 하나둘, 박자를 맞췄다. 아버지는 "넌 내가 그렇게 좋니?" 하며 환하게 웃었다. 나는 그 시간이 참 좋았다. 퇴근하면 언제나 아버지 방에 들어가 눈 맞추며 서로 손잡고 굿나잇 인사를 했다. 아버지의 야윈 손은 참 부드러웠다. 따뜻한 기억이다.

그렇게 봄 여름 가을 시간이 가고 아버지의 상태는 점점 나빠졌다. 언젠가 내 친구가 "네 아버지는 아름다운 노년의 모범적인 모델 같아"라고 부러워했던 분이지만, 누구나 맞이하는 그 시간은 피할 수 없었다. 결국 아버지는 먼 길을 떠나셨다.

세상사람 누구나 죽는다. 그러나 내가 가장 사랑하는 사람의 죽음은 하늘이 무너지고 세상이 흔들리는 경험이다. 나는 어머니, 아버지의 마지막 길에서 인생의 큰 배움을 얻었다.

사람은 가도 사랑은 남는다. 더 많이 사랑하자. 인생의 주인으로 살자. 그 시간에 끝이 있다.

새로운 노년을 위한
배움의 공동체

아버지가 떠나신 다음 해인 2015년 봄, 나는 새로운 기획을 준비했다. 그것이 푸른시니어학교 1기 〈새로운 노년시대를 만들자〉이다.

한국사회의 중요한 키워드 '고령화'. 한국사회의 미래는 이것을 비켜서 생각할 수 없습니다. 정치와 선거, 복지는 물론 여론형성에서도 60대 이상의 파워는 커져가고 있지만, '노인'이란 단어는 어느새 우리 사회에서 기피하는 단어가 되고 있습니다.

어르신, 실버, 시니어… 왜 이런 말을 사용해야 하는 걸까요? 어린이, 청년, 여성… 이런 말처럼 '노인'도 자기 정체성에 대한 분명한 자각과 인정이 필요한 건 아닐까요?

'나이듦'을 바라보는 시선을 바로 세우고 노인문화, 노인 조직에도 새로운 바람을 일으키는 것이 필요합니다.

어른에게도 놀이터가 필요하다

강의 목표 ──

- 노년의 삶을 성찰하며 미래 새로운 노인 문화와 노인 조직을 만들어가는 구심점을 형성하는 것을 목표로 합니다.
- 시니어학교 졸업생들이 동문회를 만들고 이후 시니어학교의 기획과 진행에 참여합니다.
- 자신이 사는 지역에서 새로운 네트워크를 만들어 활동할 수 있는 힘을 키웁니다.

처음엔 60~70대 참여연대 회원들, 특히 자원활동이나 운영위원을 하는 등 활동력이 있는 분들을 주요한 참여자로 예상하고 시작했다. 그런데 의외로 이분들은 관심이 없었다. 이미 활동적인 노년을 살고 있었고, 노년을 주제로 특별히 성찰하거나 배워야 한다고 생각하지 않는 듯했다. 아직 건강하고 힘이 있는데 왜 지난 삶을 돌아보며 죽음을 준비해야 하는지 와닿지 않는 것 같았다. 자신을 노인으로 인식하지도, 노인들과 함께 하는 공간을 좋아하지도 않는 듯했다.

그래서인가? 1기는 10명도 안 되는 인원이 모였다. 그것도 내가 아는 분들에게 열심히 연락한 결과다. 2015년 당시만 해도 참여연대 아카데미느티나무에서는 이 정도면 폐강을 해야 하는 인원이었다. 참여연대는 '정부지원금 0%' 원칙이 있어 100% 수강비만으로 강사비를 충당해야 한다. 하지만 적자를 감수하고 오픈을 했다. 참여자가 적어 강사들에게 미안했지만, 강사들이 꼭 필요한 교육이라는 데 마음을 같이 해줬다. 지금 생각해도 고맙다.

프로그램은 한국사회 노년의 삶에 대한 강의, 워크숍, 현장 탐방 등 통합형으로 구성했다. 2기부터는 새로운 층이 함께 하기 시작했다. 40대와 50대의 여성들이 노년에 접어든 부모와 함께 살기 위해 공부가 필요하다며 참여했다. "아버지와 같이 살게 됐는데 아버지가 이전의 아버지가 아니에요. 우울하고 무력해지셨어요." "엄마를 잘 이해하며 살고 싶어요."

이듬해부터는 '새로운 노년을 위한 배움의 공동체서클'(이하 노년서클)로 타이틀을 바꿨다. 프로그램이 끝나도 흩어지지 말고 같이 길을 모색해보자는 취지였다. 참여자들이 직접 경험하거나 연구한 것을 발표도 하고 독서토론, 조사와 탐방 등을 결합했다. 횟수가 거듭되자 이 프로그램에 대해 궁금해하는 사람들이 있었다. "지금 살기도 힘든데 왜 노년과 죽음까지 생각하고 살아요?" "어떤 사람들이 참여해요?"

대학 도서관 사서로 정년퇴직을 하고 호스피스 자원활동과 다양한 공부모임을 하고 있는 70대 정애자 선생님, 자동차 정비업소를 운영하다 몇 년 전 돈 버는 일을 접고 독서와 글쓰기 공부를 하고 있는 60대 정헌원 선생님. 이 두 분 외에는 당사자가 노년이라 할 만한 사람이 없다. 후손들에게 존경받는 노인문화를 만드는 노년유니온의 활동가, 의식을 탐사하고 명료화하여 지혜로운 문제해결을 돕는 사람, 노인복지관에서 연극놀이를 지도하는 사람, 노인에게 미술치료 등 예술프로그램을 진행하는 사람, 그 누구도 홀로 외롭지 않게 어울려 살 권리를 위한 공동체 주거활동가, 노인 고독사에 관심이 많은 시민운동가, 부모님의 노년과 죽음을 경험하면서 나이듦에 대한 공부가 필요하다 생각해 찾아온 부부, 자신의 19년 중환자실 근무 경험을 책으로 쓴 간호대학 교수 등이 함께 했다. 인천지역 노인복지관 활동가들과 마을만들기 협동조합 실무자들도 참여했다.

그 후 노년서클은 주제를 확대했다.

고령화 속도가 세계 최고로 빠른 한국. 그러나 이에 대한 대비는 너무도 부족합니다. 고령화는 한국 민주주의와 정치에 어떤 영향을 미치게 될까요? 나이 들어가면서 누구나 언젠가 닥치게 될 질병과 아픔, 이에 대해 우리는 어떤 태도를 가져야 할까요? 아픈 사람을 돌보는 과정에서 온전히 그 당사자를 인간으로 존중하는 것은 어떻게 가능할까요? 이런 질문을 가지고, 강의를 듣고 책을 읽고 이야기를 나눕니다.

— 2019년 봄 〈고령화 시대의 아픔과 돌봄〉 기획안에서

이 강좌는 지난 5년 동안의 노년서클 프로그램 중 가장 많은 시민이 참여했다. 아버지와 함께 사는 40대 남자부터, 얼마 전 할아버지가 마음 아프게 돌아가셨다는 20대 청년, 아주 가까웠던 사람의 갑작스러운 죽음을 경험하고 충격에서 벗어나지 못하고 있던 30대 여성까지. 이렇게 보면 '노년 공부'는 노인 당사자보다 부모와의 관계를 위해, 또는 노년과 아픔, 죽음 공부를 통해 현재의 삶을 잘 살고 싶은 사람들이 참여하고 있음을 알 수 있다.

그러나 노인복지관이나 요양보호사 등 복지현장에서 일하는 분들의 참여는 목표했던 것보다 미약했다. 관련 종사자들에게 홍보를 부탁해도 상황은 그다지 나아지지 않았다. 5년 동안 참여연대 아카데미 느티나무가 '푸른시니어학교'와 '새로운 노년을 위한 배움의 공동체서

클'을 진행하는 동안 사회복지 현장 종사자들이 가장 많이 참여한 시간은 장덕진 서울대학교 교수(사회학)의 특강 〈한국사회, 고령화와 민주주의〉(2019), 방송다큐멘터리를 기획·제작한 김옥영 작가의 특강 〈치매환자는 '사람'이다-휴머니튜드 케어가 말하는 것〉(2020). 이것이 의미하는 바는 무엇일까. 여러 이유가 있겠지만 아마도 사회복지 분야에서 일하는 분들에게 직접적으로 피부에 닿는 주제였기 때문이 아닐까.

2020년 코로나 위기가 오면서 노년서클에도 변화가 생겼다. 월 1회 온라인 독서서클로 공부 방식을 바꿨다. 공부 내용도 확대했다. "존엄한 노년은 무엇이며, 어떻게 가능할 것인가"의 질문에서 시작해 '아픔, 늙음, 죽음, 돌봄'을 주제로 공부했다. 2021년에는 장애인, 페미니즘 그리고 공동체주거와 의료사회학 등의 책을 읽고 토론했다.

한국사회 베이비부머 세대의 은퇴가 실감나는 시간이다. 이들은 앞으로 한국사회 노년의 문화를 새롭게 만들어갈 세대다. 이미 전국적으로 평생교육기관과 서울시 50플러스재단 등이 이 세대를 겨냥해 많은 교육 프로그램을 실행하고 있다. 중요하고 의미 있는 활동이다. 그런데 여기에 추가되어야 할 것이 있다. 새로운 노년시대를 주체적으로 만들기 위한 시민운동의 관점이 필요하다. 여러분의 현장에서 더욱 다채로운 '노년시대를 위한 공동체서클'들을 만들어 신나고 재미있는 활동사례를 보여주길 기대한다.

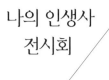

　사람마다 어쩌지 못하는 약점이 있다. 그 약점을 자신도 알고 타인도 다 안다. 그런데 약점도 재미있는 발상으로 접근해보면 뜻밖의 결과가 나올 수 있다.

　아카데미느티나무의 기둥 같은 선배 정애자 선생님은 75세가 넘었다는 게 믿어지지 않는다. 지금도 늘 책을 읽고, 강의실 맨 앞줄에 앉아 넘치는 호기심과 탐구심으로 질문을 한다. 2018년 한 달 동안 아프리카 여행을 다녀왔고, 2019년엔 캄차카 여행을 하고 있다며 사진을 보내왔다. 매년 세계 에스페란토 대회에 참여하며 여행을 한다. 닮고 싶은 롤 모델이다. 그런데 약점이 있다. 대학 도서관 사서로 40년 일하다 은퇴한 직업기질 때문일까? 대단한 수집가. 못 버리는 사람이다. 몇 년 전 처음 그 집에 놀러 갔다가 깜짝 놀랐다. 1960년대부터 자신이 관람한 연극 무용 공연 팸플릿, 심지어 한겨레신문 창간부터 모은 책 소개란 스크랩까지, 집 안 전체가 생활사 박물관이었다.

노년서클 사람들과 그의 집에서 모임을 하던 날 아이디어가 떠올랐다. "정애자 선생님의 물건들이 개인의 역사요 시대사잖아요? 그 물건에 얽힌 이야기를 엮어서 전시를 하면 좋겠어요." 함께 그 집에서 분류를 하고 정리를 했다. 그러다 방향을 바꿨다. 서클 사람들 모두 참여하자, 각자 자신에게 소중했던 물건이나 사진으로 인생사 전시를 해보자 결정한 것이다.

처음엔 인생사 전시가 도대체 뭐냐? '전시'라니. 전문 화가나 사진작가들이 하는 걸 우리가 할 수 있을까? 감이 오지 않았다. 하지만 한번 시동을 거니 모든 과정이 순조로웠다. 일단 개인의 인생을 기억한다는 것이 무엇인지, 어떤 의미인지, 어떤 형식이 가능한지 공부하고 조사했다. 관심 있는 사람에겐 참고할 텍스트와 현장이 눈에 쏙쏙 들어오는 법. 마침 열리고 있던 앤드루 조지의 사진전 〈있는 것은 아름답다〉를 관람했다. 미국 LA 호스피스 병동에서 2년 동안 만난 환자들의 모습과 사연을 담은 전시였다.

이어서 노년서클이 '생활 속 민주주의 실현을 위한 2017년 시민참여 동아리 지원사업'에 공모해 강사비, 자료비, 홍보비 등으로 120만 원을 지원받았다. "아카이브에 대한 새로운 관점으로 삶의 기억이 잘 전달될 수 있는 다양한 방법을 기획하고, 방향을 제안하는" 사회적 기업, 메모리플랜트 전미정 대표의 강의도 들었다. 물건을 전시한다는 것의 의미, 그동안의 경험에 대한 설명을 들으니 우리도 할 수 있겠다는 자신감이 생겼다. 전시를 앞두고 각자 무엇을 전시할 것인지 얘기를 나누고 준비에 들어갔다.

〈나의 인생사 전시〉를 열며 ——

시간의 나이테와 함께 자신의 기억을 풀어내는 것은 어떤 의미가 있을까요. 그것을 들어주고 공유하는 일은 자신과 상대를 이해하는 경험입니다.

'인생사 전시'. 이것은 우리에게 낯선 시도입니다. 전시를 준비하며 이 전시가 어떤 결과를 만들지 예상하기 어려웠습니다. 마치 여행하고 항해하듯 함께 상상하며 만들었던 이 시간들이 앞으로 더욱 많은 '나'들의 인생사 전시로 이어지길 바랍니다.

전시 오픈 하루 전날. 참여연대 지하 느티나무홀은 학교 교실 환경미화를 하는 것 같았다. 책상 위에 가위, 풀, 스카치테이프 등 아주 고전적인 물건들이 가득했다. 요즘 갤러리나 박물관의 모던한 분위기와는 완전히 거꾸로 가는 복고풍이라 할까? 그러면 어떤가. 전시하는 내용이 중요하지.

50평 느티나무홀 공간의 벽은 삶의 기억을 간직한 물건들로 하나둘 채워졌다. 정애자 선생님은 중학교 시절 친구에게 선물 받은 블라우스, 고등학생 때 처음 돈 주고 산 영문시집, 30년 전에 받았던 아마추어 무선사 자격증 등을 벽에 붙였다.

아파트 노인문화회관에서 활동하는 정헌원 선생님은 자신의 65년 인생을 15장의 사진과 글로 전시했다. 60년대 고향언덕 저 너머가 늘 궁금했던 10대, 군에서 제대하기 전 자동차기술을 배웠던 20대 자신의 모습부터, 지금처럼 여행이다 관광이다 놀러 다닐 여유가 없던 시절 모처럼 절에 나들이 갔던 부모님 사진, 한때 속 썩일 때도 있었으나 이젠 제 앞가림하며 살아가는 자식들과 그 자식들만 알고 살았던 아내와의 가족사진, 평생 서로 좋은 영향을 주고받으며 지내온 단짝 친구와 시민단체 창립기념행사에서 찍은 사진, 그리고 고향 산천의 옛날과 오늘을 같은 장소에서 비교하며 찍은 사진까지. 한편의 인생 다큐멘터리를 보는 것 같았다.

인생사 전시회에는 부모님을 기억하는 물건들이 가장 많았다. 복지관에서 노인들에게 예술치료를 하는 오 선생님은 어머니가 만든 수예품을 전시했다. 큰 광목천에 꽃, 원앙새, 나비를 한 땀 한 땀 색실로 '희망' 글씨를 새겨 넣은 이불 가리개와 영문 Sweet Home을 수놓은 옷 커버. 아이들 키우며 살림 사는 것도 힘에 부쳤을 어머니가 이 수를 놓으며 어떤 마음이었을까. 그는 이 물건을 꺼내면서 엄마의 마음을 새삼 다시 헤아려 보았다고 했다.

대안적 주거공동체 운동을 하는 김수동 선생님은 장모님이 자신에게 남겼던 편지를 전시했다. "잘 살아라 내 사위야. 내 딸을 아끼면서. 평생을 살더라도 변하지 말고 영원히 행복하게 잘 살아다오. 아. 애절하게 당부하는 장모의 부탁일세." 그 옆자리엔 사위의 글이 있었다. "짧은 글. 그러나 한없이 고맙고 너무나 무거운 말씀. 저 하늘나라로 가시기 전 온 삶의 무게를 담아 남겨주신 글. 이 묵직함은 내가 어려울 때 힘을 주었고 넘어지려 할 때 바로 세워주었다."

명상을 지도하는 고현숙 선생님. 어머니가 아들 딸, 손자 손녀와 함께 찍은 거실의 사진을 고즈넉하게 바라보는 사진에 글을 써넣었다.

"매일 저녁 불경을 외우며 기도를 마치면 엄마는 저 사진 앞에 오래도록 서 있다. 기억에서 사라질까 눈과 마음에 오롯이 담아두시려는 듯. 어쩌면 한 사람 한 사람 모두에게 눈 맞추며 행복하게 잘 살라고 축복의 말씀을 전하시는지도 모르겠다. 그런 부모님을 담아내는 내 마음도 아련해진다."

그는 '엄마의 보석상자'도 사진 찍어 전시했다. 그 상자 안에는 오래전 자신이 엄마에게 썼던 편지들이 보관되어 있었다. 자식들의 마음을 담은 편지가 엄마에겐 보물 1호였던 것이다.

느티나무에서 수업을 듣다가 호스피스 활동에 관심을 갖게 된 50대 정 선생님은 어머니가 사용했던 재봉틀에 얽힌 사연과 사진을 전시했다.

〈엄마의 재봉틀〉 ──

엄마는 일제강점기가 한창이던 1931년에 태어나셨다. 세상은 어린 엄마에게 몹시 가혹했다. 외할아버지는 가난을 벗어나기 위해 발버둥치셨다. 자식들을 처가에 맡기고 외할머니와 낯선 만주에 가서 인쇄소를 운영하셨다. 해방 후에는 돌아와 전동차 운전과 차 정비소 운영 등 닥치는 대로 일을 하셨지만 벌이가 시원찮았다.

초등학교를 졸업하자마자 엄마는 일터에 나갈 수밖에 없었다. 말이 일이지 회사 허드렛일을 도맡아 하는 것이었다. 엄마는 힘든 일 속에서 틈틈이 공부를 했다. 해방 후 사범학교에 들어갈 수 있었던 것도 학구열이 높았기 때문이었다.

외할아버지가 삶의 무게에 짓눌려 사흘걸이로 고주망태가 되어 들어오시면, 온 식구가 밤을 하얗게 새며 공포에 숨을 죽였다. 엄마가 두려움에 떨고 있을 때, 외삼촌은 든든한 오빠였다. "걱정 마! 오빠가 있는데 무슨 걱정이니?"

외할아버지는 술로 일찍 세상을 뜨셨다. 대학생이던 외삼촌도 2년 뒤 6.25전쟁에서 전사하셔서 엄마는 졸지에 소녀가장이 되었다. 조선광업주식회사, 공보처 통계국, 법무사사무실, 공군본부 등 14살부터 시작한 직장생활은 아빠를 만나 결혼하기 직전까지 이어졌다.

내 나이 54세. 나는 14살의 어린 엄마를 부끄러워 마주할 수 없을 것 같다. 집안 형편이 어려워 초등학교를 마치자마자 일할 수밖에 없었던 엄마를. 어떻게든 공부하고 싶어서 책을 얻어 혼자 공부하고 혼자 원서 쓰고 도장 파서 어렵게 들어간 중학교 3년을 겨우 다니다가 그마저 그만둬야 했을 때 먹먹해진 흐린 눈으로 세상을 견뎠을 어린 엄마를. 세상이 준 상처를 술로 게워내려는 외할아버지의 불규칙한 발걸음 소리가 문간방으로 들려오던 밤 부엌칼을 감추고 화로 뚜껑을 덮으며 작은 가슴을 애써 진정시키던 어린 엄마를 안아주기조차 미안하다. 믿고 따르던 오빠의 전사통지서가 날아왔을 때, 그걸 어떻게 견뎌내셨을지. 나는 감히 위로의 말조차 건네지 못하겠다.

나만 세상에서 가장 힘든 사람처럼 내 문제에 매몰되어 씨름하는 나는 어린 엄마 앞에서 고개조차 들 수 없다. 속 좁은 딸이 뭐라도 해드리면 "우리 딸이 최고야!"라며 좋아하신다. 작은 일에도 "난 너무 감사하고, 행복해!"라고 말씀하신다. 힘겨운 삶을 살아서 바라는 게 아주 작은 거다. 아니 작은 것이 얼마나 귀한지 아신다.

엄마에 비하면 세상을 다 가진 듯 누리고 산 나는 작은 불편함에도 날을 세운다. 마음공부를 한다고 호들갑을 떤다. 부모님 도움으로 대학까지 나온 내가, 혼자 힘으로 들어간 중학교도 졸업하지 못한 엄마에게 삶이 힘들다고 투덜댄다.

엄마 나이 87세. 청주에서 혼자 지내신다. 책 볼 때가 너무 행복하다며 전화 드릴 때마다 요즘 읽은 책 이야기를 하신다. 사경도 해야 하고 신문도 봐야 하는데, 왜 이렇게 하루가 빨리 가는지 모르겠다며 속상해하신다. 복지관에 공부하러 간다며 시내버스도 씩씩하게 잘 타신다.

다음 주 엄마가 청주에서 올라오신다. 몸무게 38킬로그램. 왜소한 몸으로 그 고된 인생을 묵묵히 헤쳐온 엄마를 마주할 못난 내가 아주 작다.

어린이집을 운영하던 조 선생님은 열다섯 인생의 무게가 버거웠을 때, 학교 선생님과 주고받았던 40여 년 전 편지와 사진을 전시했다.

〈사랑하는 N에게〉 ——

네 염려와 사랑이 얼마나 아름다운 것인지 네가 알기나 할까? (…) 너의 편지를 읽고 나니 핼쑥한 얼굴, 슬픔만 가득한 가슴으로 삭막한 포장길을 터덜터덜 걷고 있는 네 모습이 떠오르는구나. 독일의 루이제 린저가 말했단다. "잠깐 지나가는 고통일 뿐. 밖에는 공기와 빛, 자유와 생이 있어요"라고. 너의 고통이 무엇인지 알 수 없지만 한 가지만은 분명하게 말할 수 있지. 누구에게나 고통이 있고 그것이 바로 우리의 인간적인, 불가피한 상황이라는 것을. (…)

그 옆자리에는 40년 세월이 흘러 그 시절 선생님께 고마움을 전하는 편지가 있었다.

〈굿바이 티처 goodbye teacher〉──

'사람은 왜 살까요?' 어린 시절, 이런 물음을 외면하지 않고 진지하게 들어준 사람은 선생님이 유일했습니다. 지금 생각해보면 선생님께선 세상과 저를 이어준 끈이었어요. 답답한 제 마음에 바늘구멍을 내주셨어요.

저는 어느덧 당시의 선생님보다 더 나이가 들어 인생의 의미를 나름대로 정리하며 살아가고 있습니다. 존재의 가장 큰 의미는 무의미라는 말을 보았습니다. 이 세상에 던져져서 그저 살다가는 무의미한 존재라는 말이 슬프기보다는 공감이 갔습니다. 무의미하면서도 의미 있게 살아가는 존재가 좋습니다.

저는 왜 선생님을 까맣게 잊고 살아가고 있었을까요? 아마도 그건… 선생님은 저의 숨겨진 불안이었고, 색깔 없는 미몽이었고, 감추고 싶은 수치였고, 미숙한 청춘이었고, 수줍은 사랑이었기에 마음에서 꺼내기가 부끄러웠던 것 같습니다.

이제 그 부끄러웠던 마음을 꺼내봅니다.

제 마음에서 선생님을, 나의 청춘을 보내려고 합니다. 바로 젊은 날 고민과의 이별, 삶의 의미에 대한 물음과의 작별을 하려고 합니다.

굿바이 티처! 굿바이 청춘!

1주일 동안 많은 친구와 지인들이 전시를 보고 갔다. 세련미와는 거리가 너무도 먼 전시. 하지만 감동은 그 어느 프로작가의 전시 못지않았다. "삶의 무게와 그것들이 더해져 만들어내는 가치, 마음에 소중하게 담아갑니다." "나의 삶도 잠시나마 돌아보게 해주는 전시회 감사합니다." "좋은 전시회를 연 노년서클과 여덟 분의 시민작가님 축하드립니다." "나에게도 벽 하나를 채울 만큼의 추억이 있구나 생각하게 합니다."

시민교육의 관점에서 인생사 전시는 어떤 의미가 있을까. 그것은 물성(物性)의 힘으로 자신과 타인의 삶을 만나는 것 아닐까. 전시하는 물건은 말을 한다. 아주 강력하게. "집 안을 가득가득 채운 물건 중에 당신이 그 물건을 선택한 이유는 무엇인가." 그 소중한 물건의 스토리는 그 사람의 삶이다. 이렇게 삶의 발표자가 되고 주인공이 되어보는 경험, 이것은 시간과 역사 속에 자신을 바라보고 성찰해보는 경험이다.

관객으로 초대되어 오는 사람은 대부분 가족과 지인, 친구들. 전시 작품은 유명 작가의 것이 아니다. 그래서 더 남다른 의미가 있다. 내가 아는 사람의 몰랐던 과거를 깊게 만난다. 직접 그 사람을 알지 못한다 해도, 매일 보고 지나치는 보통 사람들의 삶이 가슴으로 다가온다. 우리가 만나는 모든 사람에게 이처럼 삶의 소중한 기억이 있음을 상기한다. 그리고 질문한다. "당신 기억의 바탕에 가장 힘이 센 것은 무엇인가요?" "살아가며 힘든 시간을 무엇이 버티게 해주었나요?" "당신이 인생사 전시를 한다면 무엇을 전시하고 싶은가요?"

· 인생사 전시회 기획안 ·

I. 〈있는 것은 아름답다〉 – 노년 사진전 관람
II. 독서 토론: 금요일 10시~1시

1주: 내 가족 또는 나의 인생사 전시 기획해보기 (진행: 기억발전소 전미정대표)
2주: 인생사 전시에 도움을 주는 현장 답사 / 기억에 남는 인생장소에서 이야기 나
누기
3주: 인생사 구체적 준비하기
4주: 전시 공간에 맞는 배치와 텍스트 만들기

1주: 전시회 사전 전시
2주: 인생사 전시회와 다큐 영상상영
3주: 전시회 평가와 간담회
4주: 내 인생, 내 가족의 인생을 기억한다는 것은 어떤 의미가 있을까

어른에게도 놀이터가 필요하다

다문화 사회의
배움터를 상상하다

성공회대학교 사회교육원의 노동대학 강의실. 선한 눈매가 똘망똘망한 미얀마 청년이 긴장한 표정으로 앉아 있다. 그의 이름은 마웅저. 고등학생 때인 1988년 미얀마에서 군부의 탄압을 피해 한국으로 망명했다. 함께 민주화운동을 했던 선배들이 10년 이상의 실형을 선고받을 때였다. 1994년부터 경기도 부천의 공장에서 일하며 미얀마의 상황을 한국사회에 알리던 그는 2002년 성공회대학교 직원의 소개로 노동대학을 알게 됐다. 노동대학은 3월부터 6월, 9월부터 11월, 매주 1회 저녁시간 강의를 듣는 짧지 않은 교육과정. 한국사회와 노동자, 자본주의에 대한 내용은 한국어가 약하던 그에게 쉽지 않았을 것이다.

"지금은 어려워도 듣다 보면 10%, 20%, 점점 더 잘 들릴 거예요."

당시 성공회대학교 사회교육원 기획실장, 노동대학 담임교사였던 나는 그를 격려했다. 그는 거의 결석을 하지 않았다. 주로 노동조합 활동가들이었던 노동대학의 참여자들은 마웅저가 활동하는 단체 행사에도 참여하며 친구가 되었다.

"노동대학 덕분에 한국사회와 세상을 좀 더 다양하게 보게 되었습니다. 노동대학에 같이 다니는 분들은 제 이름을 '마 동지'라고 불러주었습니다. 소풍, 등산, 체육대회 등 여러분들과 함께 한 시간들도 소중히 기억하고 있습니다. (…) 이 세상 사람들은 모든 일을 계산해서 행동한다고 생각했었습니다. 하지만 여러분은 이유 없이 저에게 돈, 시간, 힘을 지원해주었습니다. 나와 내 가족, 내 나라의 해방만 생각하고 행동해온 저에게 여러분들의 선의와 호의는 많은 것을 생각하게 했습니다. 저도 여러분들에게 배운 대로 편견 없이 사람들을 대하고, 대가 없이 선의와 호의를 베풀도록 하겠습니다. 쉽지는 않겠지만 노력하겠습니다."

그 후 2008년 한국에서 어렵게 난민 지위를 획득한 마웅저. 한국에서 미얀마의 어린이와 청소년 교육을 지원하는 단체 '따비에'를 만들어 활동하던 그는 2013년 자신의 나라로 돌아갔다. 미얀마 정부가 국외 망명자 귀국을 허용했기 때문이다. 19년 만의 귀국길이었다.

"한국 시민단체 사람들을 만나면서 내 나라에서 민주화운동을 하겠다는 용기가 생겼어요." 마웅저는 지금 미얀마에서 따비에 대표로 활동하고 있다. 그의 후배들도 성공회대학교 노동대학에서 공부했다. 미얀마 난민 아웅틴툰. 한국에서 이주민방송에 참여하며 미디어를 배운 뒤 줄곧 이주민들에게 미디어 제작을 가르쳐왔다.

"공장에서 일하는 틈틈이 한국어와 컴퓨터, 미디어를 익혔어요. 어디든 무엇이든 배울 데가 있으면 기를 쓰고 찾아다녔죠. 특히 성공회대 노동대학에서 공부하면서 나는 큰 배움을 얻었습니다. 우리 삶을 둘러싼 많은 문제를 스스로 고민하고 토론을 통해 해결 방안을 찾아내는 학습과정은 실로 놀라웠습니다."[4]

그런데 생각해보자. 마웅저와 아웅틴툰만 한국인들에게 배운 게 있었을까? 군부독재의 경험이 있는 우리들도 이들을 보며 아시아의 민주주의에 대해 생각해볼 수 있었다. 정치난민 얘기를 하려는 것이 아니다. 중요한 것은 성공회대학교 노동대학이 이렇게 서로 낯선 존재들이 함께 토론하며 공부할 수 있는 공간, 동등한 관계로 친구가 되어 서로 배우는 곳이었다는 점 아닐까?

나를 환대해준 캐나다의 장소들

캐나다 몬트리올에서 2007년 세 달 살았던 적이 있다. 방송 일을 하다가 섬유근통증 진단을 받았다. 의사는 이 몸으론 일하기 어렵다, 무조건 쉬어야 한다고 했다. 내 일생 처음으로 일을 놓고 장기 휴가에 들어갔다. 그리고 몇 달 후 아무 준비 없이 캐나다로 후다닥 떠났다. 일을 못 하는 동안 혼자 외국에서 살아보는 경험을 해보고 싶었다. 경제적인 여유도 없었지만, 일부러 어학원은 등록하지 않았다. 한국인만 다니는 교회나 절에도 가지 않았다. 대신에 다양한 학습공간을 찾아다녔다. 큰 교회, 작은 교회, 대학부설 사회교육원의 영어교실, 동네의

4　〈덜컥 시작된 귀환, 배움 나누며 미래 일궈요〉, 《한겨레》 2021년 1월 30일자. 아웅틴툰은 2021년 8월 미얀마에서 원인을 알 수 없는 병으로 세상을 떠났다.

작은 커뮤니티 영어교실, 대학도서관, 시립도서관, 동네도서관을 마치 필요한 약을 조제해 먹듯 일정을 짜서 이용했다.

큰 교회에서는 일요일 오전 예배가 끝나고 오후에 근처 맥길 대학 운동장에 모여 축구를 했다. 20대부터 40대까지 캐나다 사람은 물론 멕시코, 아르헨티나 출신, 그리고 에이즈로 국민 40%가 사망하는 아프리카 스와질란드에서 유학 온 20대 남자도 있었다. 골키퍼가 서 있는 곳이 골대. 경기장 라인도 없이 이리저리 볼을 차고 뛰다가 뻥 쳤는데 골키퍼가 못 잡으면 골인. 내가 어쩌다 골키퍼를 하게 됐는지 기억이 안 나지만, 수영코치를 한다는 젊은 캐나다 여자가 달려오면 나는 골을 잡기는커녕 그의 막강한 골을 어떻게 피할까 쩔쩔맸다. 그래도 재미있었다. 기독교 신자도 아니고 목사의 설교는 하나도 못 알아들었지만 나는 이들과 노는 게 즐거워 큰 교회에 나갔다. 작은 교회는 작은 대로 분위기가 따뜻했다. 목사님 얘기가 끝나면 1 대 1로 대화하는 시간이 있었다. 그때 알았다. 상대가 마음으로 경청을 하면, 안 되는 영어로도 소통이 가능하다는 걸.

시립도서관, 동네도서관에서는 여권과 함께 자신의 주소가 적힌, 예컨대 내 이름으로 받은 우편물만 있으면 대출증을 발급해주었다. 책도 빌리고 영화도 볼 수 있었다. 도서관 벽보를 보고 사서들이 진행하는 독서모임에도 가보았다. 인터넷에서 그 책의 리뷰만 대충 읽고서. 따뜻한 차와 과자가 놓인 아늑한 방. 말은 못 알아들어도 사람 느낌이 좋고 분위기가 편안했다. 그 도서관의 관장도 모임 참여자 중 한 명으로 함께 하고 있었다.

인터넷에서 검색해서 맥길 대학의 정규 수업도 청강했다. 내가 관심 있는 〈현대 이슬람 정치사〉 담당교수에게 찾아가 청강을 허락받았다. 몬트리올을 떠날 때까지 9월과 10월 두 달 동안 아침 9시 수업과 세미나모임에 한 번도 빠지지 않았다. 그 대학의 중앙도서관, 법대도서관, 이슬람연구소, 학생회관을 자유롭게 이용할 수 있었고, 포스터를 보고 관심 있는 심포지엄에 찾아다녔다. 맥길 대학 젠 센터에서 캐나다인 비구니 스님이 명상을 안내해주었고, 그의 소개로 30여 명이 참여하는 불교명상 미팅에 초대받기도 했다. 그곳에서 식사가 끝나고 옆자리의 후덕해 보이는 중년여성과 얘기를 나눴다. 교육공학을 전공했다는 그는 대학에서 이누이트를 위한 교사 훈련과 파견업무를 한다고 했다.

다시 말하지만 나는 정말 영어가 꽝인 사람이다. 그럼에도 캐나다의 도서관, 대학, 교회는 시민교육기획자와 방송구성작가의 '호기심' 하나로 휘젓고 다니는 한국 아줌마에게 문을 열고 환대해주었다.

물론 캐나다는 대표적인 이민의 나라. 한국의 현실과 다를 것이다. 그러나 한국은 이미 다문화 사회로 진입했다. 2021년 12월 말 기준 한국에 체류하는 외국 출신 인구는 약 196만 명이고, 이 중에서 장기 체류하는 인구는 157만 명이다. 이 수치는 전문인력 4.5만 명, 단순기능인력 36만 명(비동포 노동자 23만 명, 동포 노동자 13만 명), 결혼이민자 32만 명, 유학생 16만 명을 포함하고 있다. 이는 2019년 말에 252만 명에 이르렀던 체류외국인 숫자가 코로나19로 인해 이동이 감소한 탓이다. 인구학자들은 코로나19가 지나가면 한국에 체류하는 외국 출신 인구가 다시 늘어서 2030년에는 500만 명을 넘어설 것으로 예상한다. 외국인과의 결혼은 2005년에 전체 결혼의 13.6%를 차지해서 정점을

찍은 이후 조금씩 낮아져 최근에는 전체 결혼의 7% 전후를 차지하고 있다.[5]

그런데 생각해보자. 한국에 와 있는 외국인들, 이주노동자들은 일터 외의 장소에서 한국인들을 어떤 방식으로 만나고 있을까?

다문화교육은 그들을 만나 우리가 변하는 것

"경기도 안산에서 이주민 여성의 남편들을 위한 교육을 시도했지만 성사되지 못했다. 이주민과 결혼한 남자는 사회적 신분이 낮다는 시선 때문에 남편들이 거부한 것이다." 10년 전 토론회에서 양성평등교육원의 실무자에게 들었던 얘기다. 지금은 많이 바뀌었길 바란다.

정부가 정책적으로 이주민과 외국인, 그 가족들만을 위해 교육과 지원을 하는 것은 당연히 필요하다. 하지만 외국인, 이주민과 그 가족들을 다문화의 칸막이에 가두어놓고 있는 건 아닐까?

성공회대 NGO 대학원 박경태 교수는 "다문화교육은 그들이 우리를 배우는 것이 아니다. 그들을 만나 우리가 변하는 것이어야 한다"고 말한다. "다른 문화에 대한 학습을 통해 이 문화들을 수용 또는 관용하게 하는 다문화교육", "다양한 문화집단들이 존중하고 대화하며 함께 살아갈 수 있는 지속적인 방법을 찾게 하는 상호문화교육"의 방향으로 확대해야 한다고 강조한다.

---

5 출입국외국인정책본부, 《출입국외국인정책통계월보》 2021년 12월호.

그렇다면 한국의 평생학습관, 도서관, 시민교육공간은 무엇을 해야 할까? 외국인, 이주민과 그 가족들이 한국인들과 만나고 놀 수 있는 기회, 이들이 환대받는 느낌을 받을 수 있는 배움의 공간을 확대해야 하지 않을까? 이를 위한 세심한 기획과 지원이 필요하지 않을까? 그것이 현실에서 어려움이 있다면, 그 어려움은 무엇인지, 어떻게 해결해나가야 하는지, 새롭게 어떤 기획을 해야 할지 고민을 나눠야 하지 않을까?

성공회대학교 노동대학에서 미얀마 친구 마웅저를 만났던 나의 경험이 특별한 것이 아니어야 한다. 일하러 왔든 공부하러 왔든 결혼하러 왔든 배움과 만남의 장소에서 외국인, 이주민들과 함께 배우고 교류할 수 있는 자리, 이것을 만드는 데 평생학습과 시민교육이 할 일이 있다. 이민의 나라 캐나다 정도는 아니라 하더라도 말이다.

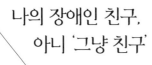

나의 장애인 친구,
아니 '그냥 친구'

"코로나 때문에 말을 못 알아들어요."

온 세상 사람들이 마스크를 하고 다니면서 내 친구 Y는 하루아침에 소통의 방도가 막혀버렸다.

2019년 가을 참여연대 아카데미느티나무에 한 통의 이메일이 왔다. 창조성 놀이학교 워크숍에 참여하고 싶은데 청각장애인도 가능한가를 묻는 내용이었다. 살짝 긴장하긴 했지만 좋은 배움의 경험이 될 것 같았다. 진심을 담아 환영의 메일을 보냈다. 이렇게 Y와의 인연이 시작됐다. 첫 시간 반달모양의 눈웃음이 가득한 그는 입모양을 보면서 말을 알아들었다. 다른 참여자들도 집중하면 그의 말을 이해할 수 있었다. 어색함은 아주 잠시, 워크숍에서 만남이 쌓이면서 우리는 친구가 되었다. 그가 워크숍을 찾게 된 건 아주 우연한 계기였다.

"어느 날 우편함에 참여연대 기관지 《참여사회》가 꽂혀 있는 거예요. 우리 부부는 참여연대 회원이 아닌데 잘못 배달된 거였어요. 무심코 살펴보니 꼭 참여해보고 싶은 강좌와 워크숍이 많더군요. 망설이다가 그중에 하나를 선택해 신청한 거죠."

배달사고가 우리의 만남을 이끌어준 것이다. 이런 게 바로 운명의 만남인가? 누구에게 고마워해야 할까? 우리는 함께 이불과 커튼을 만드는 손작업을 했고, 책과 시를 읽은 후 대화를 나눴다.

2020년에 코로나가 터졌다. 입모양을 봐야 하는 그는 모두들 마스크를 쓰게 되자 이중 삼중 고립되는 삶이 이어졌다. 들리지 않는 소리를 눈으로 볼 수도 없게 된 것이다.

"어딜 가도 귀찮고, 짜증스러운 표정. 어디서나 환영받지 못하는 자신을 느낄 때마다 눈치로 생존하는 법을 찾아야 했어요. 이해는 하지만 저도 지치고 있었죠."

그해 봄 학기 창조성 놀이학교 시작을 앞두고 그는 며칠 동안 잠을 이루지 못했다. 자신 때문에 친구들이 마스크를 벗고 얘기할 수도 없고. 그토록 참여하고 싶었던 워크숍인데 코로나 때문에 포기해야 하나? 그때 제미란 선생님의 문자를 받았다.

"여기서는 서로가 서로에게 배우는 방식이잖아요? 함께 하는 힘으로 방법을 찾아보기로 해요. 꼭 참여해주세요. 그대의 참여가 우리 모두에게 소중한 선물이에요."

"함께 하는 힘". 그 말이 용기를 주었다. 무엇보다 당신을 위해 특별히 배려하겠다는 말이 아니라서 좋았다.

'그래. 말을 다 못 알아들으면 어때? 눈치껏 잘 해보자.'

이렇게 해서 그는 2020년 봄 워크숍에 참여했다. 꽤 어렵다고 할 수 있는 조지프 캠벨의 『여신들』을 읽고 토론했다. 종강파티에서 개인 발표도 멋지게 해냈다. 그는 밀랍으로 여신의 형상을 만들고, 자신을 여신 메두사로 표현하는 시를 써 낭송했다. 떨리는 목소리에 얼마나 큰 힘의 울림이 느껴지던지.

이렇게 봄 워크숍이 끝나고, 2020년 가을에는 Y가 강사로 참여했다. '꿀벌의 선물'인 밀랍을 만져 원하는 형상을 만들어보는 '밀랍놀이 워크숍'. 10년 가까이 장애인들을 위한 미술치료를 해왔던 그가 비장애인들을 대상으로 워크숍을 진행한 것이다. 투명마스크를 쓰고서. 비록 언어소통은 자유롭지 않았지만 오감이 작동했다. 더 강렬한 만남이었다.

문자 통역으로 강의를 듣다

2021년 참여연대 아카데미느티나무는 신년특강에서 청각장애인을 위한 문자 서비스를 추진했다. 그 수업을 들었던 Y가 나에게 문자를 보내왔다.

"문자 통역 덕분에 시야가 넓어졌어요. 그동안은 늘 단어 몇 개 혹은 옆 사람 필기에 의존해서 기억했다가 다시 자료 찾아서 공부하곤 했죠. 그런데 문자 통역은 완전 신세계. 그 자리에서 즉시 이해하니까 참 좋아요. 지금도 생생하게 기억할 수 있어요. 이런 배움을 통해서 당당하게 싸울 힘이 생겨요. 내 안에 있는 화가 풀려요. 건강한 시민 의식은 참 중요한 거 같아요."

친구가 된다는 건 뭘까? 마음을 나누는 것 아닐까? 장애인을 위한 정책, 차별 철폐 모두 필요하다. 그런데 이것은 장애인을 함께 살아가는

'그냥 사람'[6] 친구로 만나는 경험이 일상이 되는 것과 함께 가야 한다.

평생학습원, 도서관 문화교실은 시민들의 대표적인 공적 공간이다. 몰랐던 사람들이 배움을 매개로 만나 친구가 될 수 있는 곳이다. 개인적 친구와 달리 적당한 거리가 있는 친구. 앞으로 더 많은 Y가 시민교육공간에 자유롭게 찾아올 수 있기를 바란다. 비장애인과 장애인이 친구가 되어 마음을 나눌 기회가 많아지면 좋겠다.

---

6   홍은전, 『그냥, 사람』, 봄날의책, 2020.

시민교육 현장,
장애인을 만나고 있나요?

몇 년 전부터 장애인 '문제'가 나를 당기고 있다. 출발은 김원영의
『실격당한 자들을 위한 변론』을 읽으면서부터. 이 책은 내가 살아오면
서 만났던 장애인들을 기억에서 소환했다. 장애인의 인권문제가 당사
자만의 문제가 아니라는 걸 더욱 실감하고 있다.

관심이 있으면 끌어당기는 힘이 작동하는 걸까? 지인의 소개로 들렀
던 제주도의 게스트하우스 삼달다방. 장애인과 비장애인이 함께 하는
여행자 문화공간이다. 삼달다방의 여자주인은 30년 동안 장애인운동
을 해온 박옥순 씨. 내가 그를 만났을 땐, 안식년 휴가 중이라 했다.

"힘들지 않았어요?"

"아뇨. 재미있었어요."

그때 나 역시 휴가의 시간. 11년 일해오던 시민교육 현장에서 무척
지쳐 있을 때였는데, 30년 그 치열한 투쟁의 현장이 재미있었다고 말
하는 생기가 대단해 보였다. 그의 동반자이자 삼달다방지기 이상엽 씨

도 단단한 사람이었다. 생각을 행동으로 척척 옮기는 사람들에겐 특유의 생동감이 있다. 그 힘이 내게도 전해지면서, 시민교육 현장에서 장애인과 비장애인이 함께 하는 배움을 위해 나는 무엇을 시도하고 경험했는지 돌아보았다.

내가 배움의 현장에서 만난 장애인 |

2009년 참여연대 아카데미느티나무가 다시 문을 열고 몇 달 후였다. 참여연대에서 걸어서 10분 거리에 장애인의 재활과 자립을 돕는 푸르메재단이 있었다. 나는 푸르메재단에 회원으로 가입했다. 내가 뭔가 할 게 없을까 생각하던 중 다큐멘터리 방송작가로 일할 때 기억이 떠올랐다.

어느 대학병원 안에 있던 재활 초등학교 남녀 재학생의 3박 4일 여행을 취재할 때였다. 그 부모들을 인터뷰하면서 놀라운 사실을 알게 됐다. 학교 안에 등하교를 책임지는 부모들의 휴게공간이 전혀 없었다. 병원 구내 이곳저곳에서 시간을 보내며 대기하거나 다시 집에 갔다 와야 한다는 것이었다. 명색이 대학병원 부설 재활학교인데 학부모 휴게실 하나 없다고?

그 기억 때문에 푸르메재단을 이용하는 부모들에게 오전 10시에 시작하는 참여연대 아카데미느티나무 인문학 강좌의 무료 이용권을 선물하기로 했다. 그러나 신청하는 분이 없었다. 왜 그럴까? 홍보가 부족했나? 장애학생의 부모들에게 그 시간 인문학 공부가 너무 한가하게 느껴졌나? 문턱이 높아 보였을까? 그러나 나는 더 파고들지 못했다.

그리고 몇 년 후 2015년 느티나무의 〈고전으로 이해하는 정치철학〉 강좌에 뇌병변장애(뇌성마비)를 앓고 있는 P가 참여했다. 활동보조인의 도움을 받아서. 강의 주제는 조르조 아감벤의 '호모 사케르'였다. 호모 사케르는 "(주로 보호라는 이름으로) 법에서도 배제된 자로서 실질적인 공동체에 속해 있긴 하나 쉽게 알아채기 힘든 존재"를 말한다.

P는 어린 시절 아무도 없는 집에서 하루 종일 TV만 보며 지내다 화면에 나오는 자막과 사람들의 말소리를 연결시켜가며 글을 깨쳤다. 동생들이 보던 만화책과 위인전을 읽을 수 있게 돼서 너무 좋았다는 사람. 2004년 사회복지공동모금회에서 중증장애인들에게 보급해준 전동휠체어는 그의 인생을 바꿔놓았다. 방 문턱 앞에서 세상을 포기해야 했던 꼬마는 검정고시를 거쳐 대학을 졸업했다. 장애인 지역모임에 참여하면서 자립의 꿈을 이뤘고 직장도 구했다.

"일반 시민으로 살고 싶어요. 세월호 집회에도 참석했고요. 시민단체에서 하는 대중강좌도 들으러 다니죠. 기부도 하고, 나의 정치적 성향을 세상에 표현도 하며 살고 있어요. 그리고 장애인 동료들에게 뭔가 기여할 수 있도록 앞으로도 노력할 것입니다."[7]

아카데미 원장인 나는 강의시간에 그를 몇 번 보았지만, 어떻게 대해야 할지 몰랐다. 환대하는 내 마음을 자연스럽게 표현할 순 없었을까? 내가 한 일이라고는 그의 인터뷰가 실린 잡지를 수강생들에게 한 사람이라도 더 읽도록 소개한 것밖에 없었다. 자칫 지나친 관심이 그

---

7 호모아줌마데스, 〈배제된 자, 호모 사케르〉, 《참여사회》 2015년 4월호.

를 불편하게 하지 않을까 조심스러웠고, 어떻게 눈을 마주치고 얘기해야 할지 잘 몰랐다. 불편한 게 무엇인지 개선할 점이 있는지 물어보지도 못했다. 홍은전의 『그냥, 사람』을 읽었다.

> 친구가 글쓰기 강좌를 듣고 싶어 했다. 그녀는 뇌성마비 장애가 있고 전동휠체어를 탔다. 신촌의 한 빌딩 내에 있는 문화센터를 추천해주며 장애인 화장실이 있는지 확인해봐야겠다고 말하자, 그녀는 없어도 괜찮다고 했다. 그런 것은 기대조차 하지 않으며 충분히 참을 수 있다(?)는 뜻이었다. 그러면서 자신이 누를 수 있도록 엘리베이터 버튼이나 낮게 설치되어 있었으면 좋겠다고 했다. 나는 뒤통수를 한 대, 아니 두 대쯤 얻어맞은 느낌이었는데, 한 대는 그녀가 강좌 하나를 듣기 위해 저녁 내내 오줌을 참는 일을 익숙하게 받아들인다는 것이었고, 또 한 대는 새로운 공간에 대한 고려사항 목록에서 무려 화장실을 뺀 자리에 엘리베이터 버튼을 넣는다는 점이었다. 버튼의 높이 같은 것은 얼마나 사소한지, 나는 심장이 조금 아픈 느낌이었다.[8]

물론 참여연대 건물에는 장애인화장실이 있고, 엘리베이터 버튼도 낮게 설치되어 있다. 장애인이 수업에 참여하기에 적어도 물리적으로는 크게 불편할 것이 없다. 하지만 그것으로 충분할까? 내가 일했던 아카데미느티나무가 장애인이 편하게 찾아올 만한 배움의 공간이었을

---

8   홍은전, 『그냥, 사람』, 봄날의책, 2020, 146쪽.

까. 그런 공간이 되기 위해 진지한 질문과 꾸준한 실천을 했는가. 뿐만
아니다. 나는 장애인과 진솔하게 대화하는 방법을 몰랐다. 경험이 거
의 없어 좌충우돌했다.

몇 년 전 시각장애가 있는 남자 C가 느티나무의 워크숍에 신청했다.
15명의 시민들이 둘러앉아 대화를 나누는데 문제가 생겼다. 그에게는
지독한 담배냄새가 났다. 눈이 아플 정도였다. 또 말을 한번 시작하면
끝낼 줄 몰랐다. 난감했다.

얼마 후 그는 1박 2일 동안 진행되는 역사답사를 신청했다. 평소 나
의 생각대로라면, 그의 신청을 환영해야 했다. 그가 편하게 참여할 수
있도록 준비해야 했다. 그러나 솔직하게 말해 걱정하는 마음이 컸다.
두 시간도 아니고 이틀을 함께 움직여야 하는데, 그만을 위한 활동보
조인이 없으니 어떻게 하지? 함께 일하는 담당 간사는 담배냄새를 해
결하기 위해 그와 어떻게 소통하는 것이 좋을지 장애인활동가와 의논
을 했다. 그 활동가는 솔직하고 정확하게 얘기하는 것이 좋다고 조언
했지만 담당 간사는 C와 통화할 때 진땀을 흘렸다. 그래도 애써 대화
한 보람이 있었다. 답사 당일 나타난 그는 깔끔하게 준비를 하고 온 티
가 났다. 담당 간사는 답사 기간에 실무를 총괄하면서도 그 곁에서 보
조했다. 다른 참여자의 도움도 받았다.

그런데 다음 날 제주 4.3 사건 현장이었던 지하 동굴을 답사할 때
였다. 토벌대의 추적을 피하기 위해 제주도민들이 숨어들었던 '큰 넓
궤'(큰 동굴). 암반과 암반 사이의 공간이 만들어낸 이 천연동굴의 입구
는 겨우 한 사람 간신히 바닥을 기어들어 갈 수 있을 만큼 좁고 위험했
다. 그런데 C는 자기는 군인 출신이라 갈 수 있다고 주장했다. 당황스

러웠다. 나는 답사를 안내하는 강사에게 그를 설득해달라고 부탁했다. 다행히 그가 진지하게 말을 듣고 생각을 바꾸었다.

이 경험은 내게 큰 반성과 질문으로 남았다. 평소 장애인 인권에 관심이 많고 차별에 반대해온 내가 현실에서 장애인과 소통하며 함께 하는 데 얼마나 취약한가. 장애인과 함께 할 때 문제나 갈등이 생기면 어떻게 풀어나가야 하는가.

그 후 참여연대 느티나무에서 『실격당한 자들을 위한 변론』의 저자 김원영 변호사를 초대해 북토크를 할 때, 진행자로서 나는 그에게 이 경험을 이야기하며 어떻게 대처해야 했을까 조언을 구했다.

"어떤 상황에서 문제가 있을 때는 서로 정확하게 얘기하고 소통하는 게 맞지요. 그건 장애인, 비장애인 상관없는 것 아닌가요."

물론 나도 그렇게 하려고 시도했다. 하지만 그럼에도 불구하고 나의 행동 하나하나에 차별적인 요소가 있는 건 아닌지 조심하느라 편하게 소통하기가 어려웠다. 부끄럽다. 내게 돌아올 비판을 무릅쓰고 이 이야기를 하는 이유가 있다. 시민교육, 평생교육 현장에서 일하는 사람이라면, 이런 부끄러운 경험을 터놓고 이야기할 수 있는 기회가 있어야 한다. 그러려면 경험해야 한다. 장애인들을 '그냥 사람'으로 만나는 일상의 이야기가 있어야 한다.

홍은전의 책 『그냥, 사람』에서 빛나는 장애인들을 알게 되었다. 매달 20만 원을 모아 한 사람이라도 시설에서 더 데리고 나오라며 2천만 원을 기부한 꽃님 씨, 장애인 이동권 투쟁은 물론 전국 장애인차별철폐연대를 조직한 박경석 노들야학 교장. 존재 전체를 다 바쳐 저항해온 이들이 '영웅'이 아닌, '그냥 사람'이듯이 나의 작은 경험도 '그냥 사람'의 이야기다. 비장애인이 장애인과 만났던 이야기, 때로는 소소하고 때로는 부끄러운 이야기를 편하게 풀어놓을 수 있으면 좋겠다. 그러려면 장애인들과 더 많은 만남이 있어야 한다. 그 길에 시민교육, 평생교육의 장을 만드는 사람들의 역할이 필요하다. 대단하지 않아도 좋다. 치열하지 않아도 좋다. '그냥 사람'으로 서로를 만날 수 있도록 경험의 근육을 만들어가자. 연습을 하자. 무엇이 즐거웠는지, 무엇을 보완해나가야 하는지 얘기하면서. 부끄러워하면서.[9]

---

9   이 글을 쓰면서 〈2019 서울시 장애인 평생교육지원방안 연구〉와 〈서울시 공공도서관 장애인 서비스 정책 과제에 대한 자료〉를 보았다. 2021년에는 〈장애인 평생교육법안〉이 발의되었다. 연구와 조사, 입법을 통해 장애인 평생교육의 기회를 확장하는 것은 시급하고 반가운 일이다. 동시에 이 논의 속에 장애인과 비장애인이 만나는 통합교육의 기회 역시 확대되기를 바란다.

남자들만의
학교가 필요하다

한국사회에 젠더 이슈가 뜨겁다. 사회 전체의 젠더감수성이 높아지려면, 남자들의 젠더감수성이 함께 성장해야 한다. 그런데 40대 이상의 남자들에게 또 하나 필요한 것이 있다. 치열한 경쟁사회에서 직업적 성공을 전부라고 여기며 가족이 바라는 아들, 남편, 아버지로 살아온 남자들. 이들은 겉으론 잔뜩 힘을 주고 강한 척하지만 외롭고 취약하다. 남자들이 자신의 진짜 모습과 관계를 돌아보며 자신의 단단한 내면을 키우기 위한 새로운 배움과 놀이가 필요하다.

내가 기획팀에 참여했던 〈남자 40대, 나대로 사는 법〉 워크숍은 이러한 문제의식에서 출발했다. 2010년 한국인권재단이 주도했던 이 기획은 남성학 연구자, 여성학자, 생애설계전문가, 패션 큐레이터, 사회심리극 연출가, 시민교육전문가, 몸 치유 테라피스트가 모여 1년에 8번 이상 준비회의를 하며 완성했다. 그리고 서울의 참여연대 아카데미 느티나무, 성미산마을, 부천 YMCA에서 프로그램을 진행했다.

직업의 위기감, 업무의 압박감, 생계부양의 불안감 속에 '한국 40대 남성 사망률 세계 1위'. 정신없이 달려온 삶의 중턱에서, 잠시 호흡을 고릅니다. 지금까지 세상과 타인들의 기대에 맞추어진 나를 벗고 자신의 실체와 관계를 되돌아보려는 움직임이 시작됩니다. 40대 (전후) 남성 누구나 참석하실 수 있습니다.

1회 한국사회, 40대 남자는 누구인가 · 김찬호(성공회대 초빙교수)

한국사회에서 남자는 어떻게 남자가 되었나.

남자 40대, '가정과 사회의 주춧돌'인가 '영혼의 노숙자'인가.

2회 영원한 미스터리? 여성, 어머니, 아내 · 김희은(한국여성사회교육원장), 김기현(부천 YMCA 사무총장)

왜 한국남자는 여자들에게 영원한 아들이란 말을 듣는가.

남편들이 모르는 아내들의 마음과 정서, 이것만 알아도 대화가 달라진다.

3회 40대 남자 - 기쁨과 쾌락, 신성과 속성 · 최대헌(심리극장 청자다방 대표)

40대 남자에게 사랑과 성은 어떤 의미인가.

기쁨과 쾌락, 대화가 공존하는 에로스는 가능할까.

4회 일과 삶의 조화를 위한 생애 설계 · 김정인(한국여성수련원 교육연수부장)

나도 겪고 남도 겪는 중년기의 신체적 심리적 특성은?

일과 삶의 조화를 위한 비전과 생활습관 설계.

부천 YMCA에서는 조금 다른 버전의 프로그램을 진행했다.

1회 40대 남성의 정체성 찾기 – 몸은 알고 있다, 내가 원하는 것을

· 이정명(국제공인 표현예술치료사)

아버지, 남편, 회사원 등 다중의 역할을 담당하는 40대 남성들.

자신의 몸의 느낌과 감각에 집중할 기회는 거의 없다.

몸의 감각회복을 통한 친밀한 관계 맺기, 감사의 미세정서 능력

키우기.

2회 이 남자가 사는 법 – 당신의 텅빈 레인코트를 벗어라 · 김홍기

(패션 큐레이터)

40대 남성의 삶을 표현한 그림들을 감상하며, 나 자신과 우리

주변 '이 남자가 사는 법'과 통하기.

3회 일과 삶의 조화를 위한 생애 설계 · 김정인(한국여성수련원 교육

연수부장)

나도 겪고 남도 겪는 중년기의 신체적 심리적 특성은?

일과 삶의 조화를 위한 비전과 생활습관 설계.

4회 소시오 드라마 – 표식이 있는 삶 · 최대헌(심리극장 청자다방 대표)

'가족과 사회가 요구하는 나'가 아니라 '내가 원하는 진짜 나'의 모습과 역할은 무엇일까.

현재의 삶에서 경험하는 갈등상황을 탐색하고 현재와 미래 삶의 주인공으로서 살기 위한 표식 세우기.

남자 40대 나대로 살기, 왜 남자들만 참여했나?

이 프로그램은 시작하기 전부터 여성들, 특히 40~50대 여성들의 관심이 높았다. 참여하고 싶다는 문의도 많았다. 내 남편, 내 남자를 해석하고 변화를 바라는 욕구가 강했기 때문이다. 그러나 주최 측은 여성들에게는 문을 닫고, 오로지 남자들만 참여할 수 있게 했다. 남자들이 여자들과 함께 하면, 여자들 시선을 의식해서 솔직한 자기 얘기를 못한다는 판단 때문이었다.

약 15명의 남자들이 모였다. 생각을 나누고, 몸을 움직이고, 연극으로 표현하는 통합형 프로그램. 40대 남자들에게는 매우 낯선 방식이었다. 동대문시장에서 장사를 하는 김 선생님은 부인이 신청해서 어쩔 수 없이 참여했다. 문구용품 회사원 박 선생님은 이 프로그램을 보자마자 자신에게 꼭 필요하다 싶어 신청했다.

"어쩌다 성인이 되고 결혼을 하고 부모가 되었지만, 힘들 때 물어볼 곳도 상의할 곳도 많지 않았습니다. 남자, 가장, 아버지, 남편은 이래야 한다 생각하며 하루하루 살았어요."

"답이 없는 삶의 방향과 모양, 색깔을 발견하고 40대의 삶을 되돌아보게 되었습니다."

"강하게 살기보다 인성, 감성, 영성의 조화로 살아야겠습니다."

"비슷한 나이의 아저씨들을 만나고 끝없이 터져 나오는 그들의 수다를 듣고, 비슷한 듯 전혀 다른 생각에 머리를 갸우뚱해보고 몇 가지 실천할 거리도 얻었습니다."

이 워크숍을 시도한 지 10년이 흘렀다. 그때 그 남성들은 나이 50이 되고 60이 되었을 것이다. 이 경험이 이분들의 삶에 변화의 계기가 되었을까? 글을 쓰다가 프로그램에 참여했던 박 선생님에게 연락을 해봤다.

"문득 내 삶의 의미는 뭘까, 어떻게 살아야 할까 잠시 떠올리지만, 아이들 과외, 입시, 마이너스 통장, 회사 사업 등 일상에 빠져들다 보니 10년이 지났네요."

프로그램에 한번 참여했다고 대단한 변화를 기대할 수는 없다. 작은 변화의 계기라도 되었기를 바랄 뿐이다. 그런데 의문이 남는다. 〈남자 40대, 나대로 사는 법〉 프로그램이 주목했던 한국사회 남자들에 대한 문제의식은 지금도 여전히 유효하다고 생각하는데, 이런 프로그램은 이후에 어디서 어떻게 시행되고 있을까? 새로운 모습으로 변형되어 확산 또는 발전하고 있을까?

"그때 교육에 참여하면서, 어쩌다 남편이자 아버지가 된 많은 40~50대 남자들을 위한 가이드, 멘토, 상담자, 친구가 되어줄 프로그램이나 공간이 있으면 좋겠다고 생각했습니다. 사실 거의 없잖아요." (박 선생님)

내가 놓쳤을 수 있지만 나 역시 그 이후 40대 이상의 남자들만 모여 속내를 터놓고 얘기할 수 있는 배움과 만남의 장은 보지 못했다. 참여연대 아카데미느티나무조차 이런 프로그램을 다시 열지 못했다. 왜? 솔직하게 말하면 이 주제에 대해 남자들이 얼마나 참여할지, 정원을 채울 수 있을지, 강사비 충당이 가능할지 자신이 없어서다.

하지만 중요하다 생각하면 적자를 감수하고라도 해야 한다. 최근엔 서울시 50플러스재단 등 평생교육기관에서 50플러스 세대가 진짜 자신의 주인으로 인생을 살기 위한 매우 훌륭한 프로그램들을 운영하고 있다. 그런데 대부분 남녀 통합 과정이다. 남녀가 함께 하며 서로 이해하고 성장하는 것도 물론 필요하다. 그런데 남자들만 참여하는 프로그램도 있어야 한다. 마을, 시민단체, 평생학습관 등에서 중장년의 남자들만을 위한 수다방과 놀이터를 만들면 좋겠다. 남자들이 맞이하는 인생의 사계절을 기꺼이 성장하는 시간으로 경작하기 위해. 나아가 일상의 민주주의와 젠더 감수성을 키울 수 있는 소통의 능력을 키우기 위해.

65세 남자들의
학예회를 보았다

　잠시 주춤하던 코로나 바이러스가 다시 확산되기 시작하던 2021년 봄. 남편의 오랜 친구의 시집 출판기념회가 열렸다. 나이 스물넷 대학 재학 중이던 1980년 조선일보 신춘문예에 〈풍경의 꿈〉이 당선되며 등단했던 장석 시인. 통영에서 수산업에 종사해온 그는 40년 침묵을 깨고 시집 두 권을 연달아 출간했다. 『사랑은 이제 막 태어난 것이니』, 『우리 별의 봄』. 여기서 그의 시에 대한 이야기를 하려는 게 아니다. 그 출판기념회를 '학예회'로 준비한 60대 남자들의 신나는 들썩거림을 말하려 한다.

　행사 몇 달 전부터 시인의 친구들은 준비모임을 하고 역할을 분담했다. 음식준비를 담당하는 사람, 초대와 연락을 하는 사람, 행사 전체를 총괄하는 사람 등등. 남편은 행사의 장식을 담당한다면서 무대 전면과 행사장 입구에 설치할 배너를 만든다고 한 달 넘게 들썩들썩했다. 친구의 20대 시절 사진을 10장이나 받아와서는, 이게 좋은가? 저게 좋은가? 이렇게 배치할까? 저렇게 할까? 나에게도 몇 번을 물어봤다. 덕분에 나도 남편 친구의 풋풋했던 젊은 날 얼굴을 보게 되었다. 아, 저런 시절이 있었구나.

"내가 그림 전시할 때하곤 달리 친구 행사에는 열 일 제치고 달려드네?" 이렇게 남편에게 툴툴거리긴 했지만, 나도 은근히 이 들뜬 분위기가 좋았다. 파티 전야의 설레는 시간이 가고 행사 당일이 다가왔다. 마스크를 쓰고 발열체크를 하고 행사장에 들어섰을 때 요즘은 보기 힘든 낯선 풍경이 눈앞에 펼쳐졌다. 50여 명의 축하손님들 속에서 머리가 허연 남자들이 마치 학교 교실에서 떠들고 장난치던 그 시절 남학생들처럼 놀고 있었다. 문화행사나 모임 어딜 가든 여성들이 다수인 요즘에는 보기 힘든 모습이었다.

시인의 인사말, 시집에 대한 감상평이 이어졌지만, 내가 특히 감동받았던 장면이 있었다. 친구들이 만든 축하공연. 시인의 친구가 속한 합창단이 무대에 섰다.

머리가 희끗희끗하고 얼굴에 팔자주름이 선명한 10여 명의 남녀혼성 합창단이 전인권의 〈걱정 말아요 그대〉를 불렀다. "후회 없이 사랑했노라 말해요." "후회 없이 꿈을 꾸었다 말해요." 성량은 젊은이들에 비해 약했지만 강력한 것이 있었다. 노래의 생명은 마음 깊은 곳을 건드려 흔드는 것. 그 점에서 이들은 최고였다. 살아온 시간을 펜에 적셔 종이에 노랫말 하나하나를 꾹꾹 눌러쓰는 것 같았다. 이 노래가 이런 거였나? 가사 하나하나가 가슴에 콕 박혔다. 눈물이 핑 돌았다. 이제는 볼 수 없는 그리운 사람들. 함께 꿈꾸고 열정을 다해 일구었던 시간들, 후회 없이 사랑했다.

공연은 계속됐다. 가곡 〈그대 있음에〉를 독창하는 남자, 클래식기타로 〈행복A Felicidade〉을 연주하는 남자, 듀엣으로 〈친구여〉와 〈라 팔로마〉를 연주하는 남자들, 시인 친구의 시로 노래를 작곡해 부르는 남자, 그리고 헐렁한 청바지를 입고 흰머리를 휘날리며 강산에의 〈거꾸로 강을 거슬러 오르는 저 힘찬 연어처럼〉을 부르는 남자. 떨거나 실수할 때도 있었지만 그것도 좋았다.

저 나이의 남자들이 노래를 부르며 타인의 소리와 자신의 소리가 섞여 화음을 만들 때 무엇을 느꼈을까. 클래식 기타 연습을 한다고 새벽시간 혼자 기타 줄을 디딩 뜯을 때 그의 심장에 기타 한 줄 튕기는 소리는 어떻게 들렸을까. 청바지에 통기타를 두드리며 〈…연어처럼〉을 부르는 저 나이든 남자의 신나는 에너지는 어디서 나올까. 떨리는 목소리로 친구의 시 한 편을 낭송할 때, 그 남자는 어떤 마음일까.

65세 남자들이 만든 이 출판기념회는 흥겨운 잔치이자 축제였다. 그 기쁨의 바탕엔 아마도 40년이란 긴 시간 동안 묵히고 삭힌 언어로 시집 두 권을 빚어 돌아온 친구를 축하하는 마음, 그리고 그 시에 눌러 담긴 삶에 시인과 함께 했던 기억과 공감하는 마음이 깊게 자리했을 것이다. 코로나로 힘들었던 시기, 창문으로 반사되는 내부의 풍경이 비현실적으로 느껴질 만큼 아름다운 4월의 봄밤이었다.

아. 저렇게 계급장 떼어놓고 노는 남자들이 많아지면 좋겠다. 뭐든 잘해야 하고, 좋은 성적을 거둬야 하고, 직장에서 성공해야 하고, 가장으로서 책임을 져야 하는 그런 시간을 살아왔던 50~60대 남자들. 지금까지는 가부장제 사회에서 가장 많은 권력과 혜택을 누리며 살았지만, 점점 쪼그라지는 자신들의 입지를 자각하고 있을 것이다. 이제는

다른 인생을 펼쳐야 하는 나이. 고령화 시대에 아직 몸은 건강한데 일터에서는 밀려나고, 진짜 자신이 좋아하는 게 뭔지, 무엇을 시작해야 할지 막막하다.

이제는 사회적 성취보다 자신의 존재와 삶의 목소리에 귀 기울여야 하는 시기. 일을 잘 해내기 위한 목적지향적인 공부가 아닌, 내면의 성장과 진실한 즐거움을 위해 나이든 남자들이 시를 낭송하고, 노래를 부르고, 연극을 하고, 그림을 그리면 좋겠다. 열심히 말고 온전히 즐기는 모습으로. 그렇게 자신의 새로운 페르소나를 만드는 남자들을 보고 싶다. 동창모임을 넘어 마을에서 직장에서 크고 작은 커뮤니티에서. 그들이 잘하려는 압박에서 무장 해제되어 자유로운 삶을 즐길 때, 그들의 부인, 친구, 자녀, 동료들도 더불어 즐겁고 행복해지지 않겠는가.

2부

좋아서 즐거워서
시민예술

누구나 예술가

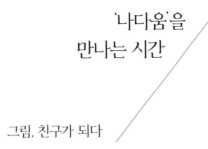

'나다움'을
만나는 시간

그림, 친구가 되다

    그림 그리는 사람들이 부쩍 늘어났다. 코로나의 여파로 집에 혼자 있는 시간이 많아진 걸까? 사람들의 표현욕구가 강해진 걸까?

    참여연대에서 아카데미느티나무를 새로 시작했던 2009년. 시민운동단체에서 왜 인문학 프로그램을 하느냐는 질문이 나올 만큼 내부에 경직된 의견이 많았다. 당시 나는 "시민교육에 기쁨의 패러다임이 필요하다"고 강조하며 "진보, 인문, 행복"과 "지성, 감성, 영성의 통합"을 교육의 방향으로 설정하고 있었다. 하지만 느티나무에서 예술교육을 본격적으로 할 수 있을 거라고는 생각 못 하고 있었다. 그런데 가을학기 평가모임에서 30대 남자 회원이 신선한 제안을 했다.

    "그림 스케치 수업이 있으면 좋겠어요."

    그래. 이런 걸 우리가 왜 못하지? 신이 나서 강사를 찾았고 만화가 고경일 선생님을 만났다. 그는 시민단체에서 드로잉 수업을 한다니 무척 기뻐했다.

토요일 오전에 도시 곳곳을 누비며 그림을 그리는 〈서울드로잉〉이 시작됐다. 처음 프로그램 기획을 하고서도 이게 잘 될까? 긴장했는데 걱정과 달리 20명 정원이 꽉 찼다. 첫날은 참여연대 강의실에서 서로 인사 소개를 하고, 재료 설명 등 간단한 오리엔테이션을 했다. 나도 고등학교 1학년 이후 처음으로 물감과 스케치북을 샀다. 두 번째 시간은 이화동 골목길. 3월의 토요일 오전 10시의 바람은 싸늘했다.

"여기 각자 자리 잡고 그리세요."

어? 아무것도 가르쳐주지 않고 그림을 그리라고? 당황했다. 뭘 그릴까? 이 골목 저 골목 들여다보다가 마음에 드는 집 하나를 골랐다. 허름한 돌 축대가 보이는 집. 어릴 적 살던 동네가 생각났다. 대충 선을 긋고, 그 자리에서 물감을 풀어 색칠까지 슥슥. 손을 호호 불며 두 시간 동안 그림을 그렸다. 화장실도 참으면서.

"이제 모두 모이세요. 자신의 그림을 여기 담벼락에 한 줄로 세워보세요." 고경일 선생님은 한 사람 한 사람 그림을 평해주었다.

"여기 전체 구도가 너무 좋죠. 이 선은 삐뚤빼뚤한 게 정말 매력적이네요."

주로 칭찬 일색으로 평을 해준 후 박수를 쳐주었다. 내 순서가 왔다. 그런데 내 그림은 코멘트만 하고, 박수를 안 치고 넘어갔다.

'내 그림은 한참 수준이 떨어져서 그러나?'

나는 그때 이 프로그램의 기획자 마인드가 아니었다.

"선생님, 왜 잘했다 소리도 안 하고, 박수도 안 쳐주세요?"

겉으로 웃으면서 얘기했지만 속마음은 완전 삐쳐 있었다. 묘한 경쟁심과 질투심이 올라왔다. '이 사람들은 왜 이렇게 잘 그리는 거야?

저 친구는 분명히 학교 다닐 때 미술반 했을 거야.'

그렇게 한 번 두 번 야외 드로잉 수업을 경험하면서 그림에 조금씩 재미를 붙여갔다. 그러다 벚꽃이 아름다웠던 4월의 어느 봄날, 따뜻한 오전 햇살을 받으며 북촌의 한옥집을 그릴 때였다. 햇살의 움직임에 따라 그림자가 시시각각 변하는 그 느낌. 나무 그림자가 흔들리는 순간. 그걸 표현하려고 집중하는 내게 스멀스멀 행복감이 밀려왔다. 햇살, 바람, 그림자에 온전히 집중하는 시간이 너무 좋았다. 한옥집 창문, 창살, 나무 기둥을 하나둘 세어가며 스케치를 할 땐, 마치 내가 목수가 되어 집을 짓는 것 같았다.

이렇게 그림 그리는 재미를 알아가던 때 토요일 다른 1박 2일 워크숍에 참여할 일이 생겼다. 이 일정 때문에 드로잉 수업에 못 가는 것이 그렇게 싫을 수가 없었다. 갈까 말까 잠을 설치며 며칠을 고민하다가 어렵게 답을 내렸다.

'드로잉 수업은 매주 토요일이지만 이 워크숍은 1년에 4번뿐. 그러니 워크숍을 가자.'

이렇게 마지못해 참여한 워크숍의 장소는 천안의 기독교 공동체였다. 조금 일찍 도착한 그곳에서 나는 완전히 마음을 빼앗기는 풍경을 만났다. 나무장대에 묶은 빨랫줄에 수건과 옷들이 펄럭이고 있었다. 햇살과 바람이 만들어내는 빨래 그림자의 춤. 바람이 만져지고 햇살이 내 손 안에 있었다. 완전히 하나가 되는 느낌이었다. 가져간 스케치북에 연필로 그 느낌을 담았고 집에 돌아와 그림을 완성했다.

그림을 그린 지 두 달쯤 됐을 때 또 다른 즐거움이 생겼다. 일요일 오후 동네 공원에서 나의 산책길을 그리고 있을 때였다. 초등학교 3학년쯤 되어 보이는 여자아이가 말을 걸어왔다.

"와. 예쁘다. 저 길 그리는 거예요? 우리 할머니도 그림 그리는데. 아줌마도 잘 그린다."

아이는 내 그림을 한참 들여다보더니 말했다.

"이거 나 주면 안 돼요?"

처음 본 아이의 칭찬. 지금도 입이 벌어질 만큼 기분이 좋았다.

졸업전시, 또 다른 나를 드러내는 작은 무대

세 달의 시간이 흐르고 드로잉 수업의 졸업전시회가 다가왔다. 세 작품이 맘에 드는데, 어떤 그림을 내지? 얼마나 고민을 했는지. 사진을 찍어 친구와 동생에게 의견을 물어봤다. 나중엔 고르기가 힘들어 세 개 모두 전시하기로 했다. 친구와 지인들에게 초대 메일을 보냈다. 졸업기념 단체 전시인데, 왜 그렇게 흥분하고 설렜는지. 그러나 해보면 안다. 인생 최초의 전시회가 평범한 일상을 살아가는 시민들에게 어떤 의미인지. 졸업전시회 날 자신의 그림 앞에서 한 사람이 떨리는 목소리로 말한다.

"그림은 '시선'인 것 같아요. 그림 한 장 그리기 위해 한 자리에 서너 시간 꼬박 앉아 있다는 것이 새로운 경험이었어요. 일할 때 말고는 한 곳을 그렇게 오래 바라보지 않잖아요. 오늘 이 그림의 키워드는 '천천히 걷기'인데요. 토요일 지하철을 타고 나올 때는 좀비같이 어두운 평소의 나였어요. 그런데 그림을 그리고 사람을 만나고 돌아갈 때는 내 마음도 밝아졌어요. (울먹이며) 어? 왜 이러지? 나 영화제 수상소감 말하는 것 같네요. 하하."

덩달아 나도 목이 메었다. 영화제 수상소감 같다는 말에는 빵 터졌다. 맞아, 이런 수상소감은 왜 꼭 유명배우만 해야 하나?

졸업작품 전시회 오프닝 파티는 느티나무 미술수업의 꽃이다. 모두 자신의 작품 앞에서 2분 발표를 한다. 그림을 그리며 어떤 마음이었는지, 무엇을 표현하고 싶었는지 그 마음을 명료하게 하기 위해 키워드 발표를 하기도 한다. 작품 제목만으로 알 수 없었던 시민 화가의 이야기를 듣는 시간. 나는 이 시간이 늘 즐겁다. 경탄스럽다.

전시회를 보러 온 가족, 친구들도 새로운 경험을 한다. 내 엄마가, 남편이 그림을 그리고 전시까지 하네? 아침저녁 밥 먹고 잠자기 바빴던 내 가족의 모습이 다르게 보인다. 삶을 누릴 줄 아는 멋진 사람이다. 세 달 동안 함께 그림을 그렸지만 각자 자기 그림 그리기에만 몰두했던 참여자들도 서로의 그림이 완성되어 전시장에 액자로 걸린 그림을 보며 진심으로 박수를 보낸다.

그러나 이런 배움의 문화가 저절로 이뤄지는 것은 아니다. 그림 수업을 시작하고 2년쯤 됐을 때였다.

"그냥 그림만 걸면 되지, 왜 발표를 해요?"

이런 질문 앞에서 기획자는 흔들리기 쉽다. 시민예술 강좌에서 강사 아닌 기획자의 위치는 매우 약할 수 있기 때문이다. 이럴 때 기획자는 전체 분위기를 보면서 흐름을 타는 것도 중요하지만, 중심을 명확하게 잡아야 한다. 기획자 스스로도 이런 걸 왜 하는지 자신 없이 흔들리면, 그 에너지는 참여자들에게 그대로 전달된다.

"여기는 그림 스킬을 배우는 곳이 아니에요. '모든 시민은 예술가다'를 모토로 시민이 예술을 한다는 것이 무엇인지 함께 생각하고 키워가는 곳입니다. 서로 배우는 시민의 공간이에요. 타인의 그림을 보고그 스토리를 듣는 것 또한 중요합니다."

졸업작품 전시회는 참여자들이 스스로 준비한다. 포스터 제작, 각그림의 제목 라벨지 출력, 음식 준비, 액자 설치, 그림 수업 3개월의 시간을 영상자료로 만드는 작업, 전시장 청소. 이 모든 일을 나누어 담당한다. 이 과정 전체가 시민들이 함께 참여해서 만드는 배움의 과정이기 때문이다.

그림을 그리면서 새로운 재미도 생겼다. 서울드로잉 수업이 끝나면매 학기 그림엽서를 만들었다. '나의 그림'이 인쇄된 엽서는 특별한 의미가 있다. 언제 어느 때나 타인에게 보여주거나 선물할 수 있기 때문이다. (나는 여행할 때 늘 내 그림엽서 몇 장을 챙겨 다녔다. 여행하며 만난사람에게 고마움을 표현하고 싶을 때 짧은 글을 써서 선물했다. 벨기에 시골수도원에서 1주일 동안 머물 때 그린 그림으로 엽서를 만들어 200장을 보내주기도 했다. 그곳 방문자들에게 선물로 드리라고. 뿌듯한 경험이었다.)

나를 표현하자, 비교하지 않고 즐기는 태도로

그림 수업을 기획하고 그림을 그리면서 배운 것이 있다. 내 느낌, 내선, 내 색깔을 스스로 즐긴다면 충분히 행복하다. 내 그림과 남의 그림을 비교하지 않는다. 어제의 내 그림보다 오늘의 내 그림이 조금 더 나아진다면 그걸로 충분하다. 인생에 대한 태도도 이와 다르지 않을 것이다. 나는 내 인생을 살면 된다. 그 누구와 비교할 이유가 없다. 다만 함께 하며 서로 배우는 것이 의미 있을 뿐. 자신의 느낌과 표현을 즐기며 더 깊은 발견을 할 수 있다면, 예술로 내 목소리를 낼 수 있다면, 소중한 경험이 될 수 있다.

시민들이 모임이나 수업을 통해 '더불어 함께' 그림을 그리는 건, 혼자 하는 것과 큰 차이가 있다. 같은 장소, 같은 건물이나 풍경을 보고도 얼마나 다른 선과 구도가 나오는지 서로 배운다. 아주 빼어나지 않아도 독특한 매력이 있는 걸 느낄 수 있다. 혼자 하면 게을러지거나 슬럼프에 빠지기도 하지만, 함께 하면 서로 자극받으며 격려할 수 있다.

그림을 그리면서 또 하나 발견한 게 있다. 자기 느낌을 표현한다는 것은 내 생각 내 의견을 자신 있게 표현하는 것과 연결되어 있다. 그런데 우리 세대가 받았던 예술교육은 어떠했나? 학교 미술시간에 숙제 안 해왔다고 야단맞고, 준비물 안 가져왔다고 혼나고, 온통 괴로운 기억이 대부분이다. 그 풍경 그 사람에게 받은 느낌을 나의 선과 색으로, 구도로 자유롭게 표현하는 것을 우리는 억압당해왔다. 나도 마찬가지다.

초등학교 때는 나도 그림 그리는 걸 좋아했다. 4학년 무렵 미술학원에 한두 달 다닌 적도 있다. 그런데 미술 선생님은 크레용으로 매일 똑같은 그림만 그리게 했다. 석굴암의 불상 그림. 지붕 위에 박이 달린 시골집. 무슨 미술대회에 출품한다고 그랬던 것 같은데, 그 미술학원은 내가 그림을 싫어하게 만드는 역할을 했을 뿐이다. 중학교에서 미술선생님은 늘 똑같은 구성 그림만 그리게 하고 숙제까지 내줬다. 선생님은 명도와 채도를 공부하게 하고 싶은 마음이 있었는지 모른다.

하지만 나에겐 선과 선이 만드는 칸 안에 정확하게 물감을 채워 넣는 일로만 보였다. 지루했다. 고등학교에서도 미술 점수가 늘 60~70점이라 내 평균 점수를 깎아 먹기만 했다. 이렇듯 자신감도 흥미도 없었던 미술시간. 그런데 나이 50이 되어 만난 그림 그리기가 이렇게 재미있다니. 이 재미는 어디서 오는 걸까?

남의 평가나 시선에 상관없이 내가 좋아하는 걸 느끼고 표현하는 즐거움은 예술과 놀이의 본질 아닐까? 이것은 시민들이 삶의 주인이 되기 위해 필요한 자신감과 연결된다. 시민교육이 주목해야 하는 것은 바로 이것 아닐까?

나는 춤을 춘다, 광화문 거리에서

나는 춤을 춘다. 대낮의 광화문 거리에서, 공원에서 춤을 춘다. 친구들과 함께. 수원화성을 내려다보며 미술관 옥상에서. 제주 올레길에서도 바다와 함께 바람과 함께 춤을 춘다. 여기 참 춤추기 좋은 곳이네, 탄성을 지른다. 혼자도 좋고 여럿이면 더 좋다. 춤을 출 때 나와 타인이 존재와 존재로 만나 뿜어내는 '힘'을 느낀다.

춤의 힘을 처음 경험한 것은 2000년 파키스탄 페샤와르를 여행할 때. 당시 나는 다큐멘터리 방송구성작가였다. 장선우 감독, 박재동 화백이 준비하고 있던 애니메이션 영화 〈바리데기〉 제작팀의 실크로드 현장답사를 다큐멘터리로 제작하기 위한 여행이었다. 9월 말부터 11월 초까지 35일간의 여행.

북경-서안-난주-돈황-투루판-카슈가르-훈자-길기트-페샤와르-이슬라마바드-뉴델리에 이르는 대장정이었다. 동서양 문명교류의 흔적을 역사의 현장에서, 아름답고 광활한 자연에서 만지고 느꼈다. 멀게는 기원전 4천 년 전부터 한나라, 당나라, 몽골의 역사가 한 지역에 이렇게 저렇게 퇴적층처럼 쌓이며 밀려왔다 사라졌던 실크로드. 과거엔 융성했으나 지금은 폐허로 변한 현장. 이곳을 화가들, 영화감독, 음악감독과 함께 여행하며 나날이 즐겁고 새로웠다. 잠자고 있던 나의 모든 감각이 열리는 것 같았다. 물론 좋기만 했던 건 아니다. 하루하루 마음고생이 심했다. 내가 기획한 만큼 다큐멘터리를 잘 만들어야 한다는 압박감이 컸다.

여행이 막바지에 이를 즈음, 파키스탄 페샤와르에서 잊을 수 없는 경험을 했다. 페샤와르는 파키스탄과 아프가니스탄 접경의 도시. 다음 해 2001년 9.11 테러가 일어났고, 미국의 아프가니스탄 침공으로 세상에 더 알려진 곳이다. 상점과 호텔에서 일하는 사람은 모두 남자들이고, 여자들은 머리부터 발끝까지 완전히 온몸을 가린 옷, 부르카를 입고 다녔다.

파키스탄과 아프가니스탄 접경지대인 만큼 페샤와르엔 아프가니스탄 난민들이 많이 살고 있었다. 파키스탄, 아프가니스탄 이런 국가의 구분이 여기 사람들에겐 큰 의미가 없다. 친척과 친구들이 파키스탄에도 살고 아프가니스탄에도 산다.

우리가 투숙한 곳은 9층의 큰 고급호텔이었다. 호텔 식당에서 저녁식사를 하고 무심코 여자화장실에 들어갔다가 여기가 어디야? 깜짝 놀랐다. 빨간 립스틱에 진한 눈 화장, 파랗고 노란 옷감에 금빛 은빛 반짝이가 눈부신 이브닝 드레스를 입은 여성들이 화장을 고치고 있었다. 거리에서 부르카, 히잡을 둘러쓴 여성들을 볼 때는 전혀 상상할 수 없었던 장면이었다. 이들은 청바지에 티셔츠를 입고 있는 내가 신기했다. 어디서 누구와 왔느냐 질문공세를 퍼부었다. 지금 이 호텔에서 아프가니스탄 커플의 결혼식이 있으니 놀러 오라고 초대했다. 와, 이리 좋을 수가. 스무 명이나 되는 우리 일행들과 파티장소로 몰려갔다.

춤추는 아프가니스탄 결혼식 파티

그날 나는 보았다. 아프가니스탄 사람들의 결혼식 파티가 얼마나 대단한지. 거의 400~500명 좌석의 넓은 홀. 한쪽엔 남자들 200명, 반대편엔 여자들 200명이 둥근 식탁 테이블에 10여 명씩 앉아 먹고 마신다. 물론 술은 없다. 가운데 한쪽에 신랑 신부가 홀을 바라보며 앉아 있고 반대쪽에 악단이 연주를 한다. 그 중앙에서 신랑 신부, 가족, 하객들이 둥글게 어울려 춤을 춘다. 삐리삐리리 흥겨운 무슬림 음악에 남자 여자 가리지 않고 손끝과 어깨를 들썩인다. 아주 조금만 움직여도 리듬감이 대단했다. 영화에서 걸어 나온 듯 선량해 보이는 할아버지가 흥이 나 돈뭉치를 풀어 하나씩 허공에 뿌리면 아이들은 저마다 그걸 줍느라고 한바탕 즐거운 소동이 일어났다.

오후 5시부터 10시까지 결혼 축하파티가 이어진다고 했다. 함께 춤을 추던 누군가 나를 둥근 탁자의 자기 자리에 초대했다. 서로 "너는 어디서 왔니" 묻는데, 이 사람은 아프가니스탄, 저 사람은 우즈베키스탄, 파키스탄. 탄. 탄. 탄. '탄'이란 땅이라는 뜻. 여기선 모두 형제요 친구였다. 무슬림은 술이 금지되어 있어 테이블 위엔 맥주병 하나 없었다. 콜라나 음료수만 마시면서 그렇게 흥겹게 놀다니. 그러다 어떤 이가 나를 또다시 춤추는 자리로 안내했다. 이번엔 남자들만 추는 서클 춤. 50여 명의 남자들이 큰 원형을 만들어 박자에 맞춰 돌고 박수 치고 스텝을 찍고. 그렇게 두 시간을 췄을까?

내 안에서 견고한 둑 하나가 와지끈 무너지는 소리가 났다. 아, 결혼식이 이렇게 남녀노소 국경에 상관없이 사람들이 어울리는 즐거운 잔치일 수 있구나. 함께 추는 춤의 에너지가 이렇게 밝고 아름답구나. 깊은 엑스터시를 느꼈다.

그날 밤 우리 일행은 호텔방에 둘러앉아 몰래 구해온 술을 마셨다. 그날 나는 약 30일의 이 여행을 훌륭한 다큐멘터리로 만들어야 한다는 압박감도 피디와의 갈등도 다 내려놓았다. 술 때문이 아니었다. 이 결혼식 파티의 열린 분위기, 한 공간에서 수백 명이 에너지를 주고받는 그 사랑스러운 춤이 내 마음의 문을 활짝 열게 만들었다. 내 인생 최고의 몰입의 순간. 이 경험은 춤을 대하는 나의 태도를 완전히 바꿔놓았다.

시간이 흘러 지금의 아프가니스탄 사람들은 미국과 탈레반 사이에서 고통의 시간을 보내고 있다. 여전히 그들은 사람들과 손을 맞잡고 춤추며 노래하고 있을까? 과거의 추억과 현재의 아프가니스탄 상황이 교차하며 마음이 복잡하다.

시민교육에서 춤의 가능성을 발견하다

여행에서 돌아와 나는 서울에서 춤출 곳을 찾았다. 하지만 내가 경험했던 밝은 춤, 친구와 가족들이 서로 어울려 큰 즐거움을 만들어내는 춤을 만나기란 너무도 어려웠다. 내가 원한 것은 어두컴컴하고 은밀한 춤이 아니고, 남에게 보여주기 위해 연습에 연습을 거듭하는 춤, 경쟁하는 춤도 아니었다. 아프가니스탄 난민들의 결혼파티처럼 온 가족, 친척, 친구들이 모여 흥겹게 노는 자리였다. 희로애락을 춤으로 표현하며 각자의 에너지를, 존재를 주고받는 장이었다.

이런 춤을 출 곳이 없다면 만들어보자. 당시 나는 성공회대학교 사회교육원 기획실장으로 일하고 있었다. 어떻게 시작하지? 하고 싶은 마음이 강하면 길이 보인다. 2001년 교육개발원이 추진하는 '소외받는 사람들을 위한 감성 및 인성교육 지원사업' 공모를 발견했다. 기획안을 제출했고 지원서는 통과됐다. 내가 생각하는 춤 컨셉에 적합한 강사를 찾고 워크숍을 시작했다. 제목은 〈춤과 마음의 마당〉.

30명이 신청했다. 춤을 춘 적 없는 사람들. 처음엔 어색해하지만 열중하면 남의 시선 의식 않고 자신의 움직임, 춤을 즐겼다. 그때 강한 직감이 나를 건드렸다. '시민들의 춤'에 뭔가 있구나. 타인들 앞에서 의견 한마디 하는 것을 주저하며 자기표현을 두려워하는 사람들이 한 공간에서 춤으로 이렇듯 감정을 표현할 수 있다니.

나는 2002년, 2003년 연속해서 춤 워크숍을 기획했다. 이번엔 그 어떤 지원도 없이 수강비만으로 강사비를 충당했다. 정원 30명이 다 찰 만큼 인기가 있었다. 시민교육에서 춤의 가능성을 발견한 것이다.

그 후 참여연대 아카데미느티나무에서 다시 시민교육을 시작했던 2009년, 국제공인 표현예술치료사 이정명 선생님을 만났다. 그는 당시 90세가 넘은 미국의 현대무용가 안나 할프린이 운영하는 샌프란시스코 타말파연구소 워크숍을 한국에서 열고 있었다. 우리는 워크숍 이름을 책 제목에서 따온 〈여성의 몸, 여성의 지혜〉라 짓고 워크숍을 시작했다.

"몸은 모든 삶의 경험을 담고 있으며, 동작은 몸의 언어가 됩니다. 동작에 집중하면 내 안에 숨어 있던 감각, 정서가 살아납니다. 내 몸이 무엇을 원하는지 자각하고 표현해보세요."

자신의 감각, 그리고 타인과 세계의 감각이 어떻게 연결되는가에 집중하며, 내 안의 감정과 생명에너지를 표현하는 시간이었다. 감각을 수용하는 영성, 그 힘으로 사회변화를 실현하는 교육을 위해 안전한 커뮤니티가 필요함을 더욱 느끼게 되었다. 그렇게 3년을 진행하면서 새로운 욕구가 일어났다.

"춤을 추며 느끼는 이 자유로운 에너지를 사람들과 나누어보자. 아프가니스탄 난민들의 결혼식에서 경험했던 것처럼 결혼식에서 돌잔치에서 행사장, 집회, 광장에서 함께 희로애락을 표현하는 춤을 추고 싶다. 춤으로 시민교육의 새로운 길을 열어보고 싶다."

그러다 나의 기획을 발전시킬 좋은 계기를 발견했다. 2013년 봄 우연히 서울문화재단이 서울댄스프로젝트를 한다는 것을 알게 된 것이다. 그 발대식이 열리던 날 서울시민청에 가봤다. 이미 100명의 '시민춤단'이 오디션을 통해 선정되어 활동을 시작하고 있었다. 9월 시민춤 축제를 앞두고 1일 춤단 워크숍에 참여해보기도 했다. 여의도 한강공원에서 마포대교 북단까지 약 100명의 시민들이 춤을 추며 다리를 건너는 행사에도 참여했다.

고등학생 때부터 10년 넘게 살았던 여의도. 그 후에도 직장일 때문에 20여 년 동안 매일 오갔던 마포대교. 그런데 그날의 마포대교는 내게 아주 낯설게 보였다. 해 지는 강, 물, 바람, 구름. 탁 트인 시야. 마치 외국에 여행을 온 것 같았다. 기분 좋은 노곤함. 춤추고 노래하고 함성을 지르고. 한강 다리 위에서 바로 내 눈높이에 떠 있는 달을 바라보며 바람을 만지며 춤을 추다니. 그것도 이렇게 많은 사람들과 함께.

춤단 멤버들이 새로 온 사람들을 환대하는 느낌도 좋았다. 옆에서 뒤에서 "왼발" "오른발" 박자를 맞춰주고, 힘들지 않냐 말을 걸어오고. 어떻게 참여하게 됐는지, 무엇이 즐거운지 얘기를 나누며 함께 춤추다 보니, 도저히 마포대교를 왕복할 수 있을 것 같지 않았던 내 다리에 힘이 생겼다. 다리를 산책하며 우리를 스쳐가던 사람들의 표정도 참 밝았다. 내가 즐거우면 상대도 즐겁고, 이쪽이 열리면 저쪽도 열리는 법이구나.

이렇듯 나는 몇 달 동안 서울문화재단의 시민 춤페스티벌에 참여하며 춤의 가능성을 확인했다. 시민들이 춤을 추고 춤의 축제를 경험하는 것은 내면의 틀을 깨는 즐거운 놀이구나. 모르는 사람들이 처음 만나도 이렇게 깊이 교류하며 협력하는 경험. 이것이 이른바 '커뮤니티 아트', '커뮤니티 댄스'의 핵심 아닐까. 그렇다면 이것은 시민교육 차원에서도 충분한 의미와 가치가 있겠구나.

나는 새로운 희망을 품었다. 다음 해 서울댄스 프로젝트 행사에는 꼭 여러 사람들과 참여하리라. 그리하여 언젠가는 광장에서 많은 시민들과 평화와 민주주의를 위한 춤을 추리라.

춤출 수 없다면
혁명이 아니다

도시의 노마드

시인은 늘 시어를 떠올리며 메모를 하고, 화가는 늘 작은 스케치북을 들고 다니듯, 교육기획자에게는 모든 일상이 기획으로 수렴된다. 어디서나 기획 아이템을 발견하고 강사를 발견한다. 어느 전시장에서 춤추는 현대무용가 최보결 선생님을 보았다. 그를 만나 나의 희망을 얘기했다.

"와. 정말 좋은 계획이에요. 진짜 하고 싶었던 거예요."

우리는 참여연대 아카데미느티나무에서의 춤 워크숍을 함께 기획했다. 나는 우리의 춤이 사회와 연결되어 있음을 '도시'라는 공간으로 표현하고 싶었고, 그는 자유로운 '유목민'의 마인드를 담고 싶어했다. 그렇게 해서 탄생한 워크숍 이름이 〈도시의 노마드〉. 2014년 4월이었다.

"춤출 수 없다면 혁명이 아니다." 목석도 춤추게 하는 즐거운 놀이판. 완전몸치도 흔들게 하는 춤 워크숍. 세상을 바꾸어갈 힘과 생기를 함께 나누고 만드는 시간입니다.

숨 막히는 세상이지만 자유롭게 살고 싶은 우리는 소중한 일상을 즐겁게 살아갈 에너지가 필요합니다. 자기 안의 사회적 자아와 개인적 자아가 표현하고 싶은 것을 춤으로 표현하고 신명나는 놀이와 예술로 만나봅시다. 내 안의 관능을 깨우고 숲에서, 골목에서, 광장에서 춤을 춥시다.

－〈도시의 노마드〉 워크숍 기획안에서

걷기만 해도 춤이 되는구나 　　　　　　　　　　　　│

일상에 작은 변화를 시도해보고 싶은 사람, 그냥 춤이 뭔지 궁금해서 온 사람, 춤이라면 경기를 일으키는 자신에게 새로운 자극을 주고 싶은 사람 등 다양한 동기를 가진 시민들이 모였다. 우리는 나무와 함께 시와 함께 춤을 췄다. 분노와 함께 춤을 추고, 기쁨과 함께 춤을 췄다. 함께 한 사람과 눈빛을 마주치며 춤을 추고, 발가락 춤으로 인사를 했다. 1 대 1로 짝을 지어 상대의 춤을 집중해 바라보고, 그가 무엇을 표현하려 했는지 어떤 느낌이 다가왔는지 이야기를 나눴다. 나의 움직임을 누군가 온전히 몰입해 바라봐주는 경험. 이것은 말로 하는 내 이야기를 경청해주는 것보다 백 배, 천 배 더 깊은 힘이 있었다.

처음엔 다른 사람의 손끝을 터치하는 것도, 춤추는 모습을 보는 것도 민망해했던 사람들이 점차 변화하기 시작했다. 손이 살짝 닿는 것만으로도 상대의 마음결을 느낄 수 있었다. 두세 사람이 동작과 동작을 연결해 순서대로 조각상을 만들어가면 그것이 얼마나 아름다운 춤이 되는지도 경험했다. 그저 평범한 저 사람의 춤이 저토록 아름답다니. 나 자신의 춤 역시 아름다울 수 있음을 기꺼이 수용할 수 있었다.

"내가 춤을 추다니. 아무리 생각해도 신기하고 놀랍다. 도시의 노마드에서는 온몸에 힘을 빼도, 그냥 걷기만 해도 춤이 되었다. 몸이 원하는 대로 움직이면 춤이 되었다. 내 몸의 어디가 어떻게 움직이고 싶은지 집중하다 보면 내가 제일 걱정했던 '남의 시선'을 생각할 겨를이 없었다.

남의 시선을 의식하지 않으니 생각도 못 한 동작들이 나왔다.

도시의 노마드에서는 춤이 곧 언어였다. 몸짓으로 나 자신, 다른 사람, 땅, 공간, 자연과 이야기를 나누었다. 머리 아닌 온몸의 감각이 열리며 온전히 서로를 받아들인다." (워크숍 참여자 K)

춤을 추면 몸의 감각이 열리면서 상대와 깊게 소통하고, 그 주고받는 힘으로 내면의 힘이 강해진다. 그 힘을 사회와 연대하고 소통하는 힘으로 연결할 수 있을까? 〈도시의 노마드〉 워크숍의 후속모임으로 시민 춤서클을 만들었다. 서클 이름은 워크숍 제목을 따서 '도시의 노마드'로 정하고, 2014년부터 연 3회 연속 서울문화재단이 주최하는 서울댄스프로젝트 '이웃들의 춤' 무대에 참여했다.

아이가 되어, 여신이 되어 기쁨의 춤을 추다

그해 9월, 선유도에서 열린 시민춤마당. 17명의 남녀 노마드들은 100여 명의 시민들이 보고 있는 야외무대에서 치마를 펄럭거리며 춤을 췄다. 이름하여 '마술치마의 춤'. 공연 며칠 전 누군가가 가져온 폭넓은 망사치마를 모두 입어보고 뒤집어 써보며 한판 잘 노는 모습을 보고 최보결 선생님이 즉석에서 만든 춤이었다. 공연 30분 전에 대략의 동작만 정하고 무대에 올랐는데, 모두들 몰입해 에너지를 뿜어냈다.

시장에서 사온 빨간색 검은색 땡땡이 치마를 입은 남자가 다리털을 드러내고 춤을 춘다. 작년에 결혼한 새신랑은 장모님 치마를 빌려 입고 몸을 흔든다. 늘 가리고 다녔던 팔뚝을 드러내고 탑만 입고 춤을 춘다. 살랑살랑 진분홍 플레어스커트를 들치고 흰색 속치마를 보여주며 캉캉 춤을 춘다. 발랄하게 섹시하게. 헌옷가게에서 3천 원 주고 산 벨리댄스 치마를 입고 엉덩이를 돌린다. 페르시아 여인처럼 베일을 두르고 수줍은 웃음을 보낸다. 아이처럼 팔짝팔짝 뛰면서 소리를 지르고 웃음을 터트린다. 관객들의 환호와 박수 소리에 흥분하면서.

다음 해에도 도시의 노마드 20여 명이 서울댄스프로젝트에 참여했다. 최보결 선생님의 안무로 '달의 아들'을 무대에 올렸다. 한쪽 어깨를 드러낸 나비 같은 하얀 옷을 입고. 천천히 땅을 밟으며 앞으로 나아간다. 아이를 품어 안는 여신처럼 대지를 어루만지고 세상을 축복하는 춤. 각자 다른 속도로 팔이 올라가고 발이 나가고. 그래도 좋았다. 우리는 초가을 푸른 하늘 아래 쏟아지는 햇살과 바람에 살랑이는 나뭇잎을 만끽하며 춤을 추었다.

여기엔 무언가가 있다. 평소의 나의 틀을 깨어보는 체험. 때로는 천천히 내 몸에 집중하고 때로는 열정적으로 몰입하면서. 탁 트인 공간에서 여럿이 함께 춤을 출 때 서로의 몸짓이 함께 모이고 흘러가며 더 큰 에너지를 만들어낸다. 다른 공연 팀의 무대도 즐겁다. 모르는 사람들과 완전히 하나 되어 뱃속 깊은 웃음을 터뜨린다.

그런데 왠지 눈물이 흐른다. 이 감정의 실체가 뭐지? 이렇게 즐거워도 되나? 내 옆의 아픈 사람들, 광화문의 세월호 유가족들이 겹친다. 왜 이러지? 인간은 이렇게 즐거울 수 있는 존재인데. 일상의 경계와 공포, 그 갑옷과 무장을 해제하고 춤을 추며 온몸을 던져 놀 수 있는 시간을 만나기가 왜 이렇게 어려울까.

사회가 답답해질수록 지치지 말아야 한다. 더 많은 일상의 공간에서 슬픔, 분노, 기쁨을 함께 나누며 몸으로 표현하고 놀아보면 좋겠다. 때로는 진지하게 때로는 야수같이, 때로는 아이 같은 발랄함으로. 내 안의 감각을 깨우며 거리에서 시장에서 숲에서 강가에서 춤을 추면 좋겠다.

광장에서 춤추며 참여하고 연대하다 |

개인이 춤을 추며 자유와 해방을 경험하면, 다른 사람과 손을 잡고 춤을 추고, 그 춤은 더 큰 사회로 열릴 수 있다. 그러나 아직은 상상이고 희망일 뿐 경험이 없었다. 기획자로서 나는 다음 단계를 생각했다. 한 달 후 도시의 노마드 모임에서 새로운 제안을 했다.

"세월호 희생자와 유가족을 위로하고 연대하는 춤을 추면 어떨까요."

처음엔 그게 뭐지? 가능할까? 하는 분위기였다. 나는 적절한 기회를 어떻게 마련해야 할까 조사를 해보고 광화문 세월호 집회 담당자에게 타진을 해봤다. 그러나 집회 실무자들도 도시의 노마드 춤이 어떤 것인지 몰라 망설였다. 다만 우리가 참여연대 아카데미느티나무의 춤서클이라 하니 그 성격이 어떨지 감을 잡는 정도였다. 우리의 춤 영상을 집회실무자에게 보여주고, 우리가 무엇을 하려는지 설명을 했다. 드디어 연락이 왔다. 광화문 세월호 광장에서 공연해줄 수 있냐고. 그 응답이 어찌나 반가웠는지. 도시의 노마드 15명이 손을 들었다.

11월 중순 토요일 저녁, 핫팩을 몸에 몇 개씩 붙이고 내복을 덧입을 정도로 갑자기 추워진 날씨. 광화문 이순신 동상 앞에서 음악이 나오고 우리는 춤을 추었다. 세월호 희생자들을 위해 뭐라도 하자. 그 마음이 어깨로 손으로 전해졌다. 달의 신성한 에너지를 초대해 생명의 에너지를 나누는 '달의 아들', 새로운 세상을 향한 사랑과 희망을 꿈꾸는 'Imagine', 그리고 모든 생명을 위한 '평화의 춤', 그 추운 날 콘크리트 바닥 위에서 집회 단상을 바라보며 앉아 있던 사람들도 일어나 함께 했다. 생기가 돌았다. 눈물이 핑 돌았다. 시내 복판에서 세월호의 슬픔과 분노를 춤으로 표현해보다니. 처음 본 사람들과 손을 잡고 눈을 맞추며 춤을 추다니. 이것이 가능하다니.

이런 경험이 쌓여 박근혜 대통령 탄핵시위가 시작됐을 때 도시의 노마드 친구들은 주말마다 광장으로 나갔다. 광화문 거리에서 태평로에서 촛불을 들고 춤을 췄다. 하얀 옷을 입은 우리들 20여 명이 춤을 출 때 시민들은 환호했다. 그 에너지가 지금도 생생하다.

여의도 한나라당사 앞 비 내리는 겨울밤, 철벽같은 경찰버스를 배경으로 춤을 췄다. 헌법재판소에서 탄핵이 최종 결정됐을 때도 세종문화회관 앞에서 이정미 헌법재판관의 깻잎 머리를 하고 기쁨의 춤을 추었다. 깔깔 웃으면서.

이듬해 2017년 6월 항쟁 30주년 기념행사에서는 시청광장 대형 무대에 올라 특별공연을 했다. 시청광장에서 100만 인파가 모여 '독재 타도'를 외쳤던 1987년 6월 항쟁. 최루탄이 빗발쳤던 그 현장에서 30년 세월이 흘러 그 공식기념 무대에 올라 도시의 노마드가 춤을 추다니 꿈만 같았다. 우리는 시청광장에서 아이, 청년, 노인들과 손에 손을 잡고 커다란 원을 만들어 춤을 추었다. 오랜만에 만난 친구와 후배들도 함께 했다. 저 멀리 내 동생과 조카도 보고 있었다.

"오늘 이 행사 중에서 가장 즐거웠어요." "막춤이네. 추는 사람은 흥겹겠지만, 보여주기엔 좀 부족하잖아? 하하."

아무럼 어떤가. 도시의 노마드의 춤은 잘 추지 않아도 좋다. 춤추는 게 얼마나 자유로운지, 행복한지 함께 느끼는 춤이다. 내 감정을 몸으로 표현하는 행동을 두려워하지 않는 춤이다. 시민들이 광장과 열린 공간에서 손잡고 민주주의와 평화를 위한 춤을 추는 경험이 값지다.

시민 춤서클 성장의 조건─강사, 참여자, 시민축제

도시의 노마드는 2014년부터 2017년까지 놀라운 활동력을 자랑하며 성장했다. 강사 최보결 선생님의 열정, 그리고 강사와 기획자가 같은 목표로 방향을 잡아온 것은 큰 힘이었다. 그러나 이것만으론 부족하다. 강사와 기획자가 아무리 노력해도 참여자들의 자발성이 강력하지 않으면 시민서클은 1년 지속되기도 어렵다. 사람들은 함께 하는 게 즐거우면 놀라운 자발성이 나온다. (이 점에서 도시의 노마드는 최고였다.) 기획자는 이것을 잘 포착해야 한다. 강사, 기획자, 참여자들이 왜 우리가 이것을 함께 하는지, 그 활동의 가치와 방향, 의미에 대해 공유하며 늘 소통하는 것이 중요하다.

여기에 또 다른 힘이 있었다. 서울문화재단 서울댄스프로젝트의 시민 공연무대는 도시의 노마드가 뛰어놀며 한 단계 도약할 수 있는 계기를 마련해주었다. 이 프로젝트의 경험이 없었다면 도시의 노마드의 상상과 추진이 매우 제한되었을 것이다. 일상이 바쁜 시민들은 공연을 앞두고는 없던 힘과 시간을 만들어낸다. 왜 그럴까? 에너지를 집중해야 할 목표가 뚜렷해지기 때문이다. 그렇게 한 고개를 넘으면 그 힘으로 다음 고개를 넘어갈 힘이 생긴다.

인도의 시인이자 교육자 타고르가 어떤 책에서 했던 말을 기억한다. "교육은 자신에 대해 놀라도록 돕는 것이다." 스스로 감탄하도록, 그 가능성을 이루도록 돕는 것이 교육이라는 말이다. 시민교육기획자, 문화기획자, 강사 모두 시민들과 이런 놀랍고 즐거운 과정을 함께 만들어가는 협력자다. 이런 맥락에 더해 서울문화재단 서울댄스프로젝트 평가회에서 내가 강조한 것이 있다.

"시민들이 예술동아리를 자율적으로 운영하는 것 자체가 민주주의를 경험하는 훌륭한 배움의 장이다. 그 성장의 과정은 목표를 이루기 위해 작은 차이를 극복하고 서로 소통하는 하나의 예술행위이다. 한 번의 행사를 마쳤다고 그 시민예술 커뮤니티가 자리 잡지 못한다. 서울문화재단이 그것이 커갈 수 있도록 기회의 장을 지속적으로 지원해주길 바란다."

그러나 서울댄스프로젝트는 2017년부터 이어지지 못했다. 왜 그렇게 됐는지 자세한 것은 알 수 없다. 그러나 시민이 주체가 되었던 이 프로젝트가 경험과 역사를 축적하지 못하고 중단된 것은 매우 안타깝다. 최보결 선생님 역시 '춤의 학교'를 중심으로 활동하게 되면서 도시의 노마드는 2018년부터 다른 국면을 맞이했다. 그 어떤 지원이나 이끌어줄 선생님이 없어진 상황. 하지만 그럼에도 불구하고 도시의 노마드는 특유의 자발성과 자립성을 발휘하며 자신의 춤을 만들어갔다. 즐겁고 발랄하게.

도시의 노마드, 어떤 춤을 추고 있나요?

우리는 동해 양양 바닷가에서 떠오르는 해를 보며 춤을 추고, 검은 바다 출렁이는 파도와 함께 모래사장에서 춤을 추었다. 고궁박물관과 서울역 앞에서 피나 바우쉬 재단의 넬켄라인 영상을 촬영했다. 봄 여름 가을 겨울 사계절을 표현한 단순한 동작을 반복하면서 추는 춤이었다.

추석날 밤에는 모두들 한복을 챙겨 입고 경복궁 야경 산책을 하며 춤을 추었다. 경복궁의 경비원이 "여기서 이러시면 안 됩니다" 하고 말릴 정도였다. 2019년과 2020년에는 월정사의 '한강 생명 시원제'에 초대되어 맑은 계곡물에 발을 담그며 춤을 췄다. 역시 시민들과 더불어.

'2019 발달장애작가들의 폐공장 전시'의 오프닝 공연도 도시의 노마드의 정체성을 보여준다. 우리는 이 공연을 위해 한 달 전 엠티를 했다. 장애인과 나의 삶이 어떻게 연결되어 있는지 대화하며 기획, 음악, 안무, 의상 모두를 준비했다. 그렇게 맞이했던 푸르른 5월의 봄날에 우리는 얼마 전 삭발시위를 해서 머리가 짧은 장애인 부모들, 장애인들과 신나게 춤을 췄다. (그 장면은 정은혜 작가의 이야기를 담은 다큐멘터리 영화 〈니 얼굴〉에 담겨 있다.) 도시의 노마드는 2022년 지금도 따로 또 함께 춤을 춘다. 코로나가 강력했을 땐 온라인에서 만났고, 여의도 샛강생태공원에서 시민들을 초대해 춤을 추었다.

커뮤니티 댄스의 새로운 장을 열어온 도시의 노마드. 이들의 힘은 어디서 나왔을까? 춤을 추며 자신의 자유를 확장하고 그 힘으로 함께 살아가는 사람을 사랑하며 사회와 소통하는 춤을 추자. 이러한 무언의 합의가 도시의 노마드 안에 흐르고 있었던 것이 아닐까?

언젠가 도시의 노마드는 어떤 춤을 추느냐는 물음에 나는 이렇게 답한 적이 있다. "우리의 춤은 '사회적 막춤'입니다. 세상 모두의 희로애락이 나와 연결되어 있음을 몸으로 표현하죠. 춤을 추면 깊은 생명력으로 내가 더 열리고 사람들과 연결됩니다."

이제 더 큰 꿈을 꾸자. 광장, 학교, 축제 등 삶의 현장 곳곳에서 도시의 노마드처럼 Shall we dance?

시민연극단,
너와 나의
이야기를 엮다

나는 연극무대에 서는 것은 물론, 시민연극단은 구상해본 적도 없었다. 그런데 2011년 참여연대 아카데미느티나무 운영위원이었던 유창복 당시 성미산마을 극장장이 제안을 했다. "참여연대에서 시민연극 한번 해봐요." 처음엔 말도 안 된다고 생각했다. "참여연대에서 왜 미술수업을 하느냐"는 질문에 늘 대답을 해야 했던 나는 연극처럼 집중력이 필요한 분야는 엄두도 내지 못했다. 그러던 내가 2015년 봄, 감히 시민연극단을 만들겠다고 마음을 먹었다. 그리고 며칠 동안 잠을 못 잤다. 내가 왜 이렇게 어마어마한 일을 벌이고 있지? 과연 잘하는 건가? 긴장되고 떨렸다. 무엇을 왜 하려 하는지 스스로 명료하게 정리하는 시간이 필요했다. 다음은 그때 썼던 글이다.

어떤 시민연극단을 왜 만들려 하는가

내가 '교육연극'에 처음 관심을 가진 계기는 참여연대 아카데미느티나무의 평화교육 워크숍이었다. 여기서 경험한 교육연극 방법에는 강력한 매력이 있었다. 폭력과 권위를 느꼈을 때 몸이 어떻게 움직이는지 그 느낌을 즉흥 인간조각으로 만들어보고, 민주적이고 수평적인 분위기에서는 몸에 어떤 변화가 있는지 표현해보던 시간. 그동안 느티나무에서는 강의 중심 교육의 한계를 깨기 위해 새로운 질의응답 방식과 조별 대화 등 여러 시도를 해왔다. 그러나 아무리 노력해도 한계가 있었다. 그런데 교육연극으로 형식을 바꾸니 변화가 있었다. '몸을 움직이며 작은 표현을 해도 거기엔 언어로 하는 대화와 토론과는 전혀 다른 것이 있구나. 여기에 뭔가 강력한 배움이 있다. 이걸 더 키워보자.'

"모든 시민은 교사, 예술가, 정치가다." 아카데미느티나무의 교육철학과 방향은 지성, 감성, 영성의 통합적 성장과 배움을 통해 사회와 개인의 문제해결의 힘을 키우는 것이다. 교육연극은 이 점에서 매우 궁합이 잘 맞는다. 느티나무의 서울드로잉 등 미술교육, 도시의 노마드 춤 워크숍도 맥락은 같다. 그런데 시민연극은 몸동작, 소리, 언어를 통해 감정과 생각, 사유를 표현한다. 참여자들과 서로 에너지를 주고받으며 더 깊은 자신과 타인을 만난다. 자아를 탐색하고 확장한다. '내 안의 경찰'을 몰아내고 스스로의 주인이 되는 체험을 한다. 이것은 즐겁고 매력적이다.

2014년부터 세 번의 연극워크숍을 했다. 초반에는 매번 참여자 모집이 어려웠지만 사람들이 몰입해 표현하는 것을 보면서 깨달았다. 연극은 연기를 잘하는 것, 대사를 잘 외우는 것이 아니구나. 연극은 사람들과 느낌을 표현하면서 잘 노는 것이구나. 그 안에 깊은 사람의 맛이 있구나. 이 속에서 성찰하고 발견하고 성장하는 길을 찾아보자.

소리를 지르고 연극상황을 만들어 춤을 추고 그 현장에서 집단시를 창작하고 강사가 리드하는 대로 따라하면서 마지막에 경험하는 짧은 '공연'은 정말 신비한 체험이었다.

"어? 이렇게 하면 그냥 연극이네?"

남이 아닌 자기 삶의 경험이고 이야기였기에 '연기'가 아니다. 깊은 사유와 성찰, 몸짓과 언어를 통한 서로 배움의 역동을 체험하는 시간이었다. 사람들을 '재발견'하고 참여한 사람들 스스로 놀라는 경험이었다.

워크숍 평가 시간에 몇몇 참여자들이 신선한 제안을 했다. 시민예술단 같은 걸 만들자고. 와닿는 것이 있었다. 이런 연극워크숍을 1년에 한두 번 하고 흩어지지 않는 지속적인 과정이 있으면 좋겠다. 그 과정이 어떻게 가능할까. 어떤 형식이 좋을까.

직관적으로 '시민연극단'이 떠올랐다. 참여연대 아카데미느티나무의 워크숍을 마친 참여자들로 구성하는 시민연극단. 상설적인 시민연극단이 있으면 강력한 동기와 목표, 강한 구심력을 형성해낼 수 있다. 이 과정을 어떻게 조직할 것인가. 이 계획을 추진할 만큼 숙성된 내부의 힘이 쌓여 있나? 오버하는 것은 아닌가?

시민연극단은 전문가의 연극단이 아니고, 전문가가 되고 싶은 시민들의 연극단도 아니다. 제작, 연출, 극단배우 등 모든 것을 특정인이 담당하는 시스템으로 운영하면 안 된다. 시민연극단을 시작하려면 이를 위한 주체가 있어야 한다. 그런데 이것이 아직은 없다. 현재의 조건에서 출발해야 한다. 작은 것이라도 해보면서 과정의 흐름과 파도를 타고 앞으로 조금씩 나아가자.

그러나 이것이 또 하나의 무거운 '일'이 돼서는 안 된다. 내게 제작자 역할은 부담스럽다. 제작자가 어떤 일을 하는 사람인지도 잘 모른다. 전체 프로세스에 대한 상도 없다. 이 과정을 집단지성, 집단창작의 힘으로 조직하고 싶다. 이 과정을 즐기고 싶다. 이것이 가능하려면 어떻게 해야 할까.

즐겁게 가볍게. 긴장을 내려놓고 설레는 마음으로 해보자. 우리의 시민연극은 무대 자체가 목표가 아니다. 씨앗을 심는 농부의 마음으로, 과정의 예술을 만드는 마음으로 시민들과 연출가의 힘을 모아보자.

첫 공연―기억을 기억하라

이렇게 글을 써보니 마음이 한결 가벼워졌다. 시작할 힘도 생겨났다. 인권연극제에 제출한 기획안이 공모에 선정됐고 가을 워크숍 홍보에 들어갔다. 그러나 신청자는 7명뿐. 공연의 전체과정이 어떤 건지, 무엇을 준비해야 하는지 참여자들은 물론 나도 아는 게 없는 상태에서 워크숍이 시작됐다. 연극의 주제는 세월호에 대한 기억. 나도 기획자이자 한 사람의 시민배우로 연극워크숍 전체 과정에 참여했다. 이수연 연출과 워크숍 참여자들은 먼저 안산의 분향소를 함께 방문하고,

유가족들을 만나 대화를 나눴다. 돌아오는 길에 마음이 무거웠다. 우리가 잘 해낼 수 있을까?

워크숍에서 우리는 '저마다의 세월호'를 만났다. 세월호 참사 당시 느꼈던 감정을 몸짓으로 표현했다. 세월호가 불러낸 아픈 과거도 기억의 상자에서 꺼내 이야기했다. 라디오작가 J는 세월호 참사 당시 진도에 머물며 유가족을 인터뷰했던 경험을 되짚었다. 초등학교 교사 L은 전교조 결성에 참여했다는 이유만으로 해직됐던 고교 시절 선생님의 기억을 연극에 풀어놨다. 나는 5.18 광주항쟁 당시 경험했던 내 젊은 날의 갈등을 표현했다. 거울을 보듯 세월호 희생자들과 춤추는 장면도 있었다. 그리고 깨달았다.

'시민연극은 공동체를 치유하고 다시 태어나게 하는 소중한 의례, 리추얼이구나.'

세월호 사건으로 상처받은 시민들은 유가족과 함께 슬픈 마음을 표현하고 서로 위로하면서 삶의 힘, 연대의 힘을 다져가야 했다. 하지만 사회갈등을 부추기는 박근혜 정부와 유가족들을 조롱하는 세력에 맞서 싸우느라 그 아픔을 충분히 보듬을 수 없었다. 그런데 연극을 하면서 깊은 애도의 리추얼을 경험한 것이다. 다음은 배우들이 눈물을 참으며 떼창으로 암송했던 시.

그 누구도 흥미롭지 않은 게 아니다.
그들의 운명은 별들의 운명과도 같다.
그 누구도 특별하지 않은 게 아니다.
별들이 모두 다른 것처럼.

어둠 속에 사는 인간이

어둠 속에서 친구를 얻는다면,

어둠도 흥미롭지 않은 게 아니다. (…)

– 예브게니 옙투셴코, 「민중」에서

이 공연의 절정이자 메시지였다. 슬픔과 분노를 넘어 우정의 연대로 나아가자는 이 시를 함께 읊었을 때, 배우들과 관객들 모두 하나의 마음, 감정의 공동체로 연결되는 느낌이었다. 나는 공연 막바지에 무대 뒤에서 얼마나 울었는지. 그래도 커튼콜을 할 때는 함께 해냈다는 기쁨에 활짝 웃을 수 있었다.

즉흥연극과 공동창작의 성장

느티나무의 시민연극은 2022년까지 봄 가을 총 19회의 워크숍, 그리고 참여자들 자신의 이야기를 즉흥연극의 과정을 거쳐 공동 창작해 총 7회의 정기공연을 했다.

2016년 2회 정기공연 〈인생은 아름다워〉. 시간의 흐름 속에 변해가는 삶의 장면들을 모아 옴니버스 형식으로 만든 작품이다. 참여자들은 열 손가락을 종이에 대고 그린 다음, 손가락마다 떠오르는 자신의 감정에 이름을 붙여주었다. 그리고 그중 하나 떠오르는 인생 장면을 정해 즉흥적인 느낌을 표현했다. M은 큰 병에 걸려 회사를 그만두었을 때의 기억, S는 유학시절 자신을 살뜰하게 지도해주었던 선생님의 죽음, L은 광활한 몽골 초원에서 만난 잊을 수 없는 순간 등을 풀어냈다. 전문 작가의 완성된 희곡이 아닌 우리의 이야기. 캄캄한 무대에서 눈부신 조명을 받으며 시민배우들은 삶의 주인공이 되었다.

"시공을 초월해서 또 다른 나와 대면하는 전율이 일어요. 무대에서 관객의 시선이 전혀 느껴지지 않았어요. 그게 몰입의 힘인가 봐요."

2017년 3회 정기공연 〈지금은 너밖엔 아무것도 없지만〉. 워크숍에서 참여자들은 자기 인생에 깊은 인상을 준 한 컷을 표현했다. 사막에서 세 시간 동안 낙타를 탔을 때 느꼈던 해방감, 처음 세상에 나온 아기의 눈동자를 바라볼 때의 경이로움 등. 그 이야기들 가운데 L의 경험을 중심으로 남동훈 연출이 대본을 완성했다. 대학 졸업 직후 취업 준비에 여념이 없던 20대 딸. 어느 날 임신 사실을 알리며 사랑하는 남자와 결혼을 하겠다고 선언한다.

"이 공연은 내 딸 이야기를 다룬 것이라 울림이 컸다. 행복의 기준이 다를 수 있다는 것을 머리로는 안다. 그러나 막상 나의 현실이 되니 혼란스러웠다. 그런데 이 얘기를 연극으로 만드는 시간은 사람들의 지지를 받으며 나를 바라보는 시간이었다. 내 얘기인지 남의 얘기인지 연극과 실제 삶이 분간이 안 될 정도였지만 나의 두려움을 객관적으로 보니 아이들의 사랑이 보였다. 현실에 대한 두려움 때문에 중요한 걸 놓치고 있었다. 이 연극을 무대에 올리는 시간은 내가 중심을 잡고 일어서는 데 큰 힘이 되었다." (L의 소감글에서)

이 공연은 연극 그 이상이었다. 하늘을 향해 번지점프하는 이미지를 담은 연극 포스터는 그의 딸이 만들었다. 마지막 리허설을 하던 날 딸은 출산을 위해 입원을 했고, 연극이 끝나고 3.8킬로그램의 건강한 아기가 태어났다. 연극의 과정이 자신이 등장하는 다큐멘터리 같았다는 L. 그와 함께 했던 시민배우들 역시 두려움에 맞서는 사랑의 힘을 키웠을 것이다.

2018년에는 이전과 달리 연극워크숍 신청자가 많아졌다. 은행원, 회사원, 교사, 자영업자, 프리랜서, 주부, 노동운동가 등 무려 16명이 더블캐스팅으로 무대에 올랐다. 연극 제목은 〈聽청〉.

"누군가에게 자신의 이야기를 한다는 것. 그리고 들어줄 누군가가 있다는 것. 과연 그 속에는 어떤 힘이 있는 것일까."

이 공연의 마지막 대사다. 우리는 '일상에서 경험한 크고 작은 양심의 목소리'를 주제로 자신의 이야기를 꺼냈다. 오래전 중학생이었던 딸이 앞집 할머니 사망사고 목격자로서 경찰에 증언을 하는 모습을 바라보며 겪었던 갈등, 어린 시절 어려운 집안 사정 때문에 야반도주해야 할 때 동네 사람들에게 미안했던 마음, 직장상사의 부당한 지시에 맞서다 좌절했던 경험 등. 어디서도 하기 힘들었던 이야기로 엮어낸 무대였다. "모든 슬픔은 그것을 이야기로 만들 때 견딜 만해진다"고 작가 카렌 블릭센이 말했던가.[10] 존재와 존재가 깊게 만나는 연극의 힘을 발견하는 시간이었다.

2019년 5회 정기공연에서는 한 단계 더 발전했다. 처음으로 시민연극단원이 완성한 대본을 무대에 올린 것. 50대 비혼 여성 교사가 감당해야 하는 가장 역할의 무게와 직장에서의 좌절을 다룬 〈그녀가 사라

10   이 말은 한나 아렌트가 『인간의 조건』(1958)에서 인용하면서 널리 알려졌다.

졌다). 작가 L의 친구 이야기가 모티브가 되었고, 시민연극단원들의 체험도 녹아들었다. 16명의 배우, 1일 2회 90분 공연이 끝난 후에 작가와 관객의 대화시간도 가졌다.

"내가 쓴 대본의 종잇장 속 인물들이 하나둘 걸어 나와 무대로 뚜벅뚜벅 걸어 올라가는 듯했어요. 관객들과의 대화도 따뜻했어요. 주인공에게 공감하는 것은 물론 나에게도 힘을 보태주고 있는 것 같았어요."

시민배우들의 연기도 일취월장했다는 평을 받았다. "실수도 해야 재미있지. 너무 세련되면 풋풋한 맛이 없잖아요?" 이런 농담과 함께 앞으로 이번 공연이 기준이 되면 큰일나겠다고 걱정할 정도였다.

2020년에는 코로나 때문에 공연은 고사하고 워크숍도 힘든 상황이었다. 하지만 포기하지 않았다. 2020년 봄 학기 낭독연극워크숍에는 새로운 참여자 8명을 포함해 18명이 마스크를 쓰고 참여했다. 가을엔 6회 정기공연도 추진했다. 직장에서 원칙과 현실 사이에 갈등하는 사람들의 이야기 〈나성을 지켜라〉와 택배노동자와 폐지 줍는 할머니를 둘러싼 〈도시별곡〉. 시민연극단원 B와 N 두 사람이 각각 대본을 썼고 배우 12명이 무대에 섰다. 장소는 코로나 상황을 고려해 소극장이 아닌 참여연대 지하에서. 관객은 25명으로 제한했다. 형식은 움직이며 연기하는 '입체 낭독극'. 관객들은 이렇듯 감동적인 공연이 단 한 번으로 끝나는 걸 안타까워했다.

2021년에도 연극을 경험하고 싶은 새로운 참여자들과 함께 봄 가을 이른바 '손바닥 연극워크숍'을 진행했다. 워크숍 마지막 날에는 역시 소수의 관객을 초대해 작은 공연을 했다. 시민연극단은 그해의 정기공연은 코로나 때문에 포기했지만, 2022년 공연을 위해 대본 창작을 준비했다. 온라인으로도 만나고 직접 만나기도 하면서.

참여연대 아카데미느티나무에서 시민연극을 시작하고 8년의 시간 동안 시민들의 연극은 늘 기대 이상이었다. 어디서도 말하기 힘들었던 각자의 이야기들을 날것으로 꺼내고, 그것을 대본으로 만들고. 배역을 맡아 소리를 내서 대사, 표정, 움직임으로 표현하고 상대와 합을 맞춰보고. 연출의 디렉팅이 더해져 동선을 짜고. 거기에 무대 위에서 조명과 음악을 입혀 연극을 완성하는 과정이 신기할 만큼 재미있었다. 그 맛은 완성된 연극만 봐서는 알 수가 없다.

그 재미의 핵심은 무엇일까? 시민들은 연극을 통해 어떤 배움과 발견을 했을까? 그 이야기를 해보자.

시민배우들이
말하다

시민연극의 힘, 새로운 질문

나는 H를 시민연극단 배우로 캐스팅했다. 2017년 연극 〈지금은 너 밖엔 아무것도 없지만〉에서 주인공의 아버지 역할을 할 배우를 찾고 있었다. 연극워크숍 참여 경험이 있었던 중년 남성 두 명에게 연락을 해봤지만 모두 사양했다. "시간이 없어요."

그런데 참여연대 아카데미느티나무의 다른 모임에서 딱 한 번 만난 H가 떠올랐다. 중저음의 목소리. 왠지 여유가 느껴졌다. 그는 대기업 중견사원으로 일하다 퇴직 후 음식점을 운영하고 있었다.

"연극 한번 해보실래요?" 공연을 불과 10일 앞둔 나의 제안에 그는 당황하면서도 호기심이 발동하는 듯했다.

"한번 가보고 결정할게요." 그리고 다음은? 여러분이 짐작하는 대로 그때 5분 분량의 출연을 시작으로 그는 2022년 현재까지 연극을 하고 있다. 코로나 때문에 어려워진 식당 문을 닫고 택배 일을 활기차게 하 면서. 언젠가 공연이 끝난 후 그가 쫑파티에서 했던 말을 기억한다.

"연극 하면서 깨달았어요. 아, 내가 산다는 건, 마음이 사는 거구나. 마음을 만나기 위해 연극을 해야겠어요."

H 외에도 시민연극단원들은 코로나 상황에서도 연극에 대한 열정을 놓지 않고 있다. 대사가 입에서 술술 나올 때까지 전화통을 붙잡고 한 시간 넘게 상대 배우와 연습을 한다. 대사를 녹음해 이어폰을 꽂고 지하철 출퇴근을 하고, 길을 걸어가면서도 중얼중얼한다. 이 열정은 어디서 왔을까? 이들은 특별한 사람들인가? 왜 연극을 시작했을까?

누가 어떤 욕구로 시작했을까

지친 일상에서의 탈출을 위한 표현 욕구

"2016년 친구가 느티나무 시민연극단 멤버로 공연하는 걸 보고 자극을 받았어요. '나도 연극해보고 싶다.' 그 무렵 5년 동안 일을 쉬고 있었죠. 이전 직장에서 고생을 많이 해 번아웃 상태였어요. 그런데 뭔가 표현하고 싶은 욕구가 내 안에서 마구마구 끓어오르는 걸 느꼈죠." -은하(40대, 여, 회사원)

다른 삶을 위한 새로운 시도

"회사에서 힘든 일을 겪을 때 뭔가 새로운 걸 시도해보고 싶었어요. 그때 별생각 없이 연극워크숍을 신청했어요. 대학 레크리에이션 수업에서 『호모 루덴스』를 읽은 적이 있는데, 그때 놀이가 단순한 스트레스 해소 차원을 넘어 자기 발견, 재창조(re-creation)임을 알게

됐죠."-경락(40대, 남, 회사원)

연극을 한번 경험해보고 싶다

"들뢰즈의『차이와 반복』을 읽으면서 영화와 연극의 차이가 흥미로
웠죠. '영화는 분절해서 조각으로 찍고, 연극은 한 시간 동안 그 삶을
살아내는 것이다.' 이른바 관종의 욕구도 있었구요. 관객이 무대 위
의 나를 본다는 것이 꽤 매력적이었어요."-성찬(30대, 남, 영상 크리
에이터)

연극에 대한 호기심

"어린이집 보육교사를 할 때 아이들이 연극장면 만드는 걸 좋아해
서 도서관에 찾아가 공부했어요. 2010년 연극놀이를 알게 돼 연극
놀이 지도자가 되었죠. 연극을 더 배우려고 검색해봤지만 전문 극
단에 들어가는 건 부담스러웠어요. 세종문화회관과 참여연대 두 곳
을 찾았는데 시간이 맞는 곳으로 정했어요."-경란(50대, 여, 연극놀
이 지도자)

교육 연구로 시작해 연극의 매력을 알게 돼

"중학교 연극반을 맡아 시민회관에서 공연을 해본 경험이 있어요.
문학 수업에 연극적인 요소를 활용하면 생동감이 있겠다는 생각에
연구년에 교육대학에서 교육연극 지도사 과정을 이수했구요. 그러
다 2014년 참여연대 아카데미에서 통합교육과정 〈기억을 기억하
라〉 강좌가 생겨 그때부터 지금까지 지속적으로 참여했죠."-정옥

(50대, 여, 교사)

이렇듯 연극을 시작한 계기나 욕구는 매우 다양하다. 무대 위에서 인물들이 펼치는 이야기를 관객의 상상으로 완성해가는 예술이 연극이라면, 시민이 연극을 경험한다는 것은 무엇일까?

시민연극을 통해 어떤 경험을 했을까

인생이 즐거워진다

"직장에서 성과와 인간관계 때문에 힘들다가도 연극을 하면 사는 게 재미있어요. 나도 몰랐던 나의 에너지가 생기고 내 안의 여러 모습이 막 튀어나와요. 살아 있구나. 심장이 뛰는구나. 최고의 놀이죠. 상대 배우 그리고 관객과 교감하는 힘인 것 같아요." -기범(40대, 남, 노동운동가)

무대의 마법을 느끼며 특별한 존재가 된다

"무대의 매력은 생동감이죠. 공연할 때마다 달라요. 내 눈앞에 있다가 사라져요. 그래서 더 집중하게 되죠. 연극은 영화보다 훨씬 더 은유와 표현이 강한 예술입니다. 무대, 조명, 음악, 관객. 이 완벽한 세팅을 통해 평소 내가 접할 수 없는 완전히 새로운 세계로 훅 들어가요. 엄청난 긴장감을 가지고 그 인물의 삶을 살아내는 거죠." -정옥

백 퍼센트 살아 있어 삶이 촘촘하게 느껴진다

"무대에서 몰입해서 연기할 때 내 행동 하나하나 모두를 의식해요. 내가 백 퍼센트 살아 있어요. 이게 연극의 매력이죠. 처음 무대에 섰을 때 기절하는 줄 알았어요. 내 목소리가 내 귀에 또렷하게 들려서. 평소 내 소리를 의식하며 살아본 적이 없거든요. 조명에 별처럼 반짝이는 먼지, 내 앞에 부옇게 보이는 관객들, 가슴 벌렁거리는 긴장감. 모든 것이 새롭고 순간순간 기억에 남아요. 그 집중과 몰입 덕분에 삶이 촘촘하게 느껴져요." -은하

시민들이 연극무대에 서기 위해 대본을 외우고, 상대와 대사를 맞춰보는 경험에서도 배우는 것이 있다. 내가 맡은 배역, 나와 전혀 다른 인물이 어떻게 살아온 사람인지 생각해보고 이 사람이 왜 이 말을 할까, 어떤 톤, 표정, 몸동작으로 표현할까 연구한다. 연극은 훨씬 적극적으로 인물을 이해하고 표현하면서 깊게 이해하는 과정이다. 그것은 연극 밖의 일상에도 영향을 준다.

타인에 대한 적극적인 공감이 나의 리추얼로

"배역을 맡았을 때 처음엔 나와 전혀 다른 캐릭터라고 생각했어요. 그런데 그 인물에 몰입해서 감정을 표현하다 보니 내가 공감받는 느낌이었죠. 몇 년 전 아버지가 돌아가신 후 느꼈던 슬픔과 장남으로서의 무거운 책임감이 건드려졌어요. 다시 한번 애도의 리추얼을 하는 시간이었습니다." -경락

타인의 마음, 그 숨겨진 감정을 보다

"나는 다른 사람의 삶에 별로 관심이 없었어요. 편하게 나를 오픈하긴 해도 늘 나 중심적이었죠. 연극을 하면서 타인의 마음, 그 아래의 숨겨진 정서와 감정을 보게 되었죠. 이 사람이 왜 그럴까, 진심은 뭘까 헤아리게 됐어요. 말은 '나 못 해' 해도 속마음은 진짜 하고 싶을 수 있구나, 여러 성향이 있구나 하는 이해력이 생겼죠." -경란

여기에 시민들이 연극에서 경험하는 또 하나 중요한 것이 있다. 연기는 내 대사만 외웠다고 되는 게 아니다. 상대의 대사와 움직임, 그 에너지에 반응해야 한다. 그래서 대사를 혼자 외우면 힘들지만 상대와 합을 맞출 때 더욱 재미있다. 연출의 디렉팅을 받고 나면 또 확 달라진다. 이와 관련해 남동훈 연출이 했던 말이 생각난다.

"무대에서 상대의 말, 움직임에 집중하되, 먼저 자기 자신이 잘 서 있어야 해요. 자기 몫을 다하고, 그다음 반응해야 합니다."

이것은 인생의 태도와 연결되어 있다. 상대에 집중하되 내가 중심이 서 있어야 한다는 것. 여기에 또 하나의 핵심이 있다. 바로 두려움의 문제.

내 안의 감시자, 두려움이 사라진다

"늘 남의 시선을 의식하면서 두려움이 있었는데, 연극을 하면서 조금은 자유로워진 것 같아요. 큰 변화죠. 사회생활에도 자신감과 용기가 생겼어요. '나 연극무대에 서본 사람이라고.' 내가 다시 일을 시작하는 데 연극이 힘을 준 것 같아요." -은하

"연극에 참여하면 일상에 없었던 전혀 다른 에너지가 발휘되죠. 자신의 닫힌 문을 폭발시키고 구멍을 뚫어내는 느낌이랄까. 자신의 빛나는 에너지를 경험하면 어제와 다른 빛이 나면서 변화하죠. 용기를 내봤기 때문이 아닐까요." -경란

시민들이 무대 위에 서는 것은 최고의 긴장, 두려움에 정면으로 마주치는 행위이다. 대사를 까먹으면 어떻게 하나, 실수하면 어쩌나. 공연 한 시간 전, 긴장을 풀지 못하는 시민배우들에게 남동훈 연출이 말했다.

"두려워 말라. 이건 제가 시민연극을 하면서 여러분에게 하는 말이자, 나에게 하는 말이기도 해요. 두려워하지 마세요. 나 자신을 믿고, 함께 하는 배우들을 믿으세요. 실수를 해도 여러분을 보러 온 가족, 친구들은 여러분을 응원합니다. 여러분의 용기를 부러워할 거예요."

이 대목에서 내 경험 하나를 말해볼까? 2017년 〈지금은 너밖엔 아무것도 없지만〉 공연이 끝난 후 나는 몇 날 며칠 이불 킥을 했다. 무슨 일이냐고? 무대에서 내 친구 역할을 하는 배우가 대사를 까먹었다. 정지. 고요. 째깍째깍. 관객들의 '꼴깍' 소리가 들리는 듯했다. 마치 천년의 시간 같았다. 이때 내가 모기만 한 소리로 그의 대사를 속삭여주었다. "매가리, 매가리가 없어."

그는 위기탈출 성공. 그런데 정작 다음 순서인 내가 문제였다. 그 상황이 우스워 폭소가 터져 나오는 게 아닌가. '아. 안 돼. 안 돼.' 나는 웃음을 꾹 참느라 숨을 쉬기 어려웠다. 얼굴이 빨개졌다. 겨우 그 대목은 넘어갔지만 관객들은 킬킬 웃고. 으악.

공연이 끝나고 관객들이 말했다. "아마추어 연극인데 실수도 해야 재미있죠." 조명 오퍼를 했던 분도 웃으며 덧붙였다. "그때부터 관객들 긴장이 풀리면서 분위기가 무척 편해졌어요."

지금 생각해도 진땀이 나지만 잊지 못할 추억이다. 시민연극에서는 실수 안 하고 잘하는 것이 중요한 게 아니다. 뭘 해도 즐겁게 하는 것, 그리고 관객과 함께 공감의 공동체를 경험하는 것이 더 소중하다.

시민연극단의 관객도 공감의 공동체

연극의 3대 요소는 무대, 배우, 관객. 특히 시민들의 연극에는 관객이 공연의 분위기를 압도적으로 좌우한다. 내 친구, 자녀, 남편, 아내가 무대에 섰을 때 같이 긴장하고 함께 울고 웃는다. 이 재미는 전문 극단의 연극에서는 경험할 수 없다. 평소 그 사람을 잘 알고 있기에 더 흥미롭고 짜릿하다.

감상도 예술 행위이며 예술에 참여하는 것이다. 느티나무 시민연극단의 정기공연을 계속 관람하는 사람들은 거의 가족, 지인, 친구, 느티나무 수강생들이다.

"어? 내 동생 잘한다. 연기가 지난번 공연보다 엄청 늘었네?"

"대본을 ○○씨가 썼다고? 대단하다."

"이런 연극을 우리 같은 보통 사람들이 할 수 있단 말이야? 나도 해 볼까?"

"내 엄마가 엄마 이전에 '여자'라는 존재임을 발견했어요."

내 친구, 내 가족이 경험한 이야기라 더 깊이 공감하고 감동한다. 연극을 보는 눈이 깊어지고 모니터링도 발전한다. 연극을 본 친구와 가족들의 솔직하고 따뜻한 감상평은 시민배우들에게 최고의 선물이다.

이렇듯 시민연극은 함께 하는 예술이다. 자신이 삶의 주체가 되어 이야기를 꺼내고 무대에서 이야기를 들려준다. 그 과정에서 자신을 객관화하며 성찰하는 힘, 타인을 이해하고 소통하고 공감하는 힘을 키운다.

이 경험은 강한 자아와 자존감을 형성해준다. 시민교육에서 시민이 자신의 존재감을 확인하며, 함께 하는 사람들과 깊이 만나 공감의 공동체를 경험하는 것은 이른바 시민의 임파워링(Empowering)이다. 이것은 삶의 문제해결력을 키우고 사회에서 자기 삶의 주인으로 살기 위해 대단히 중요하다. 시민연극은 그런 경험을 강렬하게 할 수 있는 배움이고 놀이다. 그러나 이것 역시 성장단계에 따라 질문과 과제의 질이 달라진다.

시민연극, 새로운 질문을 품다

산을 오르면 시야가 넓어진다. 갈래 길도 만난다. 나무를 키울 땐 처음엔 새싹만 나도 기쁘지만 점차 거름도 주고 가지도 쳐야 한다. 시민연극도 그렇다.

앞에서 말했듯이 참여연대 아카데미느티나무의 시민연극은 처음엔 기획자가 주도하여 참여자들과 함께 그 목표와 방향을 정했다. '시민이 연극을 경험하는 데 중심을 두는 워크숍'과 '시민연극단의 공연

과정'을 모두 느티나무가 주최하고 지원하여 진행했다. 하지만 이제는 많은 것이 변화했다.

2022년부터 느티나무 시민연극단은 참여연대 아카데미느티나무로부터 독립해 연습과 공연을 한다. 그것은 자연스러운 방향이다. 느티나무 시민연극단의 조건은 이전보다 탄탄해졌다. 무대에 서는 시민배우들이 매년 10~15명이나 된다. 공연의 수준은 물론 시민연극단의 운영능력도 성장했다. 전체 총회와 진행팀을 운영하면서 공연계획과 일정, 홍보, 회계, 연습장소 관리 등을 스스로 한다.

그러나 현실은 쉽지 않다. 시민배우 다수가 직장생활을 하면서 시간을 쪼개 참여한다. 대본은 빨리 완성해야 하고 만나서 함께 할 시간은 부족하다. 안정적인 연습환경과 조건을 만들어내는 일도 만만치 않다. (느티나무 시민연극단은 인권연극제에 참여할 때 비교적 좋은 조건으로 극장을 이용한 것[11] 외에는 거의 지원받은 것이 없다. 시민들이 모든 경비를 스스로 해결했다. 시민연극단 연회비, 시민배우들의 공연워크숍 참가비, 티켓 판매비로 공연 비용을 충당했다. 부담이 적지 않다.) 특히 코로나 상황에서는 모이는 것조차 어려웠다. 이런 문제들을 어떻게 해결할 것인가.

더 중요한 것이 있다. 시민연극단의 정체성에 대한 질문이다. 다음은 첫 공연 당시 설정했던 시민연극단의 목표.

"정해진 대본 없이 공동창작의 과정으로 연습을 진행한다. 즉흥연기와 토론 등을 통해 참여자들이 함께 공연을 만들어간다. 만들어가는 과정에서의 연극적 경험과 성장에 중심을 두며, 관객의 공감과 참여를

---

11   단 한 번 2016년 서울시 동아리 지원사업에 신청, 100만 원을 지원받았다.

이끌어낸다. 완성도 있는 연극이 목표가 아니다."

　그런데 처음엔 즉흥연기와 각자의 이야기를 모아 공동창작을 하고 무대에 서보는 경험만으로도 충만감을 느꼈던 사람들이 연극의 완성도에 대한 욕구가 높아진다. 자신의 연기에 좌절하기도 하고, 점차 내가 맡은 인물을 더 잘 표현하고 싶다. 연기를 더 잘하고 싶은 것이다. 성장에 따른 자연스러운 변화다. 여기서 질문이 생긴다. 시민연극은 전문예술과 다르다. 개인이 '연기'를 잘하는 게 목표가 아니다. 공동체 예술 '연극'을 하기 위해 모인 것이다. 내가 연기를 더 잘하고 싶고 대본을 잘 쓰고 싶은 마음은 시민연극단의 공동체성 강화와 결합해야 한다. 그렇다면 시민연극에서 '잘하고 싶다'는 욕구는 어느 선까지 충족되어야 할까?

　또 하나 시민연극 연출에 대한 질문. 시민들이 연극 공연을 하는 것은 워크숍에서 연극을 한번 체험하는 것과 몰입의 차원이 완전히 다르다. 공연 준비에 들어가는 에너지는 막대하다. 그런데 시민배우들은 각자의 생활이 있기 때문에 연습 기간이 매우 짧다. 느티나무 시민연극단의 경우 주 1~2회 두 달 정도 집중적으로 준비해 작품을 무대에 올린다. 이런 상황에서도 연출은 시민 각각의 욕구를 고려해서 배역과 연습시간을 안배해야 한다. 이것은 전문극단과 매우 다르다.

　연출과 배우의 관계에서도 전문극단과 질적인 차이가 있다. 시민연극에서는 연출의 전문 영역을 존중하면서도 참여자들과 같은 눈높이에서 민주적인 소통을 하는 것이 중요하다. 시민들이 연극을 무대에 올리는 과정에서 어떤 성장을 할 것인가가 소중하기 때문이다. 지난 시간 느티나무의 시민연극은 이런 점들을 세심하게 고려하는 연출가들의 특별한 노력에 힘입어 성장했다. 뿐만 아니다.

느티나무 시민연극단의 연출가들은 2015년 첫 무대부터 2021년까지 모든 공연을 조연출도 없이 혼자 감당해야 했다. 배우들의 연기, 움직임, 동선, 디렉팅은 물론 무대감독, 조명, 음향 등 스태프 조직까지. 이렇듯 적합한 지원체계 없는 상황이 반복되면 연출가는 소모되고 지친다. 시민연극이라 해서 연출가에게 희생을 요구할 수는 없다. 연출가도 예술가로서의 성취감과 적합한 보상이 필요하다. 이 부분을 놓치면 안 된다.

연출가를 포함해 참여하는 사람 모두가 지치지 않으려면 각자의 상황을 이해하고 협력하는 구조를 만들어야 한다. 느티나무 시민연극단은 이 문제를 해결하기 위해 2022년 정기공연에서 내부에 조연출을 두는 등 노력을 했다.

그러나 놓치지 말자. 이렇듯 질문의 질이 성장한다는 건 그만큼 발전했기 때문이다. 괴로운 고민이 아닌 즐거운 질문이다. 참여연대 아카데미느티나무에서 처음 시민연극을 시도한 지 9년차. 나는 한 사람의 시민연극단원으로서 새로운 구상을 해본다. 느티나무 시민연극단이 그 성장 이야기로 대본을 써서 무대에 올리면 어떨까? 다큐멘터리를 만들수도 있지 않을까? 기대하시라. 두근두근. 유쾌한 조짐이 보인다.

시민,
민주주의,
예술교육

"개인이 취미생활을 하는 건데, 왜 나라 세금을 써요?"

몇 년 전까지 지역 평생학습관 직원이나 관련 공무원들에게 자주 들었던 이야기다. 뿐만 아니다. "참여연대 같은 권력감시운동단체의 시민교육기관에서 왜 그림, 춤, 연극 교육을 하나요?"

이 얘기도 10년 넘게 들어왔다. 요즘 이런 목소리는 많이 작아진 것 같다. 이미 도서관이나 평생학습관, 시민대학, 마을공동체에서 참신한 예술교육들이 다양하게 진행되고 있다. 참여연대에서도 분위기가 많이 바뀌었다. 그럼에도 최근 이런 질문을 받았다. "예술교육이 시민 개인의 성장에 힘이 있다는 건 알겠어요. 그런데 그것이 사회변화와 어떤 관계가 있죠?"

생각해보자. 왜 시민교육, 평생학습에서 예술교육이 중요할까. 민주주의와 예술교육은 어떤 관계가 있을까.

나는 시민예술에서 가장 중요한 것은 '기쁨'과 '충만감'이라고 생각한다. 우리의 삶을 풍요롭게 하는 것이 돈과 권력이 아님을 체득하는 것이다. 그림을 그리고 춤을 추고 연극을 하며 "살아 있다는 것을 즐기는 능력을 몸에 익힌"[12] 시민은 단단한 자기 삶의 중심을 가질 수 있다. 기쁨과 충만감은 소심함과 두려움을 걷어낸다. 이것은 강한 자아를 만든다. 강한 자아와 자존감이 있으면 돈과 권력 앞에 당당할 수 있다. 시민의 자존감은 민주주의를 위한 중요한 힘이다. 『시민교육이 희망이다』를 쓴 장은주 역시 "민주시민으로서의 판단능력, 행동능력, 방법론적 활용 능력. 여기에 민주적 가치관 및 태도, 민주적 인성, 시민적 자존감"은 매우 중요하다[13]고 강조한다.

또 하나 시민예술은 본질적으로 공동체 예술이다. 공감과 치유, 존중, 격려, 환대의 커뮤니티를 경험한다. 예술로 소통하는 모임에서는 다른 곳보다 안전하게 서로를 깊이 만날 수 있다. 시민들의 "공동 창조 작업은 결국 인간관계의 표현, 인간관계를 향한 자극이다. 예술가들은 작업하면서 나름의 사회를 이루어간다. 강력하고 독특한 우정과 친밀감이 생겨난다."[14] 전방위 아티스트 스티븐 나흐마노비치의 이 말처럼, 사람들은 시민예술에 참여하며 민주적인 의사소통의 즐거움과 어

---

12   더글러스 러미스, 『경제성장이 안 되면 우리는 풍요롭지 못할 것인가』, 최성현 · 김종철 옮김, 녹색평론사, 2002, 113쪽.
김혜련, 『고귀한 일상』, 서울셀렉션, 2021, 102쪽에서 재인용.

13   장은주, 『시민교육이 희망이다』, 피어나, 2017.

14   스티븐 나흐마노비치, 『놀이, 마르지 않는 창조의 샘』, 이상원 옮김, 에코의서재, 2008.

려움, 그 한계와 도전을 경험한다. 이렇듯 시민들은 예술교육, 예술을 놀이로 경험하는 과정에서 시민성과 시민력이 향상된다. 정치철학자 마사 누스바움은 오랫동안 공감력과 민주주의의 연관성을 강조해왔다. 민주주의교육에서 인문학과 예술 교육을 통해 타인에 대한 공감의 능력과 상상력, 세계적 시야를 갖춘 시민을 길러내야 한다는 것이다.[15]

민주주의를 위한 시민성, 시민력에는 타인의 처지에 대해 공감하는 힘, 자신뿐 아니라 타인을 존중하며 관계를 맺고 소통하는 힘, 연결하고 협력하는 힘, 참여하고 연대하여 문제를 해결하는 힘, 나아가 불의에 저항하는 힘이 필요하다. 이 힘을 키우는 데 시민의 예술경험, 예술교육은 큰 역할을 한다.

모든 시민은 예술가—문화와 예술의 민주주의

시민들의 예술 활동은 누군가에게 보여주고 평가받기 위한 것이 아니다. "완벽해야 비로소 예술작품"이라는 것은 예술과 관련해 형성되어 있는 거대한 이데올로기다. 전문가의 예술, 완벽함을 추구하는 예술만이 예술이 아니다. 철학자이자 교육학자인 존 듀이는 말한다. "아무리 세련되지 못한 경험이라 하더라도 그것이 진실로 하나의 '경험'이라면 일상생활에서 분리된 예술작품보다도 미적 경험의 본질적 성격을 이해할 수 있는 단서들을 훨씬 더 풍부하게 가진다."[16]

---

15 마사 누스바움, 『학교는 시장이 아니다』, 우석영 옮김, 궁리, 2016.

시민들의 예술교육에서 그림 전시회, 춤 공연, 연극 공연의 경험은 매우 중요하다. 처음부터 끝까지 완결해보는 경험, 이 과정에서 겪는 어려움과 갈등을 겪어나가는 과정에서 함께 성장하기 때문이다. 물론 모든 시민예술이 이와 같은 경험을 해야 하는 것은 아니다. 다양한 수준의 기획이 가능하다. 공연이나 발표를 위한 상상력이 필요하다. 무대와 전시장이 꼭 일정 수준의 극장이나 갤러리가 될 필요는 없다. 길거리, 공원, 카페, 강의실, 종강파티 어디라도 좋다.

구체적인 쓸모와 사회참여?—가능하면 탱큐, 아니면 말고 |

시민예술이 꼭 구체적인 쓸모가 있어야 한다는 관점에서도 벗어나야 한다. 예술은 인간의 본능, 놀이다. 몰입의 경험이다. 시민예술은 지금 여기 자신의 감각에 집중하고, 개인의 감각과 세계의 감각을 연결시키는 경험이다. 개인의 내적 변화와 사회의 변화를 하나의 맥락으로 연결되게 하는 경험이다. 내면에서 올라오는 자신의 목소리에 귀 기울이고, 자신의 목소리로 말하고 표현하게 하는 것, 타인의 소리에 귀 기울이는 것, 이를 통해 모르던 사람들과 안전한 관계의 커뮤니티를 경험하면서 자신과 사회의 문제해결력을 높여가는 것이다.

참여연대 느티나무에서 시민예술을 하며 함께 성장했던 사람들은

---

16 존 듀이, 『경험으로서의 예술』, 박철홍 옮김, 나남, 2016, 33쪽.
강윤주 외, 『포스트 코로나시대의 생활예술』, 책숲, 2020, 28쪽에서 재인용.

그 예술로 사회참여 활동을 할 수 있었다. 누군가 손을 들어 함께 하자 했고, 그 손을 잡아 지지하고 참여한 것이다. 그러나 직접적 사회참여가 예술교육의 목표가 될 수는 없다. 사회참여 행동을 목표로 하는 순간, 지나치게 목적의식적이 되어 자발성과 즉흥성이 주는 놀이의 즐거움을 빼앗긴다. '사회참여 가능하면 탱큐, 아니면 말고.' 이런 마음으로 하는 것이 낫지 않을까?

시민교육과 예술교육, 그 협력의 장이 확대되어야

2010년 스웨덴의 시민교육 현장을 취재하면서 흥미로운 사실을 발견했다. 처음에 내가 본 자료에는 스웨덴의 스터디서클연합회에 9개의 단체가 가입해 있었다. 사회민주당 계열의 노동조합 교육단체, 자유당 계열의 교육단체, 이주민단체, 중독자치유단체 등. 이 단체들의 스터디서클 프로그램에 이미 다양한 예술교육 커리큘럼이 있었다. 반가웠다. 내가 시민예술교육을 적극적으로 해나가는 데 정당성을 확인하는 느낌이었다. 큰 지지와 응원을 받는 것 같았다.

그런데 나중에 또 하나 알게 된 것이 있다. 2010년 스웨덴 스터디서클연합회에 예술교육단체 Kulturens가 새롭게 합류했다. (이 조직은 문화예술교육을 통해 민주주의, 평등, 성평등, 창의성 및 문화적 다양성을 증진하는 것을 목표로 한다.) 그만큼 예술교육이 시민교육에서 할 일이 많고 중요하다는 의미일 것이다. 그런데 생각해볼 점이 있다.

우리나라에도 수많은 시민교육기관이 있다. 민주화운동기념사업회와 서울시 생활속민주주의학습지원센터 등이 민주시민교육을 지원한다. 서울시 자유시민대학을 비롯한 각 지방자치단체의 평생학습관, 도서관도 각각 다양한 시민예술교육 프로그램을 운영한다. 서울문화재단, 경기문화재단, 부산문화재단 등 지역 문화재단도 시민들의 예술교육을 지원한다. 그렇다면 민주주의 시민교육기관은 민주주의교육에 예술적 교육철학과 방법을 어떻게 도입할 것인가 고민해야 하고, 시민예술교육기관은 어떻게 그 교육에 시민성과 민주주의를 녹여낼 것인지 그 경험을 교류하고 연구하는 것이 필요하지 않을까?

내가 보고 들은 것이 적은 탓이겠지만, 아직 그런 협력의 테이블이나 연구과정이 진행되고 있다는 얘기를 듣지 못했다. 나는 오랜 시간 민주주의교육과 시민예술교육을 기획하면서 질문과 고민이 많았다. 교류와 협력의 자리가 만들어지길 희망했다. 더 많은 현장사례 연구를 접하며 도움을 받고 싶었다. 나 같은 시민교육기획자, 시민예술기획자는 물론, 강사와 참여시민들이 소통하며 더욱 성장할 수 있기를 바랐다. 그 일을 해야 하는 주체는 누구일까? 시민예술의 성장을 위해 필요한 지원을 하고, 현장의 경험에 입각해 시민예술을 더욱 풍성하게 만드는 움직임을 보고 싶다.

3부

지성, 감성, 영성의
통합교육을 위하여

성찰하는 시민교육

나는 미디어교육전문가가 아니다. 이른바 '포토 테라피스트'도 아니다. 그런데 왜 영상을 통한 치유와 시민교육이 만날 수 있다고 확신하고 있을까.

방송구성작가로 활동하면서 이에 관한 여러 경험을 한 적이 있다. '공개입양'을 주제로 휴먼다큐멘터리를 제작할 때의 일이다. 나이 일곱 살이 넘어 입양된 초등학교 4학년 남자아이 선명(가명)이가 주인공이었다. 그 아이를 입양한 부부는 이미 중학교, 초등학교 다니는 딸과 아들을 두고 있었다. 독실한 기독교신자였던 이들 부부는 남편의 직장 때문에 스웨덴에서 몇 년 살았던 적이 있었다. 그때 스웨덴에 입양된 한국 청소년들을 보며 마음이 복잡했다. 그리고 몇 년 후 한국에 돌아와 용기를 내 입양을 했다. 순수한 마음이었다. 그러나 기대와 달리 선

17　2010년 민주화운동기념사업회,《시민교육》2호에 실린 글.

명이는 초등학교에 입학하면서부터 가출, 외박을 거듭하면서 방황을 계속했다. 제작팀은 열흘 동안 선명이와 인터뷰를 했다. 그러면서 이 가정에 오기 전에 이 아이에게 어떤 일이 있었는지, 그 경험이 어떤 영향을 미쳤는지 이해하게 되었다.

중요한 변화가 선명이에게 나타났다. 평소 생각해보지 않았던 질문을 받으면서 선명이는 때로 "몰라요" 하며 거부반응을 보이기도 했지만, 어느 순간 카메라 앞에 벽을 허물었다. 그리고 솔직하게 자기 속마음을 표현했다. 다큐가 방영된 후, 선명이는 TV에 자신이 나온 걸 무척 좋아하며 비디오로 보고 또 봤다고 한다.

그 아이에게 '카메라'는 무엇이었을까. 그 다큐를 통해, 자신을 키워주는 부모들이 얼마나 자신을 사랑하는지, 누나와 형은 자신을 어떻게 생각하는지를 좀 더 이해하게 되지 않았을까. 가족은 물론 다른 누군가로부터 이해받고 있다는 기분과 함께. 그리고 열흘 동안 그림자처럼 따라다니는 인터뷰에 응하면서 자신의 마음과 느낌을 스스로 들여다보는 계기가 되지 않았을까.

그 후 이른바 인터넷방송 섹스산업에 종사하는 모델 지망생을 주인공으로 촬영할 때도 비슷한 일이 일어났다. 처음엔 자신의 직업에 대해 별생각이 없던 주인공이, 계속되는 인터뷰에 응하면서 자신의 존재와 상황에 대해 깊이 생각하는 것을 발견했다. 선명이에게도 그 모델 지망생에게도 카메라는 자신을 비춰보는 '거울'이었다. 그러던 중 우연히 영상과 치유에 관한 신문기사[18]를 봤다.

---

18 〈불행의 '창살' 너머로 열여덟 희망 '찰칵'〉, 《한겨레》 2008년 10월 26일자에서 재구성.

"소년원에 수용된 영민(가명)이의 아버지는 대전교도소에 수감 중이고, 어머니는 백일도 되기 전에 영민이 곁을 떠났다. 오갈 데 없는 영민이는 무속인 고모와 함께 살아왔다. 자신의 환경을 이해할 수 없었던 영민이는 상습 절도 혐의로 경찰에 붙잡혀 서울소년원에 들어왔다."

법무부 직업교육 커리큘럼의 하나로 시행되는 영상미디어반에 들어온 영민이. 그러나 영상미디어반은 단순히 사진촬영 기법만을 배우는 곳이 아니었다. 영민이는 부모 대신 자신을 키워온 고모가 면회 올 때 카메라를 놓고 인터뷰했다. 이전에 해본 적 없었던 고모와의 깊은 대화의 시간이었다.

"고모에게 나라는 아이는 뭔지, 엄마는 어떤 분이었는지…" 고모가 자신을 "배 안 아프고 얻은 아들"로 여기는 것도 깨달았다. 영민이는 "나 스스로를 솔직하게 만들어준" 카메라와 영상에 점점 재미를 느끼기 시작했다. 그리고 영민이는 소년원에서 영상미디어반 친구 10여 명과 함께 사진전을 열기도 했다. 답답한 소년원 안에서 자신들의 일상을 담은 사진들은 영민이와 동료들의 자화상이었다. 영민이는 사진을 찍으면 자신을 컨트롤할 수 있고, 오랜 고민 끝에 얻은 한 장면으로 모든 걸 설명하는 매력이 있는 것 같다고 했다.

그때 나는 이 기사를 읽으며, 내 방송 경험에 덧붙여 큰 감동을 받았다. 그리고 그해 4월에 이 학교, 서울소년원의 또 다른 이름인 고봉중고등학교를 방문했다. 한때 전국에 17개나 됐던 소년원. 청소년 인구가 줄어들면서 현재 전국에 10개 소년원이 있다. 하지만 청소년 인구 대비 비행청소년 비율은 늘어나고 있다. 형 집행이 필요한 청소년은

'소년교도소'에, 보호와 지원이 필요한 청소년은 '소년원'에 수용된다.

당시 서울소년원 영상미디어반에서 영민이를 지도했던 박인원 교사는 현재 법무부 푸르미 방송 PD. 그를 만나 소년원의 영상미디어반에 대해 자세한 사항을 물어봤다.

"처음엔 법무부 직업훈련의 일환으로 사진기능사 자격증 취득을 위해 시작했어요. 그런데 아이들을 만나면서, 이 아이들이 자신의 미래에 대한 불안과 고민이 매우 깊고 아픔이 있지만 표현하지 못한다는 걸 알게 됐죠. 그래서 영상교육에 인성교육을 결합했어요. 상처 때문에 마음을 닫은 아이들에게 카메라가 스스로를 들여다보는 거울이 되는 것 같아요. 사진은 마음이에요."

앞서 언급한 영민이가 만든 다큐를 직접 보았다. 면회를 온 고모와 영민이 나누는 대화의 한 대목.

"고모는 날 어떻게 생각해?" "내가 사고치고 다닐 때 어땠어? 재판정에서는 어땠어?"

"어떻긴 뭐가 어때. 이 자식아. 재판정만 아니면 확 불 질러버리고 싶었지. 니 애비 옥바라지도 부족해서 너까지 속을 썩이냐?"

얼핏 아주 거칠어 보이지만, 사랑하는 사람들 사이의 솔직한 대화였다. 〈다큐멘터리 영민〉을 만들면서 그는 어떤 마음이었을까. 그동안 자신만이 일방적으로 상처받았다며 원망했던 사람들에 대해, 그들도 못지않게 아픈 사람들이었다는 것, 그리고 그들 나름 최선을 다해 영민을 사랑했다는 걸 발견하지 않았을까.

"사실 여자 친구 사진 잘 찍어주겠다고 신청하는 아이도 있죠. 하지만 영상반에 들어왔다고 금방 카메라를 만지는 게 아닙니다. 한동안 자신의 과거 살아온 삶에 대해 생각하고 이야기하고 글을 씁니다. 이런 기본과정이 '사진으로 나를 표현하는 프로그램'이에요. 나에게 가장 소중한 것, 아름다운 부분은 무엇인지, 무엇을 이야기하고 싶은지 생각해보고 발표한 다음, (네 얼굴은 찍지 말고) 사진으로 너를 표현해 보라 하죠. 그런 다음 그 사진을 왜 찍었는지, 그 사진을 찍을 때 어떤 마음에서 어떤 구도를 택했는지 이야기를 나누죠. 친구들은 그 이야기를 듣고 나서 그 사진을 어떻게 느꼈는지, 나 같으면 어떻게 찍었겠다 이야기를 덧붙여줍니다."

취재를 위해 서울소년원 수용시설과 사진교육 현장을 방문해 아이들과 이야기를 나누었다. 이 아이들이 촬영한 사진과 글, 다큐멘터리도 보았다.

"낡은 끈으로나마 마지막으로 나를 붙잡는 모습이랄까? 아무튼 내 지금 심정을 나타내는 사진을 찍고 싶었다. 다 낡아빠진 기둥일지라도 끊어져 있다면 묶어서라도 본래의 상태로 재현시키려 하는 것처럼 나 자신을 이번이 마지막 기회라고 생각하고 나를 붙잡아줬으면 하는 나의 마음을 표현하고 싶었다." (○○의 사진설명글)

"크면서 항상 집에 혼자 있었어요. TV만 봤죠. (…) 사진 찍기 전에는 보이는 대로 생각했어요. 제 속의 답답한 거 있잖아요. 이전엔 그걸 주먹으로 풀었고 그러면 속이 후련한 것 같았죠. 이젠 영상을 통해 감정을 표현하니까, 내가 내 성격을 만드는 것 같은 느낌이에요." (○○의 인터뷰)

나를 알아가는 이런 교육은 초중고 학교에서도 이뤄져야 하는 것이 아닐까. 한편 취재 도중 내가 발견한 것은 서울소년원 교사들의 열정이었다.

"영민이 고모가 처음엔 인터뷰를 거부했어요. 그래서 제가 고모집을 찾아가 설득했죠. 영민이를 위해 하는 일이니 응해 달라고. 아이들이 다큐 〈내 이야기〉를 촬영할 때는 아이의 집 장면이 필요한데, 수감된 아이들이 집에 갈 수가 없잖아요. 그래서 제가 직접 촬영하러 간 적도 있어요. 그때 정말 놀랐어요. 지금도 이렇게 가난한 동네가 있나. 그런데 편집과정에서 그 집은 삭제했어요. 너무 심한 것 같아서."

박인원 씨를 만나면서 이런 열정과 사랑이 아이들의 변화와 성장을 이루는구나 생각했다. 소년원을 방문하기 전에 가졌던 법무부 공무원에 대한 나의 편견을 반성했다. 자신의 자리에서 최선을 다하는 사람이 사람과 세상을 바꾼다. 지금 그의 계획은 더 확장되고 있다.

"사진학과 교수와 작가, 사진기자재 전문회사와 연결해 도움을 받고 있어요. 앞으로 서울소년원뿐 아니라, 전국의 다른 소년원에서도 이런 영상반을 만들려고 합니다."

내가 만드는 나의 이야기

영상을 통한 치유와 성장. 그것은 이미 우리 시민교육에 큰 자리를 차지하고 있다. 취재를 위해 익산공공영상미디어센터 홍교훈 미디어교육팀장을 만났다. 그는 지역 공동체운동, 소수자운동과 결합해 수년간 미디어교육을 해왔다.

먼저 익산시 삼성동 어린이도서관 자원봉사자 엄마들의 즐거운 미

디어나들이 〈사진으로 만든 나의 이야기〉 제작에 참여한 한 어머니의
소감문.

> (…) 사진을 통해 과거 내 모습을 보고 있으려니 지나간 청춘이 행
> 복했음을 깨닫고, 그 속에서 미래도 계획할 수 있음을 알게 되었다.
> 엄마로 아내로 딸로만 살기엔 너무 아까운 나를, 나로서 행복해지
> 는 법을 옛 사진 속 꿈을 통해 다시 계획해보며 (…) 그곳에 모인 많
> 은 분들이 자신이 품고 있는 꿈을 다시 꾸어보는 시간이 되었으리
> 라. 그리고 옆자리에서 같이 호흡하고 있는 이의 꿈을 탐해보기도
> 하며 자신을 더 성장시켰으리라.[19]

영상을 통한 자기성찰, 자기표현, 소통은 공동체 시민운동에도 활력
을 주고 있다. 여성들이 중심이 되는 생협 공동체. 이들은 생협 활동의
현재와 발전 방향을 제작하기도 하지만, 동시에 자기소개 동영상을 만
들고 함께 보며 늘 보는 것 같지만 깊이 이해하지 못했던 타인들의 내
면을 이해한다. 집에서 아이 키우느라 자기를 돌보지 못했던 엄마들이
때로는 옆집엄마에게 "나는 어떤 사람이냐"고 인터뷰하고, 아이들은
잠들고 남편이 귀가하기 전 카메라를 켜고 스스로를 돌아본다. 자신이
제일 자신 있게 만드는 요리를 하나하나 찍으며, 거기에 자기 느낌을
풀어낸 엄마도 있다. 배경음악을 고르느라 집 안의 모든 CD를 뒤졌다
고 한다. 그들의 진지함과 재치는 공중파 방송 다큐작가였던 내가 봐

---

19   익산공공영상미디어센터, 《2008 미디어교육 사례집》.

도 신선하다.

또한 사진영화 〈익산주민의 사는 이야기〉는 익산에 사는 나, 가족, 지역사회 이야기를 주민 스스로 영상으로 만든 것이다. 평소에 찍어놓았던 사진이나 새로 찍은 사진을 가지고 만든 포토에세이. 다음은 이 교육에 처음 미디어교사로 참가한 분의 소감이다.

> 40대 후반에서 60대까지 교육생들의 집중력은 놀라웠다. (…) 하나같은 공통점은 배우려는 열의와 자기 삶에 변화를 갈구하는 모습, 새로운 삶에 대한 도전들이 보였다. (…) 스스로 성우가 되어 자신의 원고를 녹음하는 시간은 가장 감동적인 순간이었다. 남 앞에 내놓기 힘든 자신의 내면 속마음을 독백하듯 한 줄 한 줄 원고를 읽을 때, 그 사람의 삶의 향기가 전달되었다. 작품 발표하는 날은 사랑의 눈물이 담긴 마음이 하나로 만나는 날이었다.[20]

소수자들의 자기표현과 소통의 매체

한편 노인, 장애인, 노숙인, 이주노동자 등 소수자들에게 영상교육은 자기표현과 소통, 성장에 큰 힘을 발휘하고 있다.

먼저 노인이 영상미디어와 어울리지 않는다고 생각하는 것은 편견이자 오해다. 사진교육, 녹음교육, 동영상교육, 컴퓨터교육 모두 낯설

---

20 위의 글.

지만 영상편지를 만들어보고 다시 태어난다면 무엇을 할 것인지 인터뷰한다. 이 과정에서 교육 참가자들은 자신감 있게 스스로를 드러내고 자신을 긍정하며 새로운 경험 역시 적극적으로 할 수 있게 되었다.[21]

취재를 하며 노인들이 만든 〈나의 인생이야기〉를 봤다. 떨리는 자신의 목소리로 녹음한 내레이션들.

김○○ 노인은 복지관 친구들 누구에게도 하지 않았던 얘기를 풀어놓았다. "조선시대 말, 할아버지가 조정대신이었던 나는 부유하게 살아 인생역경이 없을 것으로 생각했다. 하지만 장남이 25살에 돌연사하는 아픔이 있었다. 네가 살아 있으면 지금 54세겠지."

조○○ 노인도 어린 시절로 돌아가 이야기를 시작했다. "나는 국방경비대 출신이다. 소년시절 배움의 꿈을 안고 가출까지 감행했으나 결국 그 꿈을 이루지 못했다. 한국전쟁에 참전한 이후 군인으로서 중위 임관시험에 합격했다. 나의 배움의 한은 아들이 풀어줬다." 영상은 세상을 떠난 아내의 사진 앞에 울먹이는 목소리로 미안하다며 끝난다.

IMF 이후 급격히 늘어난 노숙인도 자신의 목소리를 내려고 시도한다. 스스로를 인터뷰해 만든 짧은 다큐에 일어서고 싶은 희망을 간절히 담고 있다. 카메라 앞에서 떠듬떠듬 느린 목소리로 말한다.

"나는 ○○○입니다. 노숙을 시작한 지 10년. 비 올 때, 겨울에 가장 힘듭니다. 남산에서 노숙을 하고 살았는데, 외국 사람들이 많이 온다고 쫓겨났습니다. 남산의 낙엽도 치우고 쓰레기도 줍고 청소도 했습니

---

21   2006년 미디액트 미디어교육센터 미디어교육 포럼, 〈노인미디어교육의 의미와 방향 설정을 위한 토론회〉 자료.

다. 일용잡부 일을 했는데, 가다 말다 하니 돈도 안 되고 사람만 피곤하고 형편이 어렵습니다. 어떻게 극복할지 모르겠습니다. (…) 저도 일어서야 하는데. 파이팅!"

그가 만든 영상은 밋밋하다. 하지만 그를 평소에 알고 지내던 사람들의 눈에 그 영상은 깊은 울림이 있다. 더욱이 방송사 제작진의 기획의도에 짜맞춰진 것이 아니라 자신의 눈으로 자기 존재를 표현하고 발언한다는 것이 무엇보다 값지다.

이 사회에서 신체·지적 장애로 의사소통에 제약이 있는 사람들도 자신의 욕구와 관심과 권리를 표현하고 주장하는, 성장과 치유가 필요한 존재다. 시각장애인은 소리로 표현하는 힘이 탁월하고, 청각장애인은 사진이나 자막을 써서 몰입의 효과를 낼 수 있다.

영상은 어떤 치유의 힘이 있는가

그러면 사람들은 카메라 앞에서 왜 솔직해지는가, 영상은 어떤 치유의 힘이 있는가. 미술, 음악 등 다른 예술도 치유의 힘이 있겠지만, 사진은 셔터만 누르면 자신의 이야기를 할 수 있다. 사진으로 자신의 관심을 기록하고 이를 통해 새로운 세상을 발견하고 그 이야기를 표현하여 세상과 대화하는 새로운 눈을 갖게 된다. 이를 통해 자신과 세상을 새롭게 인식하고 삶의 즐거움을 느끼는 주체적인 힘(empowerment)을 키운다.[22]

앞서 만난 홍교훈 씨는 영상과 치유, 시민교육의 접점에 대해 이렇게 말한다.

"사람들은 모두 자기를 표현하고 소통하고 싶은 욕구가 있잖아요. 하지만 많은 분들에게 자기표현이나 소통이 쉽지 않아요. 하지만 그게 안 되면 관계 맺기도 어렵고 사회 안의 자기 모습을 바라보기도 어렵죠. 그런 점에서 자기소개 영상은 자기표현의 장을 만들어준다는 데 의미가 있어요. 교사가 '먼저 이런 이야기를 해보세요' 하지는 않습니다. 1대 1로 대화를 하면서, 하고 싶은 얘기를 하도록 열어놓고 당사자가 자신이 하고 싶은 얘기를 찾도록 하죠. 그 속에서 자기성찰과 표현을 하고, 개인의 삶을 더 큰 시야로 조명하도록 도움을 줍니다. 자신의 삶을 사회 구조와 관계 속에서 비춰보는 것이죠."

글쓰기나 그림, 음악보다 영상은 일단 접근하기 쉽다. 또한 내레이션, 사진(동영상), 자막, 음악 등이 종합적으로 사용되기 때문에 전달력이 좋다. 동영상 카메라는 가족이나 친구조차 귀담아주지 않는 이야기를 경청해준다. 나아가 "직접 찍은 사진에 대해 의미부여를 함으로써 자신의 생각과 느낌을 발견한다. 다른 회원이 찍은 사진을 보고 그가 발표하는 내용을 경청하며 타인의 느낌을 지각할 수 있다."[23]

취재를 하면서 나는 영상과 사진이 시민교육에 이미 매우 깊이 자리하고 있음을 새삼 깨달으며 그 열린 가능성을 보았다. 시민교육은 자기성찰과 자기표현을 통한 소통의 능력을 키우며, 자기 내부에서 삶의 기쁨과 힘을 찾아내 주체의 삶을 살아가는 시민을 목표로 해야 하

22　수원시 정신보건센터 사업계획서, 〈세상을 바라보는 또 하나의 눈-만성정신장애인의 카메라로 세상 마주보기〉.

23　위의 글.

기 때문이다. 앞으로 여러 현장에서 감동과 기쁨이 가득한 다양한 방식의 응용과 실천을 기대해본다.[24]

---

24 이 글을 쓰고 몇 달 후 참여연대 아카데미느티나무에서 2010년 가을부터 〈임종진의 사진수업-자신에게 사진을 건네다〉를 기획해 4년 동안 총 8기의 워크숍을 진행했다.

기억을 기억하라, 통합교육의 시간

다큐멘터리 작가로 일할 때였다. 미국의 한국학 교수가 대학생 15명과 함께 한국에서 몇 달간 체류하며 한국의 역사와 문화에 대해 공부하는 이야기를 60분 다큐멘터리로 제작한 적이 있다. "한국에서 가장 인상적이었던 경험은 무엇인가" 물었다. 다수의 미국 학생들은 광주 5.18민주묘지를 방문했을 때였다고 말했다. 한국 민중의 저항의 역사에 깊은 감동을 받았다는 것이다.

'기억'은 정치적 행위다. 기억을 둘러싸고 각 집단이 정치투쟁을 한다. 참여연대 아카데미느티나무는 매년 5월 18일을 그냥 넘기지 않았다. 2010년부터 해마다 〈5월의 언론은 계속되고 있다〉, 〈5월은 다시 창조적 고통이 필요하다〉, 〈5.18 트라우마와 집단 무의식 그리고 치유〉 등을 주제로 대화모임을 기획했다. 2014년에도 5.18 교육에 대해 다른 접근이 없을까 고민하고 있었다.

그때 세월호가 침몰했다. '광주'에 버금가는 충격, 슬픔, 분노의 쓰나

미. 잊지 말자, 기억하자는 시민들의 마음은 절박했다. 그러나 흐르는 시간처럼 강력한 것이 있는가. 이 시간에 올라타 망각을 부추기고 심지어 왜곡하는 세력이 존재한다. 망각하지 않기 위해서, 제대로 기억하기 위해 할 수 있는 모든 것을 해야 한다. 그것이 반복되지 않기 위해. 그러나 현실은 쉽지 않다. 기억을 위한 민주주의교육 기획을 어떻게 할까 고민하고 고민했다.

그때 〈100% 광주〉 공연 기사를 봤다. 광주의 인구분포대로 남녀노소 100인을 선정하여 무대 위에 일종의 마이크로사회를 만들어내는 시민참여 공연. 2008년 〈100% 베를린〉 초연으로 엄청난 반향을 일으킨 이후 런던, 파리, 브뤼셀, 멜버른, 도쿄 등 세계 주요 도시에서 공연을 선보였던 독일 다큐멘터리 연극 창작그룹 '리미니 프로토콜'이 연출한 작품이었다.[25]

어렵게 표를 구해 공연장으로 가는 길. 버스 안에서 공연 현수막을 본 젊은 연인들의 대화가 들렸다. "어? 광주에 대한 연극인가 봐?" "난 광주는 부담스럽더라." 광주는 부담스럽다. 이 말이 맴돌았다. 씁쓸했다. 공연은 기대 이상이었다. 아까 그 젊은 연인들을 찾아서 보여주고 싶을 만큼.

막이 오르면 무대 위에서 광주시민 100명이 릴레이 형식으로 자기소개를 한다. 각자 집에서 가져온 물건으로. 다음엔 집단 인터뷰. 자신의 신념, 정치적 의견, 성장 배경, 일상, 좋아하는 자동차, 타고 다니는 버스, 좋아하는 술의 종류 등에 대해 다양한 방식으로 질문이 던져진

---

25 https://www.artinsight.co.kr/news/view.php?no=525

다. 무대 위 시민들은 이동하며 대답한다.

질문은 "사형제도는 유지되어야 한다", "나는 신을 믿는다", "나는 암 투병을 한 적이 있다", "나는 사랑에 빠져 있다", "나는 내가 꿈꿔오던 직업을 가졌다" 등. 대답은 판토마임, 플래카드, 핸드폰 불빛 등 다양한 방식으로 한다. 긴장과 웃음이 함께 하는 예술이었고 공감과 소통의 카타르시스가 있었다. 훌륭한 집단대화의 장이었다.

기억과의 전쟁 – 지성, 감성, 영성의 통합교육

문 하나가 열리는 듯했다. "그래. '기억'을 주제로 지성, 감성, 영성의 통합교육을 해보자." 기획안을 썼다. 〈기억을 기억하라–기억, 평화, 민주주의〉. 강의, 워크숍, 연극을 결합한 교육을 공들여 준비했다. 하지만 시작 5일 전 신청자가 네 명뿐이었다. 기획자는 이럴 때 피가 마르고 잠도 못 잔다. 오랫동안 민주시민교육 활동을 했던 사회교사에게 홍보도 부탁할 겸 직접 전화를 했다. 그런데 뜻밖의 답이 돌아왔다. "연극도 부담스럽고 기억도 부담스러워요."

하지만 손 놓고 있을 순 없었다. 신문사에 보도자료를 보내고 인터뷰 기사도 싣고 아는 교사들에게 전화를 했다. "선생님이 못 오시면 친구에게 추천해주실래요?" 시작하는 날까지 할 수 있는 모든 노력을 다했다. 그렇게 해서 모인 사람이 10명. 직장인, 인권단체 활동가, 교사들이었다.

"연구년이었는데 팽목항에서 자원활동을 했어요. 살 수가 없었어요. 나부터 치유가 필요해서 신청했어요." "교육대학에서 교육연극 수업을 들은 적이 있는데 참여연대에서 하면 뭔가 다르겠지? 기대감이 생겨 오게 되었습니다."

먼저 세 번의 강의와 한 번의 워크숍을 진행했다. 첫 번째 시간은 〈이것은 기억과의 전쟁이다〉. 김동춘 사회학자는 "한국 근현대사에서 식민지, 전쟁, 평화의 기억에 정치는 어떻게 작동하는가. 세월호 기억에는 무엇이 달라져야 할 것인가"에 대해 이야기를 했다.

두 번째는 〈유서 없이 남겨진 우리 민주주의와 사유〉. 김만권 정치철학자는 "민주주의의 기억이 흐려진 지금, 민주주의를 열망했던 경험을 대항 기억으로 만들어야 한다. 87년의 경험도 '절반의 실패'보다 '절반의 성공'을 위한 헌신적인 이야기를 들려주자"고 말했다.

세 번째는 〈트라우마의 치유와 사회정의〉. 신정식 치유전문가는 워크숍을 진행했다. 참여자들은 자신이 당했던 폭력의 경험을 표현하며, 어떻게 그 힘에 대응했는지 성찰했다.

네 번째는 〈인권 · 평화 · 민주적 관점의 역사 인식〉. 이대훈 평화학연구자는 "전쟁과 폭력의 상황에서 피해자, 주변부, 적, 여성, 평화주의자들이 어떤 경험과 노력을 했으며, 어떤 느낌을 표현했는지 주목해보자고 이야기했다.

진실은 몸으로 말한다

다음엔 주말 두 번의 교육연극 워크숍. 첫 번째 날 1부에서는 '일상의 감정을 몸으로 표현하기'로 시작해서 '권력으로부터 피해당한 사례' 공유로 확대했다. 관공서에서 부당한 일을 당했을 때, 교감에게 하고 싶은 말을 못 하고 분노를 참을 때의 마음을 표현했다. 상대방의 모습을 관찰하고 느낌도 공유했다. 단계를 높여 광주 5.18과 세월호를 주제로 정지된 몸동작을 연출했다. '우리에게 금지된 것', '우리가 얻은 것', '우리에게 남은 것'에 대해.

2부에서는 본격적인 교육연극 워크숍을 시작했다. 손준형 연출은 시민들을 가상의 바다 마을로 인도했다. "20년 전으로 시간을 거슬러 갑니다. 여러분은 작은 섬 '함구미' 마을 주민입니다."

어느 날 이 마을에 군함이 정박하고 군인들의 통제 하에 조사가 시작된다. 당초 5일이라던 조사기간은 한 달이 훌쩍 넘고 마을 사람들은 갈등과 동요에 휩싸인다. 해군 조사결과 이 섬 마을의 사람들은 모두 원인을 알 수 없는 바이러스에 감염된 것으로 밝혀졌다. 하지만 다행히 10살 이하의 아이들은 바이러스에 감염되지 않았다. 조사 책임자인 함장은 아이들에게만 섬을 탈출할 수 있는 기회를 준다.

마을회의 결과 두 명의 아이들만이 섬을 떠난다. 그 섬은 30년간 외부로부터 철저히 고립되고 아무도 살아남지 못한다. 30년 후 함구미 마을이 다시 조명받기 시작하고 방문단이 꾸려진다. 이 방문단에는 30년 전 떠났던 두 명의 아이들이 포함되어 있다.

군함은 권력과 국가를 상징한다. 권력에 의해 일상이 어떻게 파괴되는지 섬마을의 바람, 바다, 바위, 사람의 느낌으로 표현하고 사라진 것을 기억한다. 참여자들은 함장과 마을주민의 만남, 가족회의, 섬마을을 떠날 때의 분노와 슬픔을 몸과 목소리로 즉흥 표현한다. 목 놓아 울고 외치고. 놀라웠다. 어떻게 이런 몰입과 순간 이동이 가능하지? 형광등 조명의 강의실이 파도치는 바닷가가 되고 참여자들은 섬마을 여인과 노인이 되었다. 마치 마술을 보는 것 같았다. 아니 마술공연에 내가 출연한 것 같았다. 충격이었다. 이런 것이 가능하구나.

다음주 두 번째 교육연극 워크숍에서 이야기는 더 진전된다. 해군에 의해 함구미 마을을 떠나야 했던 두 아이는 30년 동안 어떤 삶을 살았을까, 상상해보고 즉흥연극으로 표현했다. 이 글을 쓰면서 당시 참여연대 아카데미느티나무 천웅소 간사가 기록했던 영상을 다시 봤다. 영상만 보면 어설픈 촌극이다. 그러나 현장은 뜨거웠다. 아이들의 상처에 깊이깊이 집중했다.

워크숍이 끝나고 평가하는 자리. "교육연극이라 하니 수업에 어떻게 활용해야 할까를 먼저 생각했어요. 그런데 워크숍에 참여하면서 그 생각을 버렸죠. 우선 나 스스로 몰입하는 경험을 하는 게 중요해요. 활용은 그다음이죠." "역사의 기억은 기록을 넘어서야 해요. 현장의 정서와 감정을 함께 기억해야 힘이 있어요."

나도 깨달은 것이 있다. '기억'과 관련한 민주주의교육에 왜 예술을 더 적극적으로 결합할 생각을 못 했을까. 지성, 감성, 영성의 통합교육을 한다 하면서도 언제나 '비판적 지성'에 우선순위를 둔 것은 아니었을까. 나아가 다른 주제의 민주주의교육에도 예술의 방법을 적극적으로 도입해 통합교육으로 만들어야 한다.

이후에 나는 여기서 감을 잡아 시민연극을 발전시켰지만, 다른 민주주의 주제의 통합교육을 본격적으로 정착시키지 못했다.

우리 앞의 새로운 주제들

'기억' 외에도 민주주의교육에서 다뤄야 할 많은 주제들이 있다. 이미 창의적인 지성, 감성, 영성의 통합교육은 여러 곳에서 시도하는 것으로 알고 있다. 내가 기획위원으로 참여하고 있는 노회찬정치학교는 강의 외에도 '정치 배우 오디션', '정치 딜레마 사회극', '글쓰기', '갈등해결 프로젝트–주제탐색, 실태조사, 해결방안 마련' 등을 결합한 프로그램을 운영하고 있다.

자신의 교육공간의 성격과 과제에 맞는 통합교육을 연구하고 시도했던 경험이 축적되어야 한다. 그 다양한 현장의 경험에서 무엇을 배울 것인지, 더 발전시켜야 하는 것이 무엇인지 교류하는 기회가 많아지길 바란다.

사람과 공간이
만들어낸
느슨한 공동체

창조성 놀이학교 감우산방 친구들

"여성들의 바느질이 민주시민교육인가요?"

개인 취미활동이 민주시민교육인가에 대한 논란이 있을 때 꼿꼿이와 함께 빠지지 않고 등장하는 질문이다. 나의 대답은 분명하다. "물론이죠. 매우 훌륭한 배움과 성장이 일어날 수 있습니다. 그 배움의 주체들이 무엇을 지향하느냐가 중요하죠."

제미란의 '창조성 놀이학교'는 2011년부터 2022년까지 총 20회 가까운 워크숍을 진행했다. 천연 염색을 하고, 조각이불과 옷을 만들고. 그런데 돌아보면 그 일관된 키워드는 '여성, 예술, 아름다움, 시민, 민주주의'였다. 지성, 감성, 영성이 함께 하는 통합교육이었다. 그러나 처음부터 이것이 명료했던 것은 아니다.

그 시작은 '옷'이었다. 제미란 선생님을 처음 만난 건 2010년 느티나무의 워크숍 〈여성의 몸, 여성의 지혜〉에서였다. 스님처럼 짧은 머리에 천을 두른 것 같은 자유로운 옷차림. 강렬한 느낌이 왔다. 저 사람에게 아니 우리에게 옷은 과연 뭘까? 호기심이 작동했다. '옷'을 주제로 워크숍을 하자고 제안했다. 처음에 그는 주저했다.

"글쎄요. 뭘 해야 할지 잘 모르겠네요."

그래도 느낌이 좋았다. 함께 회의를 하고 나서 그는 멋진 기획안을 완성했다. 제목은 〈스타일링 워크숍-시장에서 파티까지, 내가 주인 되는 옷〉.

"나에게 옷은 무엇인가요? 옷에 얽힌 기억은 무엇인가요? 이 강좌는 단순히 헌옷 고쳐 입기가 아닙니다. 매일 옷을 골라 입는 행위 자체가 자신을 표현하는 예술행위입니다. 재봉가위가 있으면 좋습니다. 재봉틀 고민은 접고 오세요. 손바느질을 할 수도 있습니다. '내 손으로 옷을 만든다?'는 즐거운 설렘만 준비하셔도 좋습니다."

걱정과 달리 12명이 모였다. 장롱 안에 잠자던 옷을 꺼내, 그 옷을 살 때 어떤 욕망이 있었는지 이야기를 나눴다. 낡은 티셔츠의 팔과 목 부분을 가위로 잘라냈다. 통쾌했다. 담요 같은 천에 팔을 끼울 동그라미를 오려내 멋진 망토를 완성했다. 옷이 참 단순한 것임을 깨달았다.

2014년에는 〈창조성 놀이학교-내 안의 예술가를 찾아서〉로 단계를 높였다. 도자기를 빚고 나를 위한 꽃다발을 만들었다. 창조성과 놀이의 정신으로 스스로 아름다움을 생산하는 삶을 위해.

이듬해 봄에는 〈리추얼 워크숍-일상을 예술로, 삶을 축제로〉를 시작했다. '리추얼'은 삶의 마디마디 윤기와 활력을 주는 의례다. 신화학자 조지프 캠벨은 말한다. "우리는 의례 즉 리추얼을 통해 삶의 의미, 근원과 연결되고 온전한 질서를 잡아간다."

리추얼은 매일 반복되어 남루해진 일상에서 '나와 공동체의 존재'

를 단단하게 한다. 그러나 리추얼이 실종되어버린 시대. 우리는 자신에게 생기를 주는 리추얼이 무엇인지 얘기했다. 새로운 리추얼을 시연해보기도 했다. 가을, 여행, 옷, 탄생, 죽음을 주제로 『늑대와 함께 달리는 여인들』과 『놀이, 마르지 않는 창조의 샘』에서 발췌한 글을 읽고 이야기를 나눴다.

일상을 예술로 삶을 축제로

여기서 잠깐 공간 이야기를 해볼까? 2011년부터 2016년까지는 통인동의 참여연대 강의실과 부암동 제미란 선생님의 작은 작업실을 오가며 워크숍을 진행했다. 그러다 큰 변화가 생겼다. 2017년 제미란 선생님이 참여연대 가까운 인왕산 자락에 새롭게 개인 작업실 '감우산방'을 마련했다. 아름다운 자연에 둘러싸인 도심 속 공간이 주는 힘은 강력했다. 사람들은 이곳에 1주일에 한 번 오는 것만으로도 생기가 돌았다. 햇살 가득한 마당에서 감물 염색, 쪽빛 염색을 했다. 제주도의 염색 장인 장현승 선생님의 안내로 자연의 빛과 바람이 만들어주는 색깔을 만났다. 염색한 천을 함께 나누어 조각 스카프도 만들었다.

시간이 쌓이면서 참여자들 중에 바느질 고수들이 등장했다. 손바느질로 조각이불에 코트까지 만드는 서숙자 선생님. 바지와 원피스를 만들어 입고 나타나는 내 친구 장미희. 이번엔 두 사람이 강사가 되어 옷 만들기 워크숍을 진행했다. 여기서 강사의 역할은 참여자들이 하고 싶은 것을 도와주는 것. M은 손바느질로 가방을 만들고, K는 파우치를 만들고. L은 한여름에 입을 원피스를, H는 겨울 점퍼스커트를 만들었다. P와 E는 옷본을 가지고 헐렁한 긴 블라우스와 바지를 똑같이 만들어 입기도 했다. 쌍둥이 자매처럼. 서툴고 어설퍼도 웃음이 흘러넘쳤다.

이 모든 과정에서 강사 제미란 선생님과 기획자인 내가 일관되게 놓치지 않으려 했던 것이 있다.

'아름다움, 놀이, 예술을 즐기는 태도를 인문학과 연결해보자.'

그래서 우리의 손작업엔 늘 시와 책이 함께 했다. 모임이 시작하고 끝날 때는 늘 시를 읽었고 그날의 느낌을 이야기했다. 2019년부터는 본격적인 책 읽기를 결합했다. 봄 워크숍 〈책과 바느질—모든 사랑을 누비다〉에서는 먼저 90분 동안 미국의 흑인 페미니스트 영성운동가 벨 훅스의 『올 어바웃 러브』를 읽고 토론했다.

"사랑이란 서로에 대한 관심과 존경, 서로에 대한 이해와 책임감을 통해 자신뿐 아니라 다른 사람의 영적인 성장을 돕는 것이다."[26] "영혼이 행복할 수 있는 일을 하면 사랑하는 능력도 키워진다. 집 안을 행복하게 꾸미는 일은 자기애를 배우기 시작한 사람에게 도움이 된다. 물건 하나하나가 우리를 행복하게 해준다."[27]

이러한 성찰을 마음에 담아 다음 90분은 바느질을 했다. 옷 패턴을 나누고, 서로의 작업을 도와주고. 이렇게 6주가 흐른 뒤 마지막 날에는 발표회를 했다. 지금도 생생하다. 10여 명의 여성들이 한 사람 한 사람 주인공이 되어, 자신이 만든 스카프와 옷을 입고 나와 그것을 만

26　벨 훅스, 『올 어바웃 러브』, 이영기 옮김, 책읽는수요일, 2012, 177쪽.
27　벨 훅스, 위의 책, 103쪽.

들 때의 감동을 이야기할 때 반짝이던 눈빛이.

우리는 다음 단계를 구상했다. 이 경험을 더 큰 사랑의 가치와 연결해볼 순 없을까? 이 생각을 하게 된 건 참여자 서숙자 선생님 덕분이었다. 그는 손바느질로 한 땀 한 땀 조각이불을 만들어 아픈 사람, 친구 어머니에게 선물해왔다. 그 이불을 덮고 자는 사람들은 그 손길에 담긴 따뜻한 마음을 몸 전체로 느꼈을 것이다.

"우리도 사랑하는 사람을 덮어주는 이불, 누군가를 보듬어주는 이불을 만들어볼까?" 그래서 다음 워크숍 주제는 〈책읽기와 함께 하는 인생 이불 짓기-일상에게 안부를 묻다〉. 복원하고 치유하듯 조각천을 연결해 이불을 만들며, 우리는 김혜련 작가의 『밥하는 시간』을 읽었다.

"일상을 소중히 하면 몸이 풍요로워진다. 몸의 감수성이 깊어진다. 저절로 기뻐진다. 그러면 외부의 욕망, 소비욕망, 타자 지향적 욕망이 줄어든다."**28**

일상의 소소하고 작은 것들과 맺는 단단한 관계와 정성스러운 태도에서 우리의 삶을 구할 수 있다는 이야기. 책을 읽으며 연상된 각자의 집, 몸, 밥, 공부에 대한 스토리를 나누었다. 젊은 날 서울에 올라와 친구와 보습학원을 운영하며 밤에는 책상을 이어붙이고 잤는데 동생들이 하나둘 상경해 함께 지냈다는 L, 어린 시절 늘 엄마가 차려주던 밥상이 불만이었는데 어느새 늙어버린 어머니를 보며 눈물이 난다는 C, 자신의 엄마가 전태일과 함께 일했던 노동자였음을 발견했다는 K. 이렇게 이야기가 깊어질 즈음 이 책의 저자를 초대해 대화를 나눴다. 김

28　김혜련, 『밥하는 시간』, 서울셀렉션, 2019, 121쪽.

혜련 작가의 말대로 '일상의 성화(聖化)'를 향해 살아가는 '느슨한 친구들'의 연결을 확인하는 시간이었다.

2020년 봄 위기가 찾아왔다. 코로나 상황에서 워크숍을 해야 하나, 어떤 주제로 해야 하나. 그때 제미란 선생님은 '여신'에 꽂혀 있었다. 터키와 이탈리아, 그리스 여행길에서 여신의 유적지 현장을 직접 보고 강한 영감을 받았다고 했다. 여신? 처음에 나는 크게 당기진 않았다. 내가 모르는 분야이기도 했다. 하지만 신뢰하는 사람이 강렬하게 하고 싶다면 이유가 있겠지. 이럴 땐 지지해주는 게 좋다. 그리하여 우리는 '여신'을 모티브로 손작업을 하며 조지프 캠벨의『여신들』[29]을 읽었다. 이 책은 가부장적 남성 신화에 덮여버린 여신들의 맨얼굴은 무엇인지, 남성 중심의 종교와 여성신화는 어떤 관계가 있는지 파헤친 것으로 두께도 만만치 않았다. 우리는 혼자 읽기 힘든 책을 서로 나눠 발제하고 토론했다. 동시에 여신 아이콘을 조사해 각자 어떤 작품을 만들지 계획을 세웠다. 리투아니아 출신 미국인 고고학자 마리야 김부타스의『여신의 언어』에 실린 신석기시대 도안을 참고하고 인터넷에서 관련 영상과 사진을 찾기도 했다.

총 6회의 마지막 시간. 우리는 '감우산방' 마당과 집 밖에 각자 자신의 성소를 차리고 작품을 전시했다. 한 사람이 그의 성소 앞에서 발표하면, 다른 이들은 조용히 경청하고 축하해주었다. 그날의 주인공들을 소개해보자.

---

29   조지프 캠벨,『여신들–여신은 어떻게 우리에게 잊혔는가』, 구학서 옮김, 청아출판사, 2016.

감우산방 친구들, 여신이 되어 자신의 성소를 차리다

L은 무당이다. 무당 같은 사람이 아니라 진짜 무당. 그는 감우산방 앞 고욤나무에 직접 손바느질로 만든 오색 빛깔 커다란 만장을 드리웠다. 그날은 마침 '위안부' 피해자 쉼터 '평화의 우리집' 소장의 장례식이 진행되던 시간. L은 갓 지어온 밥과 꽃을 가운데 모셨고 우리는 둥글게 둘러서서 스스로 목숨을 끊은 그 영혼을 위로했다. 서로 찢고 공격하는 사회에 대한 슬픔과 분노로 힘들었던 나에게도 깊은 치유의 시간이었다. 덕분에 내 마음에 집중해 펑펑 울 수 있었다.

평소 춤과 시가 삶의 일부인 70대 여성 K. 그는 마당 귀퉁이 항아리 위에 돌아가신 부모님의 젊은 사진과 촛대로 성소를 차렸다. 그리고 여신 문양을 새겨넣은 하얀 옷을 모셔놓고 장시 한 편을 '암송'했다. 신경림의 시 〈정릉동 동방주택에서 길음시장까지〉를.

시인은 어머니가 서른 해 동안 서울 살면서 오간 길 앞에 서 있다. 그는 이제 그 모든 것이 사라진 길을 내다보며 비로소 깨닫는다. 세계 각지를 여행했던 자신보다 어머니가 이 길에서 훨씬 많은 것을 보고 갔다는 걸.

시를 암송하는 K의 목소리엔 힘과 사랑이 넘쳤다. 이 시의 '어머니'는 K의 어머니고 우리의 어머니며 여신이었다. 그 어머니 여신에게 깊은 사랑을 받는 것 같았다.

장애인에게 미술치료를 하며 자신도 청각장애가 있는 Y. 그는 이 워크숍에 참여할까 말까 고민이 깊었다. 마스크를 착용하면 말을 알아듣기가 어려워서. 여러 사람이 함께 할 방법을 찾았다. 그는 워크숍에 함께 하며 스스로를 여신 메두사에 이입했다. '죽음과 재생'을 주제로 손이 가는 대로 철사에 털실을 감아 뱀의 형상을 만들었다. 그리고 자신의 성소에서 자작시를 낭독했다.

반려동물 애도세라피를 지도하는 Y는 회화나무 그늘 아래 여신 캐릭터들을 셀로판지 모빌로 만들어 걸었다. 세 딸의 엄마이자 테라코타를 만드는 K는 여신 문양을 직접 그려 프린트한 옷감으로 앞치마를 만들었다. 도서관 사서로 정년퇴직한 후 늘 책을 옆에 두고 사는 J도 여신 문양으로 색색이 기계자수를 놓은 커튼을 만들었다. 책 디자이너였던 H는 커다란 배너를 만들었다. 공부한 내용을 숙성시켜 자신의 작품을 만들고 그것을 전시한 것. 이것은 여럿이 함께 하는 배움의 퍼포먼스이자 집단 공연이었다.

이 통합의 배움은 어떻게 가능했을까

의식주 그 일상의 아름다움을 만드는 창조적인 손작업을 통해 내 안의 영성과 예술성을 만나고, 이를 위해 책을 읽고 성찰하며 다시 손작업으로 연결했던 창조성 놀이학교. 이것은 지성, 감성, 영성이 통합된 배움의 시간이었다. 그러면 지난 10년 동안 이것이 가능하게 한 힘은 어디서 왔을까?

첫째, 가장 큰 힘은 창조성 놀이학교 제미란 선생님의 존재다. 그는 함께 하는 사람들과 교감하며 그 성장과 변화에 깊이 감동한다. 교사로서의 큰 장점이자 힘이다. 덧붙여 강사와 기획자의 큰 그림이 같았고, 우리는 그것을 늘 조율해왔다. 기획자로서 나는 그가 하고 싶은 것이 있으면 지지해주었고 그 역시 나의 제안을 공감하고 발전시켰다. 서로 지지하고 격려하는 관계는 큰 힘이다.

둘째, 함께 했던 사람들이 큰 방향에 공감하며 느슨한 친구관계를 지속해온 것. 이들은 대부분 참여연대 아카데미느티나무의 홍보를 접하거나 친구의 소개로 찾아왔다. 워크숍에 몇 년 동안 지속적으로 참여한 사람도 있고, 새로 합류한 사람도 있다. 사정이 있어 못 나오기도 한다. 새로 온 사람은 처음에 조금 어색할 순 있지만 6회의 과정이 마무리될 즈음, 그것이 큰 의미가 없음을 느끼게 된다. 열려 있는 안전한 관계다.

셋째, 딱딱한 강의실이 아닌 개인공간 감우산방에서 함께 음식을 먹는 즐거움이 친밀감에 큰 몫을 했다. 워크숍이 시작되면 참여자들이 조를 짜서 그날의 간식을 준비해왔다. 간식이라 하기엔 너무 풍성하고 아름다운 식탁. 나는 음식이 환대의 분위기에 얼마나 중요한지 배웠다.

그러나 지난 10년 동안 어려움이 없지 않았다. 신청자가 적어 개강 직전까지 걱정한 적도 있고, 책과 손작업을 어떻게 하면 매끄럽게 연결할 수 있을까 고민도 많았다. 하지만 그보다 더 큰 숙제가 있었다. "창조성 놀이학교는 생활에 여유 있는 여성들이 한가롭게 노는 거 아닌가? 이것이 시민교육인가? 왜 참여연대 아닌 다른 공간에 가서 워크숍을 하느냐"는 시선과 질문. 이것은 때론 좋은 자극이 되기도 했지만, 나는 이러한 사고가 경직되게 느껴져 답답했다.

나는 지난 10년 창조성 놀이학교와 감우산방 친구들이 훌륭한 통합적 시민교육의 장을 만들어왔다고 자랑하고 싶다. 일상을 예술로, 삶을 축제로 만드는 힘을 키우며 서로 몰랐던 개인들이 친밀함을 쌓고, 관계를 통해 배우는 느슨한 친구로서 사회적 우정을 쌓아왔다. 깊게 만나고 서로 지지하며 함께 공부하는 경험. 이것은 민주주의를 지향하는 시민들의 삶을 더욱 매력 있고 풍성하게 만든다. 이것은 소중한 시민교육이다. 그래서 나는 거꾸로 묻고 싶다. 왜 이것이 시민교육이 아닌가?

창조성 놀이학교에서 가장 많이 나눴던 시, 오리아 마운틴 드리머의 〈초대〉 일부를 소개하며 이 글을 맺는다.

당신이 생계를 위해 무슨 일을 하는지 나는 관심 없어요.
내가 알고 싶은 건
당신이 무엇을 가슴 저리도록 동경하는지,
당신 마음속 깊은 바람을 이루려는 꿈을
감히, 지니고 있는지

내가 알고 싶은 건
당신이 슬픔, 그 한가운데 가본 적이 있는지
삶이 당신을 배반했을 때
두 팔 벌려 끌어안았는지, 아니면
두려워 움츠리고 문 닫아버렸는지…

난 알고 싶어요.
당신이 실패 속에서도 살아갈 수 있는지,

그것이 당신의 실패건, 나의 실패건…

그리고 호숫가에 서서

은빛 보름달을 향해

그래도 yes라고 소리칠 수 있는지…

당신이 어디서 누구와 무슨 공부를 했는지 관심 없어요.

내가 알고 싶은 건

다른 모든 것들이 사라져갈 때

당신 내면에서 무엇이 당신을 지탱하게 해주는지

시민교육에서 '사회적 영성'은 왜 중요한가

"권리는 추상적이잖아요. 일단 살아 있는 내 몸을 받아들이는 게 중요하거든요. 나에게 인권이 있고 사람들이 나를 존중해야 하고 차별받지 않아도 된다는 걸 알아도, 내 몸이 부자연스럽고 추하다고 생각하면 권리만으로 그걸 설명할 수 없어요."[30]

아, 이거다. 『실격당한 자들을 위한 변론』의 작가 김원영 변호사가 출연한 팟캐스트 방송 〈책읽아웃〉을 듣다가 무릎을 쳤다. 너무나 반가워서. 시민교육에 왜 '영성'이 중요한지 그가 정확히 설명하고 있다고 생각했다.

참여연대 아카데미느티나무가 2009년 새롭게 교육방향을 설정하면서 나는 지성, 감성, 영성의 통합을 강조해왔다. "자신이 처한 삶의 문제를 구조적으로 이해하고 비판적으로 생각하는 '지성', 타자를 만

---

30   〈책읽아웃〉 김하나의 측면돌파 81회, 김원영 변호사, 『희망 대신 욕망』 편, 2019년 5월 2일.

나고 공감할 수 있는 '감성', 그리고 내면의 목소리를 들으며 성찰하는 '영성'이 필요하다"고. 그런데 많은 사람들이 말한다.

"지성, 감성까지는 알겠다. 그런데 영성이 무엇인지 잡히지 않는다."

"영성은 주로 종교 언어 아닌가? 시민교육에서 왜 영성까지 얘기하나?"

영성을 명확하게 정의하기는 쉽지 않다. 마치 건강이 무엇인가, 사랑이 무엇인가를 정의하기 어렵듯이 영성에 대해서도 백인백색 모두 다를 수 있다. 그러나 사랑과 건강이 무엇인지 정의하기 어렵다 해도 건강과 사랑이 우리 삶에 중요하듯이, 영성도 마찬가지 아닐까. 그런데 나는 왜 시민교육에서 영성, 특히 사회적 영성에 주목했을까.

학생운동, 노동교육, 시민교육을 하면서 느낀 것이 있다. 머리 좋고 말을 잘해서 늘 모임의 중심에 있는 사람들이 지나고 보면 그 삶이 공허하고 취약했다. 반면에 얼핏 조직이나 모임에서 존재감이 없어 보여도 자기 존재의 바탕, 자아존중감이 강한 사람은 가진 것이 많든 적든 스스로 즐겁게 활로를 찾으며 당면한 문제를 해결한다. 자신이 처한 상황에서 원하는 만큼 마음의 문을 열고 닫으며 관계를 잘 맺는다.

김원영 작가가 한 얘기도 같은 맥락일 것이다. 이 사회에서 약자와 소수자가 인권과 민주주의 의식을 가지고 있다고 해도, 자신의 존재를 스스로 충분히 사랑하고 인정하지 못하고 결핍과 콤플렉스에 휩싸여 고통받고 있다면, 그 삶과 운동이 단단할 수 있을까?

2000년 방송작가로 일할 때였다. 불교 다큐멘터리를 기획하기 위해 사전 답사로 불교영성수련회에 참여했다. 5박 6일의 과정이 끝나갈 즈음, 한 30대 여성 교사가 얘기를 꺼냈다. 학생들에게 상처받아 힘들었다는 것.

"나를 함부로 대하고 무시하는 그 학생이 정말 미웠어요. 화가 났죠. 전교조 교사로서 내가 얼마나 노력하고 있는데. 화를 꾹꾹 누르고 있었죠. 그런데 여기서 명상을 하면서 내 진짜 모습을 바라봤어요. 그 학생 입장에서 깊이깊이 생각해봤어요. 그 학생이 내 맘대로 따라주지 않았던 게 이해가 되더군요. 그 학생 입장에선 그만큼만 반항한 게 다행이구나, 고맙구나 생각하게 되었어요."

한동안 침묵이 흘렀다. 잠시 후 자리에 함께 했던 10대 여학생이 나지막한 소리로 말했다.

"저도 학교에서 선생님들 땜에 진짜 화나고 싶은데요. 선생님도 이렇게 힘들어하는 줄은 몰랐어요."

그 학생과 교사는 사는 지역도 다르고 이 워크숍에서 처음 만난 사이였다. 나는 신선한 충격을 받았다. 시민교육에서 놓치고 있는 것이 무엇인지 '아하' 하는 것이 있었다. 이게 뭐지? 이 깊은 소통과 이해를 가능하게 하는 건 뭐지? 우리 사회에서 이렇게 깊은 대화를 하는 것이 왜 이렇게 어려울까? 학교 붕괴, 교실 붕괴의 문제를 구조와 제도의 문제로만 해결할 수 없는 뭔가가 있구나.

수련회를 마치고 나는 성공회대학교 사회교육원에서 〈무너지는 교실, 해법을 찾는다〉 강좌를 기획했다. 주로 교사들의 성찰과 사례발표로 총 6회를 구성하고, 현장토론 시간엔 고등학생을 초대했다. 학생의 입으로 지금 교사들에 대한 불만과 문제가 무엇인지 솔직하게 얘기하는 시간을 가졌다.

"학교에서 대화하고 싶은 선생님을 못 만났어요. 솔직히 말해 교사는 결혼할 때 신부감으로만 좋은 직업인 것 같아요."

그날 진행자였던 나는 참여한 교사들의 표정을 살펴보았다. 그 학생이 거침없이 교사들을 비판하는 걸 마치 토크쇼를 보듯 재미있어했고 때로는 통쾌해했다. 이때 발견한 것이 있다. 자신이 매일 교단에서 만나야 하는 학생이 아니고, 자신의 이해관계에서 한 발 떨어져 있으니 교사들이 마음을 열고 경청하는구나. 거리 두기를 할 수 있으니 자신의 문제를 거울처럼 볼 수 있구나. 그렇다면 갈등이 있을 때 자신의 감정에만 휩싸이지 않고, 존재 깊이 자신과 타인을 들여다보고 대화하면서 해결하는 배움, 궁극적으로 자유롭고 행복한 인간으로 성장하고 거듭나기 위한 배움이 필요하지 않겠는가.

사회적 영성 — 행복할 수 있는 능력, 사랑하고 행동하는 힘 |

내가 추구하는 사회적 영성은 '행복할 수 있는 능력'이자 '진정 자신의 내면이 원하는 대로, 자신의 목소리로 자유롭게 살 수 있는 힘'이다. '사랑하는 능력'이며 '행동하는 힘'이기도 하다. 비슷한 어려움에 처해도 어떤 사람은 남 탓만 하거나 화를 낸다. 좌절하거나 포기한다. 능력이 훌륭해 열정적으로 일하고 많은 이가 존경하는 사람도 그 내면이 공허하면 언제나 더 큰 박수갈채가 필요하다. 스스로 충만감을 느끼지 못한다. 결핍을 채우기 위한 열정은 한계가 있다. 언젠가 문제를 일으킨다. 반면에 어떤 사람은 어떻게든 털고 일어난다. 설령 포기를 하더라도 자신이 왜 그런 결정을 했는지 충분히 알기 때문에 홀가분하다. 다른 사람과 더불어 문제를 해결해간다.

사회를 변화시켜야 한다고 목소리를 내고, 잘못된 세력에 저항하는 힘을 키우는 것은 민주주의를 위해 너무도 중요하다. 그러나 저항의 목소리를 내는 나는 누구인지 스스로 물어보고 돌아보아야 한다. 나의 취약함, 공포, 그림자를 정직하게 대면할 수 있는 힘이 함께 하지 않으면, 그 저항의 목소리는 자신을 드러내 보이고 싶은 공명심, 개인의 분노, 화풀이에 그칠 수 있다. 센 충격이 오면 취약할 수밖에 없다. 그래서 사회적 영성은 '상처받지 않는 능력,' '자신과 타인의 존재를 깊이 인정하고 사랑하는 능력', '충만감과 감사함을 느끼는 능력'이라 할 수 있다.

사람이니 상처를 받을 수 있다. 그러나 있는 그대로 객관적으로 상황을 받아들이고, 힘들고 고통스러워도 에고와 자기집착을 내려놓고 문제와 상대로부터 거리를 두고 바라보려 노력하는 태도, 이를 위해 마음의 근육, 나아가 무의식의 근육을 키우는 것도 필요하다. (때문에 개인의 구원과 구도 차원에 그치는 영성은 공허하다. 지성, 감성, 영성이 통합되는 사회적 영성이 필요하다.)

이런 나의 생각에 가장 큰 영감을 주었던 사람은 미국의 사회운동가, 작가이자 교사, 활동가인 파커 파머다.

파머는 영혼이라는 것을 개인적인 평안이나 초월적인 거룩함에 가두지 않는다. 그가 말하는 영성은 환상을 뚫고 삶과 사물의 본질을 포착하는 직관이다. 투명한 리얼리티에 이르고 생명을 북돋아주는 힘이다. 따라서 사회적인 비판의식과 정치적인 지평에 접맥되지 않을 수 없다. (…) 우리 안에서 벌어지는 내면의 드라마를 직시하고 자신이 정말로 무엇을 원하는지를 진중하게 탐색하기 시작하면, 악순환을 일으키는 모순과 갈등을 풀어낼 실마리가 보인다. 그때 고통은 대립과 파괴가 아닌 연민과 창조의 계기로 작동할 수 있다. 그것은 사람들이 안전하게 연결되는 사회적 유대, 깊은 신뢰로 맺어지는 공동체를 요구한다. 파머는 공동체를 가리켜, 치유와 정치가 만나는 곳이라고 했다.[31]

치유와 정치가 만나는 자리

즉 치유와 정치가 만날 수 있는 지점에 '공동체'가 있고 그 바탕에 '사회적 영성'이 있다. 영성은 종교의 전용어가 아니다. 개인의 치유에 국한하는 것도 아니다. 정치, 사회, 문화, 예술의 민주주의와 나의 삶이 어떻게 만나야 하는가, 생태적 삶을 위해 무엇이 변해야 하는가를 생각할 때 함께 해야 할 개념이다. 그래서 이 '사회적 영성'은 자기분열

---

31 파커 파머, 『모든 것의 가장자리에서』, 김찬호 · 정하린 옮김, 글항아리, 2018, 263쪽 (김찬호의 후기).

감이 없는 인생을 추구하는 자세라고 말할 수 있다.

더이상 분열된 삶을 살지 않겠다는 것이 운동의 출발점이 된다. 학교, 직장, 사회에서 분열되지 않은 삶을 살겠다는 것은 우리 삶에서 새로운 중심을 찾겠다는 것이다. (…) 진정한 운동의 위력은 정체성과 성실성이 결핍된 '적들'을 비난하는 데서 나오는 것이 아니라, 개인이 자신의 정체성과 성실성을 파악하고 주장하는 그 순간에 나온다. (…) 1955년 앨라배마 주 몽고메리 시에 살던 로자 파크스. 그녀는 제도권의 인종차별주의가 요구하는 것에 굴복해 사는 것을 참지 않기로 한 것이다. (…) 이때 사람들은 그녀의 고독한 결정과 불안, 회의를 망각하기 쉽다. (…) 그녀가 내린 결정은 그녀의 마음속 깊은 곳에 뿌리내리고 있었고, 그 깊고 성실한 내면은 그녀에게 그렇게 행동하라고 강력히 권유한 것이다.[32]

사회의 변화를 위한 진정한 힘은 반대편을 비난하는 데서 오는 게 아니다. "이렇게 사는 건 참을 수 없어. 변화를 위해 내 목소리를 내겠어. 참여하겠어" 하는 내면의 힘에서 나오는 것이다. 미국 흑인 페미니스트 운동가 벨 훅스 역시 사회적 영성을 강조한다.

영성이란 우리의 정신과 육체, 영혼이 하나로 합쳐진 것, 즉 가장 깊은 차원에서의 인간의 본질을 말한다. 자기 안의 영성을 받아들

---

32   파커 파머, 『가르칠 수 있는 용기』, 이종인 · 이은정 옮김, 한문화, 2013, 278~281쪽.

이기 위해 종교인이 될 필요는 없다. 영성은 모든 생명에 반드시 존재하는 하나의 힘 혹은 에너지이기 때문이다. 이것은 생명을 가진 것들에게 자기를 온전히 실현하고 자신을 둘러싼 세계와 교류할 수 있는 힘을 준다.[33]

이것이 내가 추구하는 영성, 사회적 영성이다. 이렇듯 '진짜 자신의 말과 행동을 하는 힘', '세계와 온전히 교류하며 자아를 실현하는 힘', '나와 타자를 사랑하는 힘'이 바탕이 될 때 우리는 돈과 권력에 휘둘리지 않는 시민, 지치지 않고 저항하는 시민, 연대하고 관용하는 시민, 자신이 원하는 삶의 진짜 주인으로 살아갈 수 있지 않을까. 특히 코로나가 일상을 장악한 세상에서 사회적 영성의 힘은 더욱 필요하다. 고통과 분노를 웃음과 유머로 전환할 수 있는 힘도 여기서 나오기 때문에.

---

33 벨 훅스, 『올 어바웃 러브』, 이영기 옮김, 책읽는수요일, 2012, 45쪽.

공간이 교육하고
장소가 운동한다

시민교육을 해오면서 점점 더 크게 깨달은 것이 있다. '기획자가 프로그램 잘 만들고 시민모임을 독려하는 것만으로는 부족하구나. 변화와 성장을 만들어내는 중요한 건 공간과 장소구나. 그것을 만드는 건 사람의 힘이구나.' 이것은 어쩌면 너무 당연한 이야기인데 왜 새삼 중요하게 다가왔을까?

장면 1 ——

노르웨이 북부 해안 도시 베르겐의 여행자센터를 방문했을 때 일이다. 스칸디나비아 반도 최대의 항구였던 베르겐. 노르웨이에서 오슬로 다음으로 큰 도시답게 여행자센터의 공간은 꽤 넓었다. 과거 거대한 선박 제조 공장을 개조해 만든 듯했다. 그런데 여기서 나의 눈을 사로잡은 것이 있다. 노동자들의 희로애락을 담은 대형 벽화. 공장에서 노동을 하고, 파업시위를 하고, 동료들과 공부하고 토론하고, 가족들과 즐겁게 노는 모습이 담겨 있었다. 이 나라 사람들에게 '노동'과 '노동자'는 어떤 존재인지 이 벽화가 말해주고 있었다. 사람들이 일상적으로 들고나는 공적 공간의 중심에 이런 그림을 상설 전시할 수 있는 사회적 통합의 수준과 안목이 부러웠다. 시민교육이 꼭 강의실에서만 이뤄지는 게 아님을 확인했던 기억이다.

장면 2 ——

제주도 삼달다방. 2020년 봄, 제주도 여행을 할 때 가수 솔가가 공연을 한다 해서 아무 정보 없이 방문했던 곳이다. 처음엔 막연히 제주도의 수많은 카페 중 하나이려니 생각했다. 그런데 공간을 둘러보고 깊은 숨이 나왔다. 마음대로 책을 꺼내들고 멀리 제주의 바다, 돌담, 밭을 바라보며 쉴 수 있는 테라스. 콘서트, 영화제, 북토크가 열리고 인권행사를 열 수 있는 넓은 홀도 좋았다. 그런데 더욱 감동한 것은 옆 건물 게스트하우스였다.

방 하나하나에 의미 있는 물건들이 놓여 있었다. 탈성매매 운동을 하다 세상을 떠난 여성운동가의 흔적을 느낄 수 있는 방, 인권현장을 사진으로 기록했던 활동가를 기억하는 방. 언론을 통해 막연히 알고 있던 그들의 삶이 '물성'이 되어 나에게 다가왔다. 남녀노소, 장애 비장애 구별 없이 그냥 사람과 사람으로 만나 쉬고 충전할 수 있는 공간이 그곳에 있었다.

여행자들은 평소 만날 수 없었던 '사람'과 '공간'을 만난다. 제주도의 아름다운 자연을 느끼며 장애인, 비장애인, 사회운동가, 청년, 여성이 함께 밥을 해 먹는다. 노래를 부르고 속 깊은 얘기를 나누며 친구가 된다. 삼달다방은 서로가 서로에게 배울 수 있는 시민교육, 인권교육의 장소다.

장면 3 ──

성공회대학교 노동대학은 내가 기획을 시작했던 2000년부터 2022년 현재까지 이어지고 있다. 학기마다 60~80명의 노동운동가, 시민사회활동가는 물론 여성 청년 등이 참여한다. 처음에 나는 좋은 교육내용과 훌륭한 강사진이 노동대학의 가장 중요한 힘이라고 생각했다. 그런데 시간이 갈수록 이것이 그 힘의 전부가 아님을 깨달았다.

노동대학 학생들은 매주 공부하러 갈 대학이 있어서 참 좋다고 했다. 운동장 벤치에서 잠시 숨 돌리며 나무와 하늘을 함께 바라볼 수 있고 다른 노동조합 친구들을 만난다는 것도 큰 즐거움이었다. 강의실에서 현실의 과제를 큰 시야로 바라보는 공부를 하고, 생맥주 집에서 못다한 토론을 하고, 봄 가을 체육대회에서 친구들, 가족들과 함께 몸도 풀며 찌개를 끓이고 파전을 부치고. 이렇게 무르익었던 노동대학은 응원과 위로, 재충전의 공간이었다.

노동대학이 이렇듯 22년 동안 의미 있는 교육의 '장소'를 확보할 수 있었던 건 무엇 때문일까? 시작은 신영복, 김동춘, 박경태 등 성공회대학교의 교수들이 사회교육원의 기틀을 만들고 노동대학의 안정적인 강의 공간을 확보해낸 덕분이었다. 여기에 노동대학 학생들과 동문회, 노동대학장, 실무자들이 힘을 합해 지난 22년 동안 성공회대학교 노동대학을 키워왔다. 이제는 이곳을 벤치마킹해 다른 지역에서도 노동대학을 시도하고 있다. 코로나 위기는 새로운 확장의 기회가 되었다.

온라인 화상수업 덕분에 이전보다 더 많은 시민, 노동자들이 참여하고 있다고 한다.

그러나 안타까운 것이 있다. 2021년 기준 대한민국의 대학교는 전문대 포함 무려 336개. 그중에서 노동자교육에 안정적으로 강의실을 내주며 지원하는 대학이 단 한 개라니. 생각해볼 일이다.

장면 4 ──

참여연대 아카데미느티나무는 1년 열두 달 언제나 시민교육 프로그램이 진행된다. 봄, 가을 학기 중심이지만 여름, 겨울에도 특강과 워크숍을 한다. 2009년부터 지금까지 시민들이 함께 했던 시간이 쌓이고 그 가치와 방향이 공유되면서 믿을 만한 교육 공간으로 인정받고 있다. 그러나 아쉬운 점이 있다. 참여연대는 권력 감시운동을 중심사업으로 하는 시민단체다. 상근활동가들의 업무와 회의를 위한 공간 배치가 중요하다. 시민들의 모임과 프로그램은 주로 저녁 시간에 이뤄지기 때문에 지하와 2층 강의실이 그 시간에만 시민들에게 열린다.

이런 공간구조는 상근자들이 주로 프로그램을 기획하고 홍보와 모집을 해서 운영하는 방식을 고수할 때는 별문제가 아닐 수 있다. 그러나 점차 시민들의 욕구가 변하고 있다. 시민들이 스스로 기획하고 사람들을 연결하려는 욕구가 강해지고 있다. 이것은 시대의 흐름이고 발전이다. 그러면 공간과 장소가 그 흐름을 뒷받침해야 한다.

이러한 문제를 해결하기 위해 현재의 참여연대 아카데미느티나무 기획자들은 변화를 시도하고 있다. 일정 요건을 갖춘 소모임과 회원들이 독서모임, 춤모임, 그림모임 등 참여자 기획프로그램을 만들어 자유롭게 공간을 이용할 수 있도록 시스템을 만들어가고 있다. 의미 있는 변화다.

장면 5 ──

지리산 자락 실상사. 1998년 실상사 주지였던 도법스님은 실상사 소유의 땅 1만 평을 내놓고 귀농학교를 설립했다. 실상사 귀농학교에서는 농사실습 외에도 마을에서 살아가기, 흙집 짓기, 천연염색 등 자립과 공동체적 삶에 필요한 교육이 이루어졌다. 그리고 25년 동안 실상사농장, 실상사작은학교, 산내들어린이집, 한생명 느티나무매장, 목금토공방 등으로 성장해왔다.

이러한 실상사의 활동은 우리 사회의 환경운동, 평화운동 등 다양한 흐름과 만나면서 '생명평화운동'이라는 새로운 이름으로 확장되었다. 이 역시 지리산공부모임 등 지리산을 살리기 위한 많은 활동들을 할 수 있도록 실상사라는 공간을 내놓고 함께 했기 때문이다.

내가 본 2022년 실상사의 석가탄신일 풍경도 감동적이다. 절 마당에서는 마을농악대가 한바탕 놀이판을 벌인다. 실상사작은학교를 졸업한 콘트라베이스 뮤지션이 재즈연주회를 하고, 마을극단은 동물과 함께 공존하는 삶을 위한 연극을 한다.

6월 25일에는 지리산종교연대가 주관하는 생명평화한마당이 열렸다. 한반도와 세계 평화를 위해 "지리산 어머니의 마음으로" 수십 명이 손을 맞잡고 평화의 둥근 춤을 춘다. 시민밴드들이 노래공연을 하고 지리산 공동체의 새로운 백년을 위한 토론회를 한다.

한국사회에 그 많은 절과 교회, 성당들 중 100분의 1이라도 실상사와 같은 실험과 도전을 한다면, 우리 사회에 많은 변화가 있지 않을까?

"대단한 일을 하셨어요"라고 말하는 내게 도법스님은 말한다.

"난 뭐 한 거 없어. 공간을 내놓고 여기서 같이 실행해보자, 같이 밥 먹자 한 게 전부야."

공간이 여기 있으니, 같이 해보자. 이것만큼 중요한 게 있을까?

가치와 방향을 공유하면서 자유롭게 친숙하게 만날 수 있는 자신의 공간이 있으면, 시민들은 자발적으로 이걸 해볼까 저걸 해볼까 상상해본다. 막 던지듯 아이디어를 나누고, 꽂히는 게 있으면 궁리하며 작은 시도를 해볼 수 있다. 누군가 손을 들면 그 손을 맞잡아 힘을 모을 수도 있다. 같은 장소에서 혼자만의 시간을 원한다면 그것도 가능하다. 때로는 지지하고 치유해주고 때로는 행동할 수 있는 공간. 우리 삶을 연결해주는 친숙한 장소. 한마디로 '비빌 언덕'. 우리 주변에서 공간이 교육하고 장소가 운동하는 진지를 다양하게 만나보고 싶다.

이제 시민교육기획자는 프로그램만이 아니라 이런 것이 가능한 시민의 공간을 더 치열하게 고민해야 하지 않을까? 누에가 고치를 뽑아 뭔가를 만들어낼 수 있도록 뜸을 들이고 숙성을 시킬 수 있는, 시민들의 공간과 장소에 대한 상상력이 필요하다. 리베카 솔닛은 『멀고도 가까운』에서 말한다. "장소가 사람보다 더 믿을 만하고, 가끔은 사람보다 더 오래 관계가 유지되기도 한다."[34]

---

34 리베카 솔닛, 『멀고도 가까운』, 김현우 옮김, 반비, 2016, 54쪽.

자신을 지탱해줄 장소를 찾는 것이 중요하다는 것이다. 그 장소가 누구는 자연이고, 누구는 고향집이고, 누구는 동네책방이나 카페일 수 있다. 나는 바란다. 사람들이 지치고 재충전이 필요할 때 가까운 배움의 공간을 찾아가기를. 이런 공간을 함께 가꾸어가기를.

4부

느슨한 만남이
나의 세계를 확장할 때

일상이 정치다

'근황토크'와 '내돈내산', 독서서클

"'와인'이 무슨 뜻인가요?"

지난주 '와인 독서서클'에 새로 합류한 청년이 모임이 끝나고 단톡방에서 물어왔다. 와인. 그 뜻을 독서서클 홍보 페이지는 이렇게 소개하고 있다.

"와·인은 사람 냄새 나는 사람들의 모임이라는 뜻. '와! 사람(人)' 또는 '와라, 사람(人)'으로 읽을 수도 있고, 누워 있는(臥) 사람(人)을 뜻할 정도로 편안한 모임이라는 의미도 있습니다. 코로나 이전에는 '독서모임에 와인이 함께 하기에' 붙인 이름이기도 합니다.

독서서클 '와인'은 참여연대 아카데미느티나무 참여자들이 자발적으로 만든, 책을 사랑하는 사람들의 소모임입니다. 강사 없이 참여자들이 발제하고 토론을 합니다."

2022년 현재까지 5년차에 접어든 와인. 첫 출발은 페미니즘 공부에서 비롯됐다. 2018년 9월, 참여연대 아카데미느티나무는 이나영 중앙대학교 교수를 초대해 페미니즘과 민주주의에 대한 두 번의 특강을 기획했다. 30여 명이 강의를 들으며 "민주주의와 페미니즘이 역사 속에서 어떤 관계를 맺으며 발전해왔는지", "이른바 영 페미, 넷 페미 이들은 누구인지, 무엇을 주장하고 있는지, 과거의 여성운동 세대와 무엇이 다른지"에 대해 생각해보는 시간이었다. 강의를 들으니 페미니즘에 대해 더 깊이 공부하고 싶었다. 이때 나는 새로운 독서서클을 위해 시동을 걸었다. 강의를 듣고 함께 눈높이를 맞춰 동기부여된 사람들이 있으니 멤버들을 찾기에도 좋지 않은가.

스스로 책을 읽으며 생각하고, 사람들과 대화하며 독서를 확장하는 것은 강사의 강의를 듣는 것보다 더 적극적인 공부방법이다. 이미 참여연대 아카데미엔 전문 강사의 독서 강좌와 진행리더가 안내하는 북클럽이 있었다. 이런 방식은 안정성이 있다. 책의 주요 논점을 짚어주고 시야를 넓히는 데 도움을 준다. 하지만 실무자의 일정한 노동이 필요하기 때문에 자유롭게 확대하는 데 한계가 있다. 이런 이유로 기획, 홍보, 모집, 발제, 토론 진행을 모두 시민 참여자들이 담당하는 독서모임 시스템이 필요하다고 생각하고 있었다. 이것을 어떤 계기로 어떻게 시작할까. 페미니즘 2회차 강의가 끝나는 날 나는 독서모임 신청자를 모집하는 쪽지를 돌렸다. 페미니즘을 공부하자고.

새로운 독서모임, 어떻게 시작할까

그때 나는 함께 할 두 사람을 찾아둔 상태였다. 새로 합류하는 사람이 없으면 우리 세 사람만 해도 된다고 생각하니 제안하는 마음이 가벼웠다. 공부할 마음에 불이 붙었을 때 곧바로 시작하자. 기획안을 썼다. "지금 한국사회를 강타하고 있는 페미니즘. 페미니즘은 인간해방운동입니다. 젠더의식은 세계에 대한 의식입니다."

다행히 몇 사람이 더 손을 들었다. 이렇게 해서 2018년 가을에 독서서클을 시작했다. 서클 이름은 나중에 정하자는 의미에서 '땡땡'. 이 독서모임은 2020년 봄까지 페미니즘 관련 책만 10여 권을 읽었다.

벨 훅스『올 아바웃 러브』, 에바 일루즈『사랑은 왜 아픈가』, 캐럴 길리건『담대한 목소리』, 오드리 로드『시스터 아웃사이더』, 한병철『에로스의 종말』, 거다 러너『역사 속의 페미니스트』, 스테퍼니 스탈『빨래하는 페미니즘』, 한채윤『섹스북』, 애너벨 크랩『아내 가뭄』, 리베카 솔닛『이것은 이름들의 전쟁이다』등.

이 책들을 읽으며 새삼 깨달은 게 있다. 페미니즘에 대해 내가 오만했구나. 나는 스스로 페미니즘을 꽤 공부한 사람이라고 생각했었다. 그러나 내가 모르는 사이에 새로운 페미니즘 책들이 많이 출판되어 있었다. 페미니즘 안에서 다양한 사유와 고민들이 피어나고 있었다. 모든 것이 그렇듯이 언제나 깨어 있으려면 늘 인식의 틀을 확장해야 한다. 그러기 위해서는 함께 공부하고 대화하며 그 이야기 속에 자신을 비춰봐야 한다.

2020년 가을에는 독서 주제를 확장했다. 늘 읽어야지 하고 생각했으나 미루게 되는 이른바 '벽돌책' 함께 읽기.『사피엔스』와『총, 균, 쇠』를 꼼꼼히 읽었다. 페미니즘 공부를 인류의 문명사로 연결한 것이다. 2021년 봄엔 '여성 현자의 이야기'로 분야를 넓혔다. 마리아 포포

바의 『진리의 발견』과 카렌 암스트롱의 『축의 시대』 등.

그해 가을엔 길어지는 코로나 상황에 맞춰 '몸과 질병'을 주제로 책을 읽었다. 질병을 갖고 태어난 철학자의 아픔에 대한 시선을 성찰하고, 과학기술의 발전이 아픔과 몸을 반영하고 있는가에 대해 이야기해 보았다. 알렉상드르 졸리앙의 『인간이라는 직업』, 김승섭의 『아픔이 길이 되려면』, 김초엽과 김원영의 『사이보그가 되다』 등이 길잡이가 되었다.

'와인' 독서서클의 기획, 운영, 진행

2021년엔 '땡땡'으로 비워뒀던 모임 이름을 '와인'으로 확정했다. 모임 멤버는 2022년 현재 10명. 30대부터 60대까지 연령도 다양하다.

와인의 문은 열려 있다. 매년 봄 가을 새로 기획을 하고 홍보를 할 때마다 새로운 멤버가 들어온다. 독서모임이 고정된 멤버로 구성되지 않았다는 건 장단점이 있다. 책을 읽고 자신의 이야기를 할 때 새로운 사람, 잘 알지 못하는 사람 앞에서는 편치 않을 수 있다. 그러나 새로운 사람이 들어오면 분위기에도 변화가 있고 모임에 신선한 긴장감이 생긴다. 적당한 거리 두기가 활력을 주기도 한다. 장점을 살려 아쉬운 점을 보완하는 지혜. 독서모임에도 이런 태도가 필요하다.

읽을 책을 정하는 과정도 발전해왔다. 모임 초기에 페미니즘 책을 정할 때는 전문가의 추천을 받기도 했고, 참여자들 스스로 조사하고 의견을 모아 순서를 정했다. 페미니즘에서 주제를 확대한 지금도 그 시즌에 읽을 책의 주제를 의논해 결정한 다음, 관련 도서를 함께 조사하고 추천한다. 멤버 중에 먼저 읽은 사람이 있다면, 그 책이 왜 어떤 점에서 좋은지 이야기를 나눈다. 어떤 책은 "좋긴 하지만 굳이 독서모임에서 읽을 필요는 없다"는 의견이 있어 제외되기도 한다. 이렇게 해서 2022년 봄에는 〈과학책, 너도 읽을 수 있어〉 시리즈를 시작했다.

"지금까지 가보지 않은 곳을 여행하는 기분이랄까요. 낯선 영역에서 새로운 관점에 도전한다는 의미로, 능수능란하지 않아도 배우는 마음으로 광활하게 열려 있는 과학의 영역에 첫발을 내딛을까 합니다." 이렇게 우리의 관심세계는 조금씩 넓어지고 있다.

와인 독서모임은 운영과 진행도 모두 함께 한다. 멤버들이 의견을 모아 커리큘럼 순서를 정하면 모임 '짱'이 기획안을 써서 단톡방에 올린다. 그것을 함께 검토하고 수정해서 느티나무 게시판에 올린다. 모임 '짱'은 신청을 받고 회계를 관리한다. 날짜를 변경해야 하는 등 특별한 상황이 있을 때 그 논의를 '짱'이 주도한다.

참가비는 코로나 이전에는 회당 1만 원 총 4회 4만 원. 그 돈으로 김밥, 샌드위치를 준비했고 '와인'이 반드시 빠지지 않았다. 풍성한 저녁 식사가 가능했다. 그러다 코로나 때문에 온라인 화상모임을 하게 되니 돈 쓸 일이 없어졌다. 그래도 총 4회 3만 원 정도의 입회비는 받기로 했다. 어느 정도의 '돈'을 내야 성의 있게 참여한다고 생각했기 때문에.

매월 1회 독서모임을 시작하면 제일 먼저 '근황토크'를 한다. 한 달 동안 특별히 힘들었거나 아팠던 일, 기뻤던 일, 직장을 그만두거나 심지어 "애인이 생겼다"까지 총 20분을 넘기지 않고 얘기한다. 이렇듯 편안하고 친밀한 분위기로 시작하면 책 이야기가 머리에서 마음까지 더 풍성해지는 효과가 있다. 물론 서로의 얘기는 이 자리를 벗어나면 하지 않는다는 약속이 있다. 안전한 대화를 위해.

본격적인 책 이야기는 그날의 담당자가 진행과 발제를 겸한다. 발제 형식이나 진행 형식도 정해진 게 없다. 그날의 담당자에게 모든 것을 맡긴다. 진행자들마다 약간의 차이가 있어도 그것이 개성으로 발휘된다. 모두가 함께 참여하는 대화모임이기 때문에 그 차이가 크게 작용하지도 않는다. 다만 한 가지 변화가 있다면, 1년 전부터 '서클 짱'으로 활동하는 사람에게 한 기수에 10만 원의 사례를 하기로 한 것. 이것은 활동의 '대가'가 아니라 '고마움'을 선물로 표현하는 행위다.

마지막으로 장소. 코로나 이전에는 참여연대 강의실을 이용하거나 한 참여자의 작업실에서 만나기도 했다. 개인 공간이 주는 편안함이 이야기를 나누는 데도 좋은 작용을 했다. 그러다 코로나 때문에 만나지 못해 2년 가까이 온라인 모임을 했다. 처음엔 비대면 방식이 답답하기도 했지만 이젠 서로 적응한 분위기다. 오히려 시간 절약을 할 수 있어 좋다는 사람도 있다. 나 역시 멀리 산골에 있어도 함께 할 수 있었다.

독서서클, 무엇이 좋았나요?

이제 가장 중요한 이야기를 해보자. 와인 독서서클을 통해 참여자들은 어떤 경험을 했을까.

"직장일이 바빠서 책 한 권을 깊게 보지 못했어요. 어쩌다 책을 봐도 돌아서면 기억이 안 나구요. 그런데 이 독서서클에서는 혼자 책 읽을 때보다 훨씬 깊게 읽는 것 같아요. 책 읽을 때 나는 놓쳤던 대목인데 다른 사람이 중요한 의미로 해석해서 얘기하는 걸 들으면 흥미롭기도 하고 더 오래 기억하게 돼요." (30대 여성)

"혼자서는 절대 선택하지 않았을 두껍고 어려운 책, 예컨대 『축의 시대』, 『진리의 발견』, 『총, 균, 쇠』 같은 책을 끝까지 다 읽어낸 것도 와인 덕분이죠. 책 읽을 때 어려워서 진도가 안 나가도 별로 걱정 안 해요. 모임 할 때 얘기하면 풀리니까요." (40대 여성)

"어떤 책도 두렵지 않게 됐어요. 50세 넘어 난독증 때문에 애를 먹었는데, 한 달에 한 권 책을 읽으면서 확실하게 치유되었어요. 와인은 나에게 고맙고 든든한 모임이에요. 이번에 읽는 과학책도 친구들과 함께라면 읽을 수 있을 것 같아요." (50대 여성)

"이 독서모임은 책을 단지 책 얘기로 접근하지 않아요. 책의 내용을 자신의 삶에 비추어 얘기하죠. 그러다 보니 나도 책을 내 삶과 연결해서 읽게 되었어요." (40대 여성)

"같은 또래, 비슷한 성향의 남자들이 모이는 독서모임을 하고 있었어요. 그러다 보니 그 나물에 그 밥이랄까. 좀 다른 시선, 다양한 배경을 가진 사람들을 만나기 위해 와인에 합류했는데 그 기대가 충족되어 참 좋아요." (60대 남성)

"전에는 나보다 나이 많은 사람들과 얘기할 기회가 없었어요. 이 모임에서는 윗세대들의 삶의 지혜 같은 것도 배우게 되어 좋았어요. 남자친구와 연애할 때도 도움이 되었답니다." (40대 여성)

10년 전과 비교하면 독서모임의 형식과 방법은 정말 다양해졌다. 좋은 변화다. 굳이 무엇이 가장 좋다 말할 필요도 없다. 각자의 조건과 목표에 맞게 하고 싶은 독서모임을 마음 가볍게 제안하고, 모였다 흩어졌다 역시 자유롭게 선택하는 게 가장 좋다. 독서모임마다 구성원과 목표에 따라 100이면 100 운영방식과 원칙도 다를 수 있다. 이 글을 쓰면서 친구들의 다른 독서모임 참여 경험은 어떤지 들어보았다.

"도서비와 참가비 등 1회 10만 원 정도 필요한 독서서클에 참여한 적이 있었어요. 그런 모임은 일종의 고급 사교클럽 같았죠. 책을 매개로 인맥과 계급을 형성하는 느낌이랄까요."

"요즘엔 도서관에서 시민들의 책 읽기를 적극적으로 독려하고 있어요. 나도 도서관 독서모임에 여러 번 참여했어요. 도서관 사서들은 장소관리만 하고 기획과 운영은 참여자들이 해요. 남성들이 많고 연령대가 높은 편인데, 책 좋아하는 사람들의 독특한 문화는 비슷한 것 같아요."

"와인은 '근황토크'를 하고 확실하게 '내돈내산' 하잖아요? 반면에 도서관 독서모임은 거의 무료예요. '한 도서관 한 책 읽기'도 있어요. 책 살 돈을 지원하기도 하고요. 도서관이 연합 독서토론을 주최해 다른 독서모임 사람들을 만날 기회를 마련하기도 하죠."

도서관 외에도 독서모임을 지원하는 곳이 많다. 책읽는사회문화재단의 독서동아리지원센터는 네트워크 활동에 관심 있는 독서동아리에게 컨설팅은 물론 소정의 금액을 지원한다. 작가와의 만남도 주선해

준다.

내가 1년 동안 머물고 있는 지리산 산내마을의 온라인 커뮤니티에 최근 1주일 사이 재미있는 독서모임 소식이 두 개나 올라왔다. 동네 한의원에서 하는 책 읽기 모임 '공부하는 산골 댕댕이들—무지개 인문학'. 월 1회 페미니즘, 생태주의, 반자본, 인권을 주제로 책을 읽고 대화하는 모임이다.

또 누군가는 윤독모임을 제안했다. 주제 도서는 『향모를 땋으며』. "묵독으로 읽으면 지나쳐버리는 구절도 함께 모여 소리 내 읽으면 눈으로 보고 귀로 들으며 입으로 발음하기에 더 깊숙하게 다가와요." 나도 마침 이 책을 읽기 시작했는데 같은 관심을 가진 사람들이 있다니 반가웠다.

건강을 위해 산책을 하고 헬스나 요가를 할 때도 함께 하는 사람이 있으면 탄력이 붙듯이, 책 읽기 모임은 마음의 근육과 정신의 건강에 맑은 물을 부어준다. 일상의 고단함을 이겨내는 데 힘이 된다. 각자 자신의 조건에 맞게 독서모임의 새로운 형식과 시스템을 만들어보자. 독서모임을 시작하고 싶은데 망설이는 분이 있다면 가볍게 한번 시도해보길 권한다. 인연이 닿는 기획자와 의논도 하면서. 그러면 또 새로운 문이 열린다. 시작이 반, 아니 그 이상이다.

시민소모임의
생로병사를 대하는 자세

시민교육, 평생교육에서 소모임의 중요성이 더욱 부각되고 있다. 책 읽기, 글쓰기, 각종 공부와 취미모임까지. 왜 그럴까? 이제는 시민들이 강의를 '듣는' 것에 만족하는 시대가 아니다. 표현의 욕구, 관계 맺기의 욕구가 강해지고 있다. 그 욕구는 소모임 활동을 통해 충족될 수 있다. 강의를 듣는 것보다 훨씬 더 적극적인 배움의 방식이니까. 이것은 시민의 힘, 시민력을 키우는 일과도 연결된다.

시민교육단체는 인력과 장소가 한정되어 있다. 실무자가 기획하고 운영하는 강좌는 점점 다양해지고 세분화되는 시민들의 요구를 담아내는 데 한계가 있다. 한편에서는 소모임 진행 역량을 갖춘 시민들이 있다. 이렇듯 관심과 열정이 있는 시민들이 스스로 만들어내는 배움의 에너지가 풍성할수록 개인과 사회의 힘은 성장한다.

사람들은 그저 좋아서 하는 소모임 활동을 통해 처음 만난 이들과 사회적 우정을 나눌 수 있다. 이것이 쌓이면 그 공간은 서로 배움의 생명력과 공동체성을 키워갈 수 있다. 그러나 자발적인 시민소모임이 중요하다고 해서 그것이 저절로 만들어지지는 않는다. 그러면 시민소모임의 성장단계에 맞게 기획자가 해야 하는 일은 무엇일까? 나의 경험을 중심으로 이야기해보자.

생 1단계―소모임, 씨앗에서 뿌리로

첫째로 중요한 것은 소모임의 씨앗이 뿌리를 내릴 때까지의 과정이다. 가장 기본적인 방법은 강좌나 워크숍이 끝난 후 참여자들이 흩어지지 않고 관심을 이어가는 것이다. 나는 강의와 워크숍에 참여하는 것은 물론이고 그 소모임이 안착해 뿌리를 내리는 데까지 직접 참여했다. 이것은 가장 강력하고 좋은 방법이다. (이에 대해서는 이 책의 시민예술, 독서서클 부분에서 언급한 바 있다.) 기획자로서 적지 않은 에너지를 들였지만 그 성장을 함께 하는 기쁨이 매우 컸다. 그러나 실무가 바쁜 교육기획자들에게 이것은 쉬운 방법이 아니다. 나아가 더 많은 소모임들이 생겨나려면 이런 방법은 한계가 있다.

그렇다면 기획자는 소모임의 시작을 위해 무엇을 해야 할까? 당연히 소모임을 해보고 싶은 사람들이 가벼운 마음으로 손들 수 있는 환경과 구조를 마련해두는 일이다. (사실 위의 두 가지 방식 모두 기획자 스스로 왜 내가 이것을 해야 하는가에 대한 정확한 목표가 없으면 이어나가기 어렵다. 상당한 에너지가 들기 때문이다. 함께 일하는 동료들에게도 설득과 공유가 필요한 부분이기도 하다.)

최근엔 소모임의 중요성에 대한 인식이 확산되면서 여러 시민교육 공간에서 참신한 시도를 하고 있다. 참여연대 아카데미느티나무의 경우, 지난 10년의 활동을 평가하면서 소모임 강화를 중요한 방향으로 설정했다. 그리고 2022년부터 '소모임/참가자기획프로그램'을 만들었다.

자유로운 개인들의 유쾌한 연결! 소모임을 신청하세요. 공부와 이야기, 다양한 액션을 함께 도모하고 싶은 분들을 모십니다.

나의 관심과 고민을 공유할 수 있는 자유로운 모임을 만들고 싶은데, 누구와 언제 어떻게 해야 할지 막막하신가요? 읽고 싶은 책이 있는데 혼자서는 자신이 없는 분, 요즘 핫하다는 대본 읽기 모임을 하고 싶은 분, 연극·춤·역사탐방 등 관심사를 함께 할 친구가 필요한 분, 내가 가진 재능을 다른 사람들과 함께 나누고 싶은 분들은 문을 두드려주세요.

모임 소개 글과 일정, 진행 방식과 참가비 등에 관한 정보를 메일로 보내주시면 협의하여 소모임마당에 게시하고 모임이 구성될 수 있도록 돕겠습니다.

정부지원으로 운영되는 50플러스재단과 지역 평생학습관도 그 목표에 맞는 동아리지원사업을 운영한다. 일정 기간 신청을 받고 심사를 해서 동아리 학습을 위한 강사비, 교재비, 실습비, 홍보비, 운영비 등을 지원한다. 노회찬정치학교는 수료생 세 명이 소모임을 구성하면 소정의 금액을 지원한다. (참여연대 아카데미느티나무는 그런 지원이 없다. 홍보와 장소 지원이 최대치다.)

하지만 소모임이 많다고 무조건 좋은 것은 아니다. 소모임 참여자들에게 그 교육공간이 어떤 가치와 문화를 추구하는지에 대한 공감대가 있어야 한다. 그것은 무언의 문화나 태도일 수도 있다. 따라서 강의나 워크숍에 참여한 사람들이 소모임을 만들어가는 것이 가장 좋다. (참여연대 아카데미느티나무에서는 최근 2년 내 아카데미 강좌 2개 이상 수강하면 소모임을 개설할 수 있다.)

생 2단계 – 뿌리 안착하기

시작이 절반이지만 소모임이 뿌리를 잘 내리려면 그 소모임이 목표로 하는 활동을 즐겁게 해나가야 한다. 이를 위해 기획자는 무엇을 해야 할까?

첫째, 가장 중요한 것은 소모임 안에서 그 목표에 맞게 민주적인 소통이 이뤄지도록 돕는 일이다. 나의 경우에는 기획자로서 강좌의 후속 모임을 시작한 다음, 그 모임의 구성원으로 참여해 필요한 역할을 했다. 때로는 회의의 소통을 돕고, 때로는 내부에서 그 역할을 잘할 수 있는 사람을 찾아내 지지해주었다.

둘째, 단계에 맞게 적절한 성장을 할 수 있도록 '옆에서' 정보를 주거나 활동 기회를 만들어서 돕는 일이다. 이때 절대로 '앞에' 나서면 안 된다. 나는 이것을 매우 주의했다. 자칫 소모임에 간섭하는 사람이 되면 안 되기 때문이다. 그 소모임의 출발부터 함께 했던 내가 이럴진대, 하물며 나중에 관계하게 되는 실무자라면 더욱 주의하는 게 좋다.

기획자는 제안을 할 뿐, 결정은 소모임 내부에서 하는 것이다. (얼핏 당연한 얘기지만 이를 놓치면 기획자로서 서운한 마음이 들 때가 있다.)

생 3단계 – 성장기

소모임이 성장해도 3년 이상 지속되기란 쉽지 않다. 그러면 오래 유지되는 소모임의 가장 큰 원동력은 무엇일까? 그것은 '함께 했을 때 혼자서는 결코 경험할 수 없는 기쁨과 즐거움'이다. 그것이 없다면 일상이 힘들고 바쁜 시민들이 왜 시간과 에너지를 들여 소모임을 하겠는가? 그 기쁨과 즐거움을 위해 시민들은 번거롭고 힘들어도 누군가의 소통노동이 필요하다는 걸 받아들이고, 필요한 일을 기꺼이 분담하며 참여한다. 이런 분위기가 정착되었을 때 그 소모임은 비로소 안정적인 성장기로 들어설 수 있다.

이것은 기계적으로 구조를 만든다고 되는 게 아니다. 소모임은 하나의 유기적인 생명체다. 각 모임이 자신에게 최적화된 방식을 만들어간다. 어떤 소모임은 회장과 진행팀이 있다. 정기 총회에서 1년 계획 등 중요한 사안을 결정한다. 반면에 단톡방에서 최소한의 소통을 하며 온라인에서만 모임이 유지되기도 한다. 때로는 회장 한 사람이 몇 년째 수고해주는 덕분에 근근이 활동을 이어가는 모임도 있다. 어떤 모임은 회장이 아예 없다. 그런데도 10년 가까이 잘 유지되고 있다.

역사답사모임 '굴렁쇠'의 사례를 보자. 이 모임은 역사교과서 왜곡과 국정교과서 추진 등 역사 이슈가 뜨겁던 이명박, 박근혜 정부 시절

〈역사교과서 읽기〉,〈한국 근현대사〉강좌의 강화도, 철원 등 역사답사에 참여하며 친밀해진 회원들이 2013년 자발적으로 만들었다. (기획자는 거의 노력한 것이 없다.) 전문가 도움 없이 회원들 스스로 장소를 정하고 월 1회 정기적으로 역사답사모임을 해왔다. 서울 명동성당 등 가까운 곳부터 제주4.3평화공원, 군산과 목포의 근대유적지, 부산 비석마을, 안동 독립운동가들의 고택, 제암리 학살현장 등 먼 곳까지. 여름과 겨울엔 박물관을 탐방한다.

"머리로 아는 것과 직접 현장에서 느끼는 것 사이에 생각보다 큰 차이가 있음을 통렬하게 깨달았어요. 제주4.3평화기념관에 가서 많은 무덤들과 시신도 못 찾은 이들의 명패 앞에 섰을 때, 우리가 풀지 못한 역사의 무게가 고스란히 어깨에 내려앉는 것을 느꼈습니다. 부산의 비석마을에서도 무덤 위에 집을 지어야 했던 피난민들의 삶이 너무도 생생하고 뼈아프게 다가왔죠. 관심사가 같은 친구들과 살아 있는 역사 공부를 하니 재미있어요." (굴렁쇠 회원 P)

이 모임은 남영동 대공분실, 봉제역사관, 용산기지 주변 지역워킹투어, 한국이민사박물관, 중남미문화원 등 나도 가보지 못한 곳들을 다녀왔다. 코로나 때문에 잠시 소강상태였지만, 2022년 다시 활동을 시작했다. 대단한 저력 아닌가?

그런데 기획자에게는 질문이 생긴다. 이렇게 스스로 성장한 소모임은 아카데미느티나무와 어떤 관계로 가는 게 좋은가? 출발을 느티나무에서 했으니 당연히 느티나무의 소모임인가? 그 모임 입장에서도 같은 질문을 할 수 있다. 우리 소모임이 신규 회원 유입이나 장소나 활동 홍보 등에서 도움을 받는 것도 아닌데 왜 느티나무의 소모임인가?

앞서 얘기했던 시민춤서클 '도시의 노마드'도 4년차에 접어들 무렵 어떤 기준으로 새로운 구성원을 받아들일 것인가에 대해 내부토론을 했다. 아카데미느티나무의 춤 워크숍 후속모임으로 시작했는데, 그 워크숍이 없어졌기 때문이다. 너무 세부적인 문제일까?

또 하나의 질문이 있다. 시민소모임이 성장할 때 구성원 간의 친밀성은 큰 힘이다. 그런데 그 구심력 때문에 새로운 성원이 들어가기 어려워질 수 있다. 일부러 문을 닫으려 한 건 아니다. 오히려 신입회원을 초대하기 위해 모임 소개 영상을 준비하거나 음식까지 마련했다. 환대의 노력을 한 것이다. 하지만 새로운 사람들이 거의 유입되지 않았다. 기존 성원들의 관계가 너무 견고해 보인 것일까? 한편 현재 인원만으로 충분히 잘되고 있는 소모임이라면 새로운 사람들에게 문 여는 것에 소극적일 수도 있다. 이때 기획자에게 가장 필요한 태도는 무엇일까? 그 문제를 어떻게 풀 것인가 하는 적극적인 마인드. 나아가 큰 그림을 보면서 연결, 소통, 상호작용의 기회를 만드는 일 아닐까? 이런 관점을 아카데미느티나무에 적용해서 방법을 생각해보자.

먼저 기획자가 소모임과 아카데미느티나무의 적절한 만남의 기회를 만드는 것은 어떨까? 예컨대 역사답사라면 1년에 1회 정도 역사답사모임과 느티나무가 공동주최하는 답사모임을 기획하는 것. 여기에 필요한 실무는 그 소모임과 분담하거나 기획자가 담당할 수 있다. 또는 관련 주제의 강좌를 기획할 때, 그 모임의 구성원 중 최소한 한 명이라도 함께 의논할 수 있는 구조를 만든다. 물론 이것은 그 모임에 제안하고 동의를 얻어야 할 문제지만, 한편으론 기획자가 그 모임 성원들과 의논하고 필요하면 설득도 할 수 있다.

둘째, 각 소모임이 그 활동의 테두리를 넘어설 수는 없을까? 독서모임, 시민예술 모임, 역사답사 모임 등이 어떤 활동을 하는지 서로 교류하는 장을 마련해보는 것이다. 예컨대 소모임들이 모여 축제를 계획해보면 어떨까? 독서모임은 자신들이 해당 기간에 읽었던 책에 대한 짧은 발표를 하고, 춤서클은 시민을 초대하는 춤파티를 열고, 시민연극단은 정기공연과 별도로 다른 시민들이 연극의 맛을 보는 낭독극 체험 행사를 기획할 수도 있다. 때로는 하나의 행사에 여러 소모임이 협력해서 참여할 수도 있다. 역사답사모임에 그림소모임이 함께 그림을 그리고, 시민연극단의 무대에 춤서클이 함께 공연할 수 있다.

셋째, 기존 소모임에 새롭게 참여해보고 싶은 시민들에게도 더 섬세한 안내가 필요하지 않을까? 기존 성원들의 친밀성은 소중하다. 그것이 없었다면 그 소모임이 존재할 수가 없다. 그러니 새롭게 그 모임에 합류하려는 사람이라면, 기존 구성원들의 친밀함을 바탕으로 자신이 접속할 수 있는 만큼 인연을 맺으면서 관계를 서서히 만들어가면 어떨까?

소모임이 쇠퇴하고 소멸해도 경험은 남는다

그런데 활기 넘쳤던 소모임도 동력이 떨어지는 때가 올 수 있다. 소모임의 활동력이 왕성해져서 새로운 단계의 발전이 필요한데 그에 맞는 변화를 이뤄내지 못하거나, 예기치 않은 상황이 일어났는데 그에 부응하기 위한 소통의 노동이 너무 무거울 때, 열심히 하는 사람만 하고 서로 지지하고 돕는 분위기가 약해질 때. 이때 기획자에게는 어떤 태도가 필요할까?

기획자가 지원해서 해결할 수 있는 부분이 있다면 그 소모임과 소통하며 돕는다. 이렇게 해서 위기를 극복하면 그 모임은 또 다른 수준으로 성장할 수 있다. 하지만 그 범위를 넘는 부분이라면 인정하고 받아들이자. 사랑했다가 헤어진다고 그 사랑이 아무것도 아닌 게 아니듯이, 시민들이 소모임에서 주고받았던 기쁨과 성취의 기억은 사라지지 않는다. 언제 어디서든 자신이 원하는 새로운 모임을 만들 때 그 힘이 작용한다. 중요한 것은 우리 사회 전체의 차원에서 시민력이라는 나무의 굵기가 커지고 단단해지고 그 그늘이 커지는 것 아닐까?

다시 한번 강조하고 싶다. 시민소모임을 위해 기획자가 할 일은 연결, 소통, 상호작용을 돕는 것이다. 이를 통해 우리 사회 전체의 시민력을 키우는 일이다. 단순히 그 소모임 하나를 관리하는 일이 아니다.

행동하는 시민을 위한
민주주의교육

나는 그동안 다양한 민주주의교육을 기획하고 실행해왔다. 성공회대학교 사회교육원에서는 '노동대학'과 '교사아카데미', 참여연대 아카데미느티나무에서는 '민주주의학교'에 가장 공을 들였다. 인문학교, 시민예술학교 등 모든 것이 민주주의교육이라 생각하지만, 더 직접적으로 민주주의와 관련된 분야를 민주주의학교로 범주화한 것이다.

2009년부터 10년 동안 참여연대 아카데미느티나무의 468개 강좌 중 민주주의와 직접 관련 있는 강좌만 163개(전체의 35%. 가장 비중이 크다. 특강을 포함하면 그 비율은 훨씬 더 올라간다.) 한국사회에 대한 분석, 한국경제와 불평등, 한국근현대사와 민주주의, 시민불복종의 정치철학, 사법개혁, 기후위기, 페미니즘 등 일일이 그 주제를 설명하기 어렵다. 그중에 대표적인 프로그램을 꼽아본다.[35]

| 사례 1 | **정책 요구를 시민교육으로**

– 나의 주거권리를 위해 당당하게 행동하자

시민들이 지금까지 어떤 집에서 살아왔는지 종이에 그려본다. 〈알쓸신집-알수록 쓸모있는 신기한 집 이야기〉 첫 번째 시간. 전세 원룸에 사는 것이 꿈인 20대 청년부터 서울에 집 한 채 갖기를 원하는 50대까지 집에 대한 다양한 욕구를 가진 사람들이 모였다.

참여연대 민생희망본부가 2018년에 기획한 이 강좌에서 참여자들은 주거권에 대해 새롭게 인식하고, 공공임대주택 확충과 민간임대시장의 공적 통제의 필요성에 대해 자각한다.

'집, 주거권인가? 재산권인가?' 이런 원론적 문제부터 '깡통전세를 피하는 방법', '임대계약서 작성부터 수리비용 청구방법'까지 배운다. 자신에게 맞는 공공임대주택 유형과 입주방법, 그리고 공공임대주택을 획기적으로 늘리는 방안을 알아본다. 대안적인 주거공간은 어떻게 가능한지도 생각해본다.

> "강의를 듣고 나니 조금 더 당당하게 행동할 수 있을 것 같아요. 세입자이지만 움츠릴 필요는 없으니까요." (참여자 K)

부동산 정책뿐 아니라 평화와 복지 등의 주제도 시민들의 삶과 어

---

35 아래 글 일부는 〈아카데미느티나무 10주년 기획-시민교육 현장의 소리 7: 권력감시와 시민참여를 위해, 민주주의학교〉, 《참여사회》 2019년 9월호, 40쪽. 필자의 글을 보완하여 실었다.

떻게 연결할 것인가. 이것이 중요하다. 이러한 경험을 통해 시민은 물론 담당부서 활동가와 강사도 배우고 성장한다.

| 사례 2 | 전문가주의를 깨자, 시민들의 권력감시
– 판결문 함께 읽기

2018년 늦가을 바람이 스산한 저녁 참여연대 2층 강의실. 15명 남짓한 사람들이 열심히 문서를 읽고 있다. 〈노회찬의 '삼성 떡값검사' 명단 공개에 대한 대법원 판결문〉. 이들은 로스쿨 학생도 법조인도 아니다. 법원은커녕 평생 법관 한 번 만나본 적이 없는 20대 학생, 30~40대 직장인, 50대 자영업자 등 평범한 시민들이다.

이날은 〈내 생애 첫 사법감시–판결문 함께 읽기〉 강좌의 네 번째 시간. 〈야간 집회 금지 위헌에 대한 헌재 결정문〉, 〈청와대 앞 100미터 행진 보장에 대한 법원 판결문〉, 〈낙태죄 위헌 소송에 대한 헌재 결정문〉 등 한국사회의 중요한 판결문을 주 1회 강독한다.

고개를 끄덕끄덕하게 만드는 판결도 있지만, 고개를 갸우뚱하게 만드는 판결도 있습니다. 대체복무제가 마련되었음에도 여전히 양심적 병역 거부자들에게 징역형을 선고한 판결처럼 어떤 판결은 시대의 흐름을 거꾸로 거슬러 올라갑니다. (…) 엘리트 법조인들만의 시각과 그들의 언어가 아닌, 시민의 시각과 언어로 판결문을 한 글자 한 글자 파헤쳐보며, 권위와 불통의 자세 뒤에 숨은 법원의 속내와 허점을 낱낱이 들여다보고자 합니다.

한국에서 판결문은 당사자나 법조인 아니면 구하기 어렵다. 제약이 많고 절차가 복잡하다. 이 시간, 시민들은 판결문을 어떻게 청구할 수 있는지에 대해서도 실습한다. 짧으면 10쪽, 길면 80쪽이 넘는 판결문. 강사가 주요 대목을 읽으며 그 논리적 맥락과 의미를 설명한다. 시민이 비판적 시각으로 판결문을 읽는 것은 사법감시의 시작이다.

> "일단 열심히 읽었다. 모르는 부분은 검색해보거나 이해 안 되는 논리엔 반박하는 메모를 달았다. (…) 판결문을 읽고 통탄하는 사람, 비판하는 사람, 질문하는 사람도 있었고, 이걸 다 정리해 글을 써내는 사람도 있었다." (참여자 Y)

좋은 판결은 시민이 만든다. 판결비평이 대중화되면 판사들에게도 좋은 영향을 미칠 수 있다. 판결문을 쉽게 쓰고 여론의 반응을 살핀다. 판결문 읽기는 사법권력의 성벽에 작은 균열을 내는 시민참여 교육이다.

| 사례 3 |　생활정치를 위해 무엇을 할 것인가
– '나'의 시민정치학교

정치가 바로 서지 않고 우리의 삶이 행복해질 수 없다. 정책요구나 권력 감시에 대한 교육을 시민들의 직접적 정치참여와 행동으로 연결할 수는 없을까? 시민들이 기존 정치를 바꾸기 위해 참여할 수 있는 것은 무엇인가. 이런 질문에서 출발한 것이 2013년에 기획한 '나'의 시민정치학교다. 박근혜 정부가 시작된 시점이었다.

시민이 주체로서 참여하고 결정하는 그런 민주주의를 만들 수는 없을까요. (…) 시민들이 지금 내 삶에 필요하고 절실한 것으로 정치를 한다는 것은 가능한지, 일상에서 지역에서 생활정치의 현실적인 가능성을 탐구해보고 우리는 무엇을 할 수 있는지 구체적인 길을 찾아봅니다.

이것은 활동가 교육이 아니었다. 정치참여에 적극적인 시민들을 위한 교육이었다. 우리 사회의 진보, 보수 갈등의 본질은 무엇인가, 정당정치와 사회운동은 어떤 변화가 필요한가, 생활정치가 전국단위와 지역단위에서 어떻게 가능한가, 생활의제는 어떻게 정책으로 반영되고 결정되는가, 정당들은 어떻게 지역조직을 가동하는가에 대한 강의. 그리고 어떤 참여와 실천을 할 것인지 워크숍을 결합한 봄 가을 총 10회, 7회의 과정이었다. 조별로 자신이 만들고 싶은 정당 이름을 지어보고, 자신이 사는 지역의 예산 감시방법을 알아보고, 미래의 시민정치에 대해 무엇을 원하는지 한두 단어로 표현하고 그림도 그려보았다. 뜨거운 시간이었다.

그러나 이 과정은 두 학기 시도한 다음 중단되었다. 기획자가 '시민정치' 키워드의 교육을 더 끌고 갈 힘이 부족했다. 시민의 정치참여와 행동을 교육이 끝난 후 일상에서 어떻게 연결해낼 수 있을지, 그 상을 잡아내기가 어려웠다. 이것은 교육 담당자만 고민한다고 해결할 수 있는 문제가 아니었다.

또 하나 아쉬움이 있었다. 정치 변화에 관심이 많은 시민이라도 매일 직장이나 일터에서 노동하며 살아야 한다. 구체적인 자신의 요구가 있지 않는 한, 시민정치와 생활정치에 대해 집중하기가 쉽지 않다. 그래서 기획한 것이 활동가와 행동하는 시민들을 위한 애드보커시학교다.

| 사례 4 | **소리를 내면 세상이 바뀐다**
- 애드보커시학교

단풍이 화려한 우이동 등산로 입구. 10여 명의 시민들이 '설악산 케이블카 반대', '선거법 개정' 등 다양한 피켓을 들고 서 있다. 이날은 애드보커시학교 2기 졸업엠티. 캠페인을 기획하고 직접행동을 경험하는 시간이다. 지나가는 등산객들과 대화도 나눈다. 진지하지만 무겁지 않다.

2014년 〈소리를 내면 세상이 바뀐다-애드보커시와 직접행동〉을 시작해 2022년 현재까지 내용을 보완하며 매년 진행해온 애드보커시학교. 애드보커시는 ad(더하다)+vocacy(목소리). 즉 자신의 목소리를 강하게 내는 활동을 의미한다. 여기서는 권리옹호와 권력감시의 이론과 실제, 사례와 기법을 익히고 나눈다. 완성된 교안을 학습하기보다 한국 사회 실정에 따라 강사와 참가자들이 함께 완성해간다. 의견이 다른 사람들을 설득하기 위한 글쓰기와 말하기도 실습한다.

성공한 캠페인과 실패한 캠페인의 사례를 분석해보고, 주목할 만한 운동을 이끌었던 활동가를 초대해 이야기를 듣는다. 어린이집 문제를 이슈화했던 '정치하는 엄마들'의 장하나 활동가(전 국회의원)가 자신의 사례를 이야기한다. 참여자들은 그의 기쁨과 고민을 들으며 영감을 받는다. 선거법 개정을 위한 직접행동 캠페인도 조별로 계획하고 실습한다. 활동가들이 자신의 운동을 객관화하며 고민을 나누기 위해 그간의

어른에게도 놀이터가 필요하다

활동과 고민을 발표하고 서로 피드백을 한다. 담임교사 이태호 참여연대 운영위원장에게 직접 1인 멘토링을 받기도 한다.

애드보커시학교는 이 분야의 현장에서 30여 년 활동했던 활동가가 8년 동안 지속적으로 내용을 보완하고 발전시켜왔다는 점에서 의미가 있다. 1년에 1회 이상 정기적·반복적인 개설로 그 정체성과 신뢰성을 얻은 중요한 사례다.

| 사례 5 | **시민행동력 프로젝트, 와하학교**
  – 시민의 일상에 민주주의를 초대하다

2017년에는 '좋은 시민 어떻게 살 것인가'를 주제로 자신의 의견을 표현하고 결정하는 시민, 참여하고 저항하는 시민의 행동력 프로젝트, 와하학교를 시작했다. 위의 2013년 '나'의 시민정치학교가 박근혜 정부하에서 '시민의 정치참여는 어떠해야 하는가'를 위한 기획이라면, why&how 와하학교는 성격이 조금 다르다.

2017년은 시민들의 촛불항쟁으로 정권이 교체돼 정치와 경제 등 민주주의에 대한 희망이 강렬했던 상황이었다. 그런데 이것만으로 충분할까? 시민이 자존감을 가지고 사회의 주인으로 살아가려면 경제와 문화 영역에서의 민주주의도 중요하다. 직장과 일터, 가정, 마을에서 부당한 결정에 문제를 제기하고 저항하고 해결해가는 힘, 갈등을 조정하는 힘이 필요하다. 이러한 시민의 힘, 시민력이 강해질 때 민주주의는 성숙한다. 민주주의를 '사회적·개인적 삶의 변화'로 연결하기 위해 함께 궁리하며 지지하고 격려하는 그런 배움의 관계와 형식은 무엇일까. 아카데미느티나무 실무진과 강사진은 1년 동안 수차례의 워크숍을 하면서 공들여 기획했다.

> why 왜 이럴까, how 어떻게 해볼까. 경쟁 서열 불안이 지배하는 현대사회에서 삶의 문제와 사회 문제를 혼자서 풀기는 매우 어렵습니다. 비슷한 고민을 갖고 있는 사람들이 모인, 환대와 지지가 있는 실천 커뮤니티 와하학교를 통해 '좋은 삶, 유쾌한 변화'를 만들어가기를 제안합니다. '아는 것을 넘어 행동하는 시민'이 되기 위해서는 무엇이 필요한지 머리를 맞대봅니다.

이렇게 시작한 와하학교는 시즌별로 주제를 달리했다. 2017년부터 2019년까지 봄, 가을 학기에 〈좋은 삶, 유쾌한 변화〉, 〈일상의 깨알진 행자 되기〉, 〈좋은 시민이 되기 위한 행동력 프로젝트〉 등 민주주의와 관련한 일상의 상황에 대처하는 방법을 찾아보았다. 직장, 가정, 마을에서는 물론이고 버스와 전철에서 마주하는 상황에 어떻게 대처할지 상황극 또는 스토리텔링을 해보았다. '자기의견 밝히기', '선택하기,' '요청하기', '수락하기,' '거절하기' 등 워크숍에서의 연습은 현실에서 작은 변화로 나타났다.

"같은 연립주택에 사는 거주자의 무례한 행동에 처음으로 항의해보았다. 후련했다." "갑질하는 상사에게 또박또박 문제를 제기했다." "세월호 리본을 달고 가는 젊은 여성을 위협하는 노인에게 큰 소리로 항의했다. 이전 같으면 못 본 척했을 텐데 뿌듯했다." 와하학교 참여자들의 이야기다.

나아가 유쾌한 변화를 만들기 위해 자신과 타인이 이미 가진 자원과 필요한 지원이 무엇인지 찾아내 함께 실천할 수 있는 일을 디자인해보았다. 저항, 참여, 연대, 그리고 이해와 관용으로 나아가기 위해 함께 궁리하고 꼼지락하며 작은 시도를 했다.

공감이 있는 소통, 지지가 있는 팀워크를 경험하기 위해 다른 문법으로 말해보거나 색다른 의사결정도 해보았다. 매 순간 참여자들의 다양한 생각과 목소리들이 서로에게 좋은 배움이 되었다. 그러나 와하학교는 2019년을 끝으로 더이상 이어지지 못했다. 참여자 모집이 어려웠고 내용 보강도 필요했다.

와하학교의 경험에서 무엇을 배워야 할까. 이런 종류의 시민행동 프로젝트는 가급적 구체적인 목표와 욕구를 가진 사람들이 참여해야 한다. 그 시즌의 주제와 키워드가 분명해야 과정이 끝난 후 참여자들 스스로 무엇을 할 것인지도 감이 잡힌다. 그런 점에서 와하학교의 다음과 같은 대상설정은 다소 모호하지 않았을까.

- ‘나’를 넘어 사회를 위해서 ‘뭐라도’ 해야겠다 생각하는 분
- 일상의 주인으로 살고 싶은데, 방법을 찾고 있는 분
- ‘이거 같이 해볼까?’ 제안할 만한 동료를 찾는 분
- 삶에서 ‘유쾌함’과 ‘자발성’을 중요하게 여기는 분

돌이켜 생각하면 주제와 목표가 더 분명해야 했다. ‘내가 살고 싶은 집’, ‘나의 아픔, 늙음과 의료정책’, ‘나의 일상과 과학정책’ 등 생활 주제로 강의, 워크숍, 책 읽기, 글쓰기, 현장 답사, 시민행동 등을 통합해

서 기획하고, 과정이 끝난 후 참여자들이 그 주제에 대해 소모임 등을 이어나갈 수 있도록 관련단체와 협력해 기획자가 지원을 했으면 어땠을까?

이렇듯 여러 시도를 했음에도 불구하고 대표적인 민주주의교육의 모델을 만들어 장기간 지속하지 못한 것은 후회로 남는다. 많은 고민을 하고 공을 들였는데 왜 그랬을까? 선택과 집중이 필요했을까? 쉽게 답을 내리지 못하겠다.

함께 해결하자, 네트워크와 시스템으로

그동안 기획할 때 제일 고민했던 점이 있다. 주택, 사회복지, 판결문 비평 등 민주주의교육 분야는 인문학이나 시민예술 분야에 비해 공부모임이나 활동모임으로 연결하기가 어려웠다. 시민들의 후속모임은 자발성이 핵심이다. 그런데 권력 감시와 정책 문제가 아무리 중요하다 해도 직장과 가정일로 바쁜 시민들에게 지속적인 자발성을 기대하기란 쉽지 않다. 그러나 점점 더 행동하는 시민의 힘이 중요해지는 세상이다. 그렇다면 무엇이 변해야 할까? 어떤 시스템을 디자인해야 할까?

또 다른 문제는 교육경험을 정리하고 교류하는 것이다. 민주주의를 주제로 했던 시민교육은 하나하나가 의미 있었다. 그러나 이것도 하고 저것도 했는데, 교육의 내용과 방식이 쌓여 발전하거나 다른 곳으로 확산된다는 느낌이 약했다. 이런 아쉬움은 어떻게 해결해야 할까? 요즘은 홈페이지를 검색하면 어디서 무슨 교육을 했는지 알 수 있어 다행이지만, 의미 있는 참고자료가 되기엔 충분하지 않다. 각각의 경험에서 좋은 자극을 받을 수 있는 시스템과 네트워크가 필요하다. 성공해서 지속되는 사례뿐 아니라 중단한 사례도 연구해야 한다. 강사, 참여자, 기획자가 함께 시민행동을 위한 참여형 교육 모델을 위해 반복 수정하면서 발전시켜야 한다. 이것은 한두 번의 실행, 1~2년의 연구로는 가능하지 않다. 이를 위한 장기 프로젝트가 절실하다.

당연히 개별 교육기획자의 힘만으로는 해결할 수 없는 과제다. 시민정치와 생활정치, 자신의 요구를 사회적 의제로 만드는 시민운동, 민주주의를 삶으로 초대하는 활동이 내 삶과 사회를 바꾸는 즐거운 놀이가 될 수 있도록 상상력을 발휘하자. 시민교육과 사회운동의 기획자들이 협력해서 이 숙제들을 함께 풀어보자.

민주시민교육은 OK,
정치교육은 NO?

언젠가부터 우리 사회에 '시민교육'보다 '민주시민교육'이라는 말이 더 자주 쓰이고 있다. '시민'은 민주주의의 주체라는 면에서 이것은 분명한 형용모순이다. 그럼에도 왜 우리나라에서는 굳이 '민주시민교육'이라는 말을 사용할까? 시민인데 민주적이지 않은 시민, 민주주의와 거리가 먼 시민교육이 있다는 건가? 언어는 역사·사회적 맥락을 갖는다. 아마도 한국사회 전체의 시민교육 지형에서 '민주주의'를 더 강조해야 하는 필요성이 있기 때문일 것이다. 이와 관련해 한 보고서의 글을 보자.

> 민주시민교육은 1990년대부터 시민사회를 중심으로 진행해왔던 시민교육으로, 민주사회의 지속적인 발전을 위한 지식과 가치, 태도 등 민주시민으로서의 기본적인 자질과 소양을 함양하고, 이것이 행동으로까지 이어질 수 있도록 하는 교육이다. (…) 민주시민교

육은 학교만이 아니라 사회 곳곳으로 확산하면서 '시민을 위한 정치교육'의 틀로 자리 잡고 있다.[36]

이 보고서가 말하듯 나 역시 '민주시민교육'은 '시민을 위한 정치교육'이라고 생각한다. 그런데 왜 한국에서는 '정치교육'이란 말은 사용하지 않고 '민주시민교육'이라는 말이 통용되고 있을까? 제일 큰 이유는 현재의 정당과 국회 등 정치권에 대한 신뢰도가 낮은 현실을 반영하는 것이 아닐까?[37] 정치가 사회의 갈등을 통합하기는커녕 증폭하는 상황에서 정치와 정치교육은 시민교육에서 회피언어가 되어버린 듯하다.

'정치교육'이라 하면 긴장하거나 외면하기 일쑤다. '나'의 시민정치학교라고 이름 붙였던 2013년의 기획은 예상보다 호응이 적어 고생했던 기억이 있다. 그러다 보니 프로그램 제목에 '정치'라는 말은 꼭 써야 할 때가 아니면 가급적 사용하지 않았다. 좀 다른 얘기지만 한국에서는 '정치'와 관련되었다 하면 장소 구하기도 어렵다. 많은 공공 공간의 사용규정에 '정치' 행사는 안 된다고 못 박고 있다. '정치교육'보다 '민주시민교육'이라는 말을 선호하는 데는 이런 분위기가 반영된 게 아닐까? 그러나 때로는 정면 돌파가 필요하다고 생각한다. 그런 점에서 2019년부터 시작한 노회찬재단의 노회찬정치학교, 2021년부터 시작한 지리산정치학교는 반가운 시도다. 현재 당면 문제를 정치로 해결

---

36 민주화운동기념사업회, 《민주시민교육프로그램 편람조사 연구》, 2021년 11월, 3쪽.
37 〈국민 76% "정당·국회 신뢰 안 한다"〉, 《경향신문》 2020년 4월 28일자.

하는 능력을 키우는 교육이 더 많아져야 한다고 생각한다.

'일상의 민주주의교육'과 '정치교육' 두 개의 날개가 필요하다 |

최근 또 하나의 흐름이 있다면, '생활 속 민주주의', '일상의 민주시민 교육' 등 '생활'과 '일상'을 강조하는 것이다. 서울시 생활속민주주의학습지원센터는 "시민들의 일상 속에서 사회적 시민성을 일깨우는 경험들을 지원했다." 민주화운동기념사업회는 그 비전으로 '역사에서 일상으로 민주주의를 확대하는 시민의 동반자'를 강조하고 있으며 전략과제 중 하나로 '생활 속 민주시민교육 활성화 기반 마련'을 꼽고 있다.

페미니즘, 장애인과 소수자, 주민자치와 마을 자치, 기후위기와 환경, 동물권, 직장내 괴롭힘 등 민주주의 이슈는 점점 다양해지고 있다. 민주주의와 정치의 영역은 정치주권뿐 아니라 경제주권, 문화주권, 환경주권으로 확대되고 있다. 시민들은 자신의 일터, 마을 각종 모임에서 민주적 운영을 위해 의사를 개진하고 참여해야 한다.

일상의 민주주의, 생활 속 민주시민교육 모두 민주주의를 확장해낸다는 점에서 분명히 의미가 있다. 나 역시 앞에서 언급했던 '나'의 시민정치학교와 와하학교를 같은 맥락에서 실행했다. 그런데 여기서 중요하게 말하고 싶은 한 가지가 있다. '생활 속 민주주의, 일상의 민주주의'를 강조한다 해도 이것은 정치적 저항, 정치행동과 균형을 이뤄야 한다. 많은 한계가 있음에도 불구하고 한국사회에 현재 수준의 민주주의를 만들어낸 것은 오랜 시간 수많은 시민들이 저항하고 참여해서 일궈낸 산물 아닌가?

내가 생각하는 '시민'은 '자신이 살고 있는 사회의 민주주의가 내 문제라고 여기는 사람'이다. 시민의 힘, 시민력은 무엇인가? 역사와 사회의 주인으로 살기 위해 비판적 지성과 사고, 갈등 조정과 대화 능력, 갈등과 차이를 조정하는 능력, 그리고 불의와 부당함에 '저항'하기 위해 참여하고 연대하는 힘, 사회적 의제와 사회정책으로 만들어내는 능력, 이를 위해 조직과 네트워크를 만드는 능력이 아닐까? 이를 위해 정치적 사안에 대해 공론의 장에서 토론을 조직하는 것은 시작이다. 나아가 시민단체와 정당에 가입하고 활동하는 것, 그 안에서 자기 세력의 목소리를 내기 위한 능력도 빠질 수 없다.

이런 연장선에서 시민교육기획자들은 정치적으로 민감한 이슈에 대해 진지한 정치공론의 장을 적극적으로 만들어야 한다. 물론 만만치 않은 일이다. 참여자들 안에서 갈등이 심하면 언쟁이 일어날 수도 있고, 진행자가 수습하기 어려운 상황이 벌어질 수도 있다. 그러나 이런 상황에 현명하게 대처하는 진행능력, 조정해내는 능력을 키우는 것도 중요하다. 정치공론의 방법을 찾아 다양한 상상력을 발휘하자. 일상의 민주주의교육과 정치교육, 두 개의 날개를 펼쳐보자.

시민이 직접
만드는 정치공론장

번쩍 정신이 들었다. 아침에 눈을 뜨자마자.

대선이 불과 20일도 안 남았을 때였다. 뭐라도 해야지. 이대로 있으면 안 되겠다. 마음이 복잡했다. 의문도 많았다. 기성언론, 독립언론, SNS를 보는 것만으로는 부족했다. 공론의 장에서 시민들이 직접 대화할 기회는 거의 없었다. 국민의 삶에 중요한 영향을 미치는 대통령 선거에 대해 시민교육기획자들이 이렇게 손을 놓고 있어도 될까? 중요한 건 '어느 정당, 어느 후보를 선택할 것인가'만이 아니다. 지금 한국 사회의 중요한 비전과 과제가 무엇인가, 그것을 어떻게 한 걸음 더 나아가게 할 것인가 아닐까?

이러한 고민을 아카데미느티나무 실무팀에게 전달하고 뭔가 했으면 좋겠다고 제안했다. 그러나 대선이 임박한 상황에서 어떤 초점, 어떤 형식의 기획을 해야 할지 열심히 탐색을 해도 결론을 내리기 어렵다고 했다. 그러면 어떻게 해야 할까? 고민이 쌓이고 쌓여 잠을 자다가 아이디어가 번쩍 떠올랐던 것이다. 시민들이 자발적으로 '대선에 대한 대화모임'을 성사시켜보자. 참여연대 아카데미느티나무 홈페이지에는 '참여자 기획프로그램'을 올릴 수 있는 구조가 마련되어 있지 않은가.

나를 포함해 제안자 다섯 명을 모아보기로 했다. 신청자가 없으면 우리만 해도 된다는 마음으로, 먼저 함께 할 사람들을 꼽아보았다. 시민연극단 배우 세 명, 그리고 느티나무 강사 J에게 취지를 설명했다. 같이 실무를 분담해 추진을 해보자고 제안했다.

"좋아요. 정말 필요해요." "시간을 내볼게요." 모두들 직장과 집에서 한참 바쁜 일정임에도 참여하겠다고 뜻을 모았다.

모임 형식은 강의가 아닌 대화모임. 우리는 대선을 둘러싼 우리 사회의 문제, 미래 방향에 관한 시야를 넓히기 위해 성공회대 김동춘 교수에게 '여는 말'을 부탁했다. 다음엔 단톡방에서 제목을 함께 정했다. 그리고 내가 기획 초안을 작성하고 제안자 중 한 사람인 L과 함께 수정했다.

> 이 모임은 2022 대선에서 촛불대항쟁의 정신을 이어가기 위해 뭐라도 해보자는 마음에 참여연대 아카데미느티나무 참여자 다섯 명이 긴급 제안해 만들었습니다. 이 자리는 누가 누구에게 구체적인 해법을 주는 자리가 아닙니다. 현재 고민되는 지점과 문제의식을 공론의 장에서 이야기하고 생각해보는 자리입니다.

신청은 이메일로 받았다. 요즘은 거의 구글 폼을 이용한다. 그에 비하면 매우 아날로그적인 방법이지만 뭐 어떤가? 신청 접수와 회계는 G, 당일 줌 연결 등 실무는 K, 홍보를 위해 느티나무 홈페이지 참여자 게시판에 기획을 올리는 것은 J. 그런데 홍보에 문제가 있었다. 참여연대 아카데미느티나무의 뉴스레터가 발송된 지 얼마 되지 않아 도움을 받을 수 없다는 것. 하지만 길이 없으면 찾는 법. 우리는 지인 홍보방법을 택했다.

각자 속해 있는 시민서클 단톡방에 올리고 회사친구, 지역모임 사람들에게도 개별적으로 연락했다. 불과 4일 만에 20명이 신청을 했다. 어떻게 알았는지 도쿄에 사는 일본 시민운동가도 신청을 했다.

2월 25일 저녁 8시 우리 다섯 명은 온라인으로 사전 준비모임을 했다. 당일 진행순서를 어떻게 할지, 진행자는 누가 맡으면 좋을지, 조별 모임을 어떻게 진행할지 등에 대해 의논했다.

"온라인 화상대화라는 조건에서 참여자들의 집중력을 유지할 수 있는 방법이 뭘까." "최대한 쌍방향 대화가 될 수 있는 방법이 뭘까." 이것이 고민의 포인트였다. 신청자들의 질문을 받기로 했다. 무엇이 답답하고 알고 싶은지 미리 생각하도록 한 것이다.

하나둘 질문이 도착했다. 현재의 정치현실에 대해 다양한 각도에서 고민하고 질문하는 내용이었다. 우리는 그 질문들로 기본 틀을 세우고, 부족한 부분은 친구나 지인들과 대화하면서 취재한 질문을 추가했다. 흐름에 맞게 질문의 순서를 배열했다. 그리고 모임의 약속을 정리했다.

안전한 대화를 위한 우리의 약속 ──

- 모두가 동등하게 서로 배우는 자리입니다.
- 남이 아닌 내 생각을 말합니다.
- 다른 사람의 말을 경청합니다. 끝까지 듣습니다.
- 어떤 의견도 괜찮습니다.
- 존중하는 언어를 사용합니다.
- 참가자를 공격하거나 비난하는 대화를 하지 않습니다.
- 사진촬영이나 녹음을 하지 않습니다.

모임 당일 23명이 신청한 상황에서 조별 토론을 어떻게 진행할까도 중요한 고민 지점이었다. 최대 두 시간 남짓한 시간 중 15분 동안 비대면으로 이뤄지는 조별 토론은 한계가 있었다. 강사의 이야기를 더 듣고 싶은 사람도 있고, 동료 시민들의 의견을 듣고 내 이야기를 하고 싶은 사람도 있다. 여러 가지 욕구를 짧은 시간 안에 어떻게 소화해야 할까. 고민한 결과 이렇게 안내하기로 했다.

5인 1조. 15분 동안 각자 2분 동안 이야기합니다.

- 어떻게 참여하게 됐나요? 대선을 앞두고 어떤 마음인가요?
- 질문하고 싶은 것, 다른 의견, 더 얘기해보고 싶은 것은 무엇인가요?
- 발언하지 않을 자유도 존중합니다.

이렇게 준비를 마치고 3월 2일 23명의 시민들이 온라인상으로 만났다. 김동춘 교수가 먼저 이번 대선의 시대적 과제에 대해 20분간 이야기했다.

"세계적인 우경화 시대. 우리 사회의 불평등, 특히 자산불평등을 어떻게 극복할 것인가. 일자리와 산업구조와 연결되어 있는 기후문제에 어떻게 대처할 것인가. 디지털 AI와 플랫폼 시대에 어떻게 대응할 것인가. 미중 패권시대에 한반도의 평화를 어떻게 유지할 것인가. 수도권에 인구 50%가 집중된 상황에서 부동산과 저출산 문제를 어떻게 해결할 것인가."

이어서 진행자가 "이번 대선의 특징은 무엇인지", "한국의 진보정치는 어떤 상황인지" 등 참여자들이 보낸 질문들을 화면에 올리며 공유하고 김동춘 교수가 답변을 했다.(40분) 강사가 PPT 발표자료를 보여주며 혼자 강의를 하는 일반적인 방식보다 훨씬 집중도가 있었다.

온라인 조별 모임은 예상대로 시간이 부족했다. 그래도 안 한 것보다는 훨씬 나았다. 서로 모르는 사람들이 안전하게 자신의 의견을 내놓는 경험을 했고, 미처 생각 못 했던 타인의 이야기를 경청할 수 있었다. 조별 모임에서 나온 질문들을 모아 전체 대화를 마치며, 진행자는 마지막으로 질문을 던졌다. "대선이 끝나고 시민들에게 중요한 태도와 과제는 무엇일까요?" 이에 대한 김동춘 교수의 답변은 핵심을 찔렀다.

"정치는 정치가나 대통령에게 위임해서는 바뀔 수 없어요. 시민들의 정치노동이 더 필요합니다. 독일에서는 우크라이나 전쟁에 대한 반대시위에 50만 명이 참여했습니다. 피플 파워가 있어야 합니다. 시민들이 행동하는 나라가 선진국입니다. 세계 변화에 민감해야 합니다. 시민들이 직접 참여할 수 있는 방식의 조직화가 필요합니다."

대화모임이 끝난 이틀 후 제안자 다섯 명은 평가모임을 했다. 짧은 시간이었지만 의미 있는 시간을 스스로 만들어낸 기쁨과 뿌듯함을 공유했다. 참여자들도 피드백을 보내왔다.

"대선이 갖는 의미를 좀 더 넓은 관점에서 바라보는 계기였습니다."
"더 나은 사회로 가는 길에 나는 무엇을 기여할 수 있을지 다시 생각해보는 기회가 되었습니다."

이 대화모임을 함께 만들었던 L은 후기에 이렇게 썼다.

"만들어놓은 프로그램에 참가만 해왔지 필요한 것을 자발적으로 만들어보기는 처음이라 모임이 제대로 잘 성사될 수 있을지 막연하기도 했다. (…) 보람 있는 경험이었다. 선거와 코로나 국면을 접하면서 앞으로는 우리 사회에 더욱더 자신의 생각을 안심하고 털어놓을 수 있고 들을 줄 아는 소소한 공론의 장이 절실하다는 생각이 들었다. 이번 선거 결과가 어떻게 나오든, 우리가 바라는 세상을 만들기 위해 몇 사람이 즐겁게 작당을 하고, 사람들이 합세해서 시간 가는 줄 모르고 대화를 나누는 자리를 많이 만들면 좋겠다."

시민교육기획자라면 누구나 알고 있는 토론 조직과정. 나는 왜 이렇게 자세하게 정리하고 있을까? 이 경험에서 내가 강조하고 싶은 것이 있어서다. 단체 실무자가 아닌 시민들이 스스로 손을 들고 정치토론과 정치행동을 할 수 있는 통로와 시스템을 만들자는 이야기를 하고 싶다.

민주주의의 핵심은 정치다. 지금은 유튜브, SNS 등 다양한 통로로 사람들을 모으고 토론하고 행동할 수 있는 세상이다. 민주주의와 평화를 위해, 정치의 변화를 위해 목마른 사람들이 우물을 파기 쉬운 교육과 대화, 정치토론의 방법과 시스템을 시민교육 주체들이 만들어야 한다. 이를 위해 무엇이 필요한가, 어떤 상상과 실험이 가능한지 교류하고 서로 배우는 기회가 많아지길 바란다.

민주주의의 힘은
시민교육에서 나온다[38]

스웨덴 시민교육 탐방기

2010년 8월 스톡홀름, 스칸디나비아 정책연구소와 중앙선거관리위원회 선거연수원 공동 주최로 〈스톡홀름 미래정책 포럼〉이 열렸다. 주제는 '민주시민의식을 위한 시민교육과 활발한 참여'였다. 이 회의에서 나는 참여연대 아카데미느티나무 사례를 발표하였고, 이를 계기로 스웨덴의 주요 시민교육단체를 방문하고 인터뷰했다.

사회복지의 나라 스웨덴. 사회민주당(이하 사민당)이 1920년부터 2010년까지 90년 중에 65년을 집권할 만큼 강했고 노동조합 조직률이 80%에 달하는 등 노조와 정당의 두 역할이 튼튼히 뿌리박고 있는 나라. 지난 10월 총선에서 사민당을 포함한 3개 연합전선이 43% 득표에 그치면서 우파연합이 다시 정권 유지에 성공했지만, 사회복지 등

38　《시민교육》 3호(민주화운동기념사업회, 2010)에 실린 필자의 글을 기본으로 현재의 상황을 반영해 보완하였다.

기본 시스템의 근간은 바꾸지 않는 나라. 그에 반해 한국은 노동조합 조직률이 10%에 불과하고 진보정당 의석수가 전체 299석 가운데 6석에 불과하며,[39] 정권이 바뀌면 모든 정책기조가 흔들린다. 이렇듯 사회의 기본시스템이 다름에도 불구하고 스웨덴은 한국의 언론에서 민주주의와 복지문제를 다룰 때 가장 많이 언급된다.

그렇다면 시민교육의 관점에서 본 스웨덴은 어떤 나라일까. 시민교육은 그 나라 민주주의 상황이 고스란히 반영될 수밖에 없다. 그 나라의 현재가 있기까지 역사적 상황을 충분히 이해하지 않고는 오늘의 모습을 읽을 수 없다. 특히 짧은 방문으로는 더욱 그렇다. 결국은 보는 사람의 문제의식이 반영되기 마련이다. 직접 인터뷰한 내용과 회의 참석, 자료 조사를 종합해 내 눈에 비친 스웨덴 시민교육에 대한 몇 가지 단상을 나누어보려 한다.

스웨덴의 시민교육 지원시스템

스웨덴 시민교육단체를 방문하면서 가장 먼저 주목한 것은 시민교육 시스템이었다. 스웨덴 정부는 '시민교육 보조금에 관한 규정'(Förordning om statsbidrag till folkbildningen)에 따라 다음 목적을 가지고 시민교육을 지원한다. "민주주의 강화와 발전에 기여하는 활동

---

39 이 통계는 이 글을 쓸 당시의 2010년 상황이다. 스웨덴 노동조합 조직률은 2019년 65.6%. 2020년 현재 한국의 노동조합 조직률은 14.2%. 한국 진보정당 국회의원 수는 7명(정의당 6, 기본소득당 1).

을 지원한다. 각 개인의 삶에 영향을 미치고 사회적 발전에 참여하도록 유도한다. 교육격차를 완화하고 교육 문화수준을 높인다. 문화생활에 대한 관심과 참여를 높인다." 정부가 재정지원을 하지만 시민교육은 정부통제로부터 자유롭고, 다양한 NGO부문과의 강력한 유대감으로 사회변화를 주도한다. 이렇듯 시민교육단체들은 정부로부터 지원을 받지만, 독립성을 유지하며 다양한 교육을 제공하고, 시민들은 무료 또는 아주 저렴한 비용으로 교육을 제공받는다. 그것은 국민의 권리다. 이에 따라 전체 인구 900만 중 무려 약 100만 명이 시민교육에 참여한다.

내가 방문한 스웨덴 시민교육위원회. 스웨덴 정부와 의회가 특정권한을 위임한 비영리단체다. 이 위원회는 정부보조금을 지원할 대상을 결정하고 이를 배분하며, 사업을 평가한다. 이에 따라 전국적으로 150개에 달하는 포크하이스쿨(시민학교)과 10개의 스터디서클연합이 지원금을 받는다. 필자가 시민교육위원회를 방문했을 때, 입구의 벽에는 큰 나무가 세워져 있었다. 자세히 보니 시민교육의 다양한 가치와 내용이 모여 커다란 나무를 만든다는 의미였다.

이 위원회의 지원을 받는 시민교육기관 가운데 먼저 '포크하이스쿨'. 18세 이상을 위한 대안적 진로교육기관이다. 역사, 철학 등 인문학부터 문화예술, 체육까지 다양한 교육과정이 장기과정(2~3년)과 단기과정으로 제공된다. 모든 일반과정은 대학과 연계되어 과정을 마치면 상급학교 입학시험을 볼 수 있다. 대부분의 학교는 기숙학교. 수업료는 무료다. 전국적으로 대도시 외에 중소도시(18%), 농촌지역(51%)에 분포되어 있다. 포크하이스쿨을 운영하는 기관의 성격도 다양하다.

사회운동과 연계된 단체가 104개, 광역지자체 41개. 전체 학생수는 장기·단기과정을 합해 한 학기에 11만 명이다. 회의에서 브레타 레욘 포크하이스쿨 전국위원장을 만났다. 47세의 매우 활력 있는 여성. 그는 사민당 소속 국회의원이었고(1998~2006), 34세의 젊은 나이에 민주주의 장관에 임명된 바 있다. 그는 "직업교육 특별코스들이 많기 때문에 좋은 교육이나 직업을 찾아 지역을 이동하지 않아도 된다. 소외된 사람들이 사회에 다시 진출하거나 지역 내에서 더 나은 직업을 얻을 수 있는 구심점이 된다"고 말한다.

다음으로 전국 10개의 '학습서클연합'. 여기에 318개의 시민단체들이 소속되어 활동한다. 이 가운데 1912년 사민당과 노조와 연계해 노동자교육기관으로 태동한 ABF, 1940년 보수당 교육기관으로 출발한 메드보가르스콜란, 1967년 시작한 농민과 도시자영업자 계열의 SV 등이 대표적이다. 처음엔 각각의 정치색을 가지고 시작했지만, 차차 정치색은 옅어지고 모두 교양 문화예술 체육 등의 강좌, 세미나, 학습서클을 운영하고 있다.

교육의 내용과 방법, 시민의 요구에서 출발한다

먼저 사민당계열의 ABF(노동자교육협회)를 방문했다. 현재 9만여 스터디서클에서 75만여 명이 참가하고 있다. 스웨덴 성인교육의 30%를 담당하고 있는 가장 큰 학습단체다. ABF 지부 외에 그 가치와 교육에 동의하는 이주민, 장애인, 노인 등 다양한 분야의 중소규모 교육단체들이 그 산하로 들어가 일원이 되기도 한다. ABF는 정치적으로 독립된 기관이지만 노동운동의 가치를 공유한다. 민주주의, 다양성, 정의, 평등은 이 단체의 바탕이다. 그런데 교육내용은 언어, 수공예, 문학, 환경문제, 국제문제, 컴퓨터 기술, 영화, 음악, 악기연주, 합창 등 다양하다.

홈페이지를 보면 그 다채로운 프로그램에 더욱 놀라게 된다. 〈애완견 키우기〉, 〈지역 연극공연〉, 〈포크송 가수와 함께 노래하기〉 같은 문화생활교육, 〈창의력 개발 공연〉, 〈장애인연구소가 주관하는 삶의 경험과 개선을 위한 토론회〉, 〈소비자단체가 주관하는 친환경적 소비와 물건을 제대로 고를 수 있는 소비행위를 위한 조언〉, 〈환경연료문제〉, 〈스웨덴 시각에서 본 라틴아메리카〉, 〈글쓰기-왕따문제 해결을 위하여〉, 〈스웨덴의 족보연구〉, 〈환경의 날 기념-EU가 환경을 해결할 수 있을까〉, 〈삶을 위한 경제〉, 〈2010년 스웨덴 선거결과 분석〉, 〈공정한 국제무역〉 같은 사회문제강좌도 있다. 〈정년퇴직, 이렇게 준비하자〉, 〈환자와 저소득층이 국가보조금을 신청하는 방법〉 등 1회성 강의부터 10회 이상의 강좌도 있다.

단체이름이 노동자교육협회인데 이렇게 교육내용이 변화한 결정적인 계기는 무엇일까. ABF 본부에서 만난 스테판 스벤슨 ABF의 사무총장. 그는 "30년 전부터 노동자 중산층을 구별하지 않고 전체 국민을 위한 교육이 필요하다는 공감대가 형성되었다. 좌우 정치성향을 떠나 삶의 질에 관한 관심이 높아지면서 시민들의 요구가 다양해졌다"고 말한다. 정치성향만 고집하면 시민들로부터 외면당하고 생존에 위협을 받는다는 것이다.

이것은 보수당계열의 시민교육단체인 메드보가르스콜란을 방문했을 때도 확인할 수 있었다. "ABF가 사민당과 협력한 노동자를 위한 교육으로 출발했다면, 우리는 노동자를 떠나 전체 국민을 위한 교육을 목표로 보수당 정권의 수상이 시작했다. 그러나 현재 보수당과의 협력 관계는 거의 없다." 정치적 가치보다는 인본주의라는 사회보편적 가치를 추구한다고 강조한다. 메드보가르스콜란은 정규학교를 운영하는 동시에 직업학교, 재취업교육, 회사의 외주교육도 하고 있다. 시민들이 자발적으로 학습하는 경우에는 수강비가 있지만, 소외계층이 재취업교육을 받을 때는 정부보조금이 있어서 당사자는 수강비를 내지 않는다.

이 단체 역시 프로그램이 다양하다. 최근엔 정원 가꾸기, 버섯 따기, 블루베리 키우기, 자연관찰 프로그램이 인기가 높다. 〈디카와 포토샵〉은 물론 〈마음과 몸-웃음, 명상, 요가〉, 〈허리강화운동〉 같은 건강프로그램, 〈항해자격증과정〉, 함께 음식을 만들어 먹는 〈요리와 재료구입〉, 〈경제와 재무교육, 연금활용법〉, 〈여성과 경제〉, 〈재난구조방법〉, 〈말하기, 발성법, 표현하기〉, 〈이혼커플들이 2주에 1회 만나는 프로그램〉도 있다. 아이를 돌보는 사람도 교육에 참가할 수 있도록 어린이부터 노인까지 그룹별 프로그램을 운영한다. 이 모든 것이 "시민들에게 무엇이 필요한가"로부터 출발한다.

이 관점은 브레타 레욘 포크하이스쿨 위원장 역시 강조했다. 이 회의에서 한국 측 참여자가 "좋은 시민교육 프로그램을 애써 만들어도 시민들이 참여하지 않는다. 어떻게 하면 관심을 높일 수 있을까" 하는 고민을 얘기했을 때 그가 말했다. "생각을 바꿔야 한다. 프로그램을 미리 만들어 강좌를 열지 말고, 시민들이 필요로 하고 원하는 교육을 제공해야 한다."

그러면 이러한 스웨덴의 생활밀착형 자기개발 교육프로그램은 민주주의와 어떤 관계가 있을까. 한국에서는 참여연대 아카데미느티나무를 비롯해 시민교육단체들이 대안적인 삶과 민주주의의 가치를 바탕으로 인문학과 생활문화교육으로 그 폭을 확장하고 있다. 분명히 새로운 시도이고 상당한 호응을 얻고 있지만, 이것이 시민교육의 주류를 이루는 것은 아니다. 게다가 아직도 한국의 시민교육계는 자유, 인권, 선거와 민주주의와 같은 주제를 직접 다루지 않는 문화예술교육이 과연 민주시민교육인가에 대한 의문과 혼란이 크다. 이에 대해 스웨덴 시민교육 담당자들에게 물었더니 좌우를 불문하고 똑같은 답이 돌아온다.

"그전에는 민주, 자유, 권리와 같은 전통적이고 일반적인 민주주의 교육을 많이 했다. 그러나 최근엔 개인의 자기개발 욕구가 커져서 이런 분야는 공교육의 영역으로 넘겼다. 민주주의는 가장 중요한 가치다. 하지만 민주주의의 가치만을 가르친다고 민주주의교육은 아니다. 개인의 능력이 발전하는 것도 민주주의교육에 중요하다. 민주주의교육은 모든 프로그램에 녹아 있다. 우리는 스터디서클 자체가 민주주의 교육이라고 생각한다. 볼링을 혼자 치는 사람과 서클에서 함께 하는 사람들이 있다고 해보자. 볼링서클에 참여하는 사람이 늘어나면, 자연히 그룹의 민주주의적 운영에 관심을 갖게 되고 대화와 소통이 중요해지며 활동이 일어난다. 그것이 민주주의교육이 아니면 무엇인가."

신선하지만 동시에 의문이 생긴다. 한국에도 배드민턴 모임, 조기축구회가 수없이 많다. 최근엔 도서관, 구청 등에서 많은 문화교육이 이뤄지고 있다. 이들 교육은 민주주의교육인가 아닌가. 나는 이에 대해 선뜻 '그렇다'고 할 수가 없다. 형태는 똑같이 취미교실이라도, 그 교육이 작동되는 기관이 어떤 가치를 지향하는가가 중요하다고 생각한다. 스웨덴처럼 시민교육이 민주주의와 사회발전의 힘이라는 공감대가 밑바탕에 튼튼히 깔려 있는가 아닌가는 너무도 중요한 차이가 아닐까. 그렇다면 그 밑바탕은 무엇이 좌우하는가. 그것은 그 사회의 민주주의 수준이고 역량이다. 한국에서 그 기준에 대한 사회적 합의를 이끌 수 있을까. 어려운 문제다.

알코올중독도 시민교육으로 해결한다

내가 방문했던 단체 중 또 하나 주목했던 학습서클단체는 NBV(절제운동교육연합). 16개 소속단체가 있는 NBV는 알코올중독과 마약중독자 교육은 물론, 중독예방을 위해 주부, 노인, 재소자 등 다양한 대상에게 스트레스 관리교육을 하고 있다. 과거 이른바 '보드카 벨트'라는 말이 있을 정도로 북유럽과 러시아의 알코올중독은 심각한 사회문제였다. 스웨덴은 이를 사회적으로 해결하는 데 성공했다. 어떻게 그것이 가능했을까. 스웨덴교회의 영향력, 강력한 캘빈주의 전통 때문이라는 의견도 있다. 하지만 NBV 스터디 컨설턴트 구닐라 포크는 정치가들이 이 문제를 사회적으로 해결하려는 의지가 강했기 때문이라고 자신 있게 말했다.

"1900년대 초 노동자들은 늘 술에 절어 살았다. 노동강도가 너무 세서 술로 그날의 피로를 잊었고, 잠자리에서 일어나자마자 공장에 나갔다. 이런 생활의 반복을 자본가들은 오히려 좋아하고 부추겼다. 그래야 노동자들이 비판적인 사고를 할 수 없으니까. 사민당과 노동조합은 이것이 큰 문제라고 인식했다. 노동자가 스스로 학습하고 토론하고 문화생활을 즐기는 과정에서 자연히 알코올중독도 해결될 수 있었다."

알코올중독 마약중독의 문제까지 시민교육으로 접근한다는 것이 놀라웠다. 중독자 교육은 게임중독, 쇼핑중독 등 여러 중독문제가 심각해지고 있는 한국에도 절실한 시민교육의 영역 아닐까?

이슬람도 자체의 시민교육기관을 구성한다

스웨덴 스터디연합단체 10개 가운데 기독교와 이슬람단체도 큰 비중을 차지한다. 그중에서도 특히 관심을 끌었던 것은 이슬람시민교육기관 이븐 루시드(IBn Rushd). 회의에서 사례를 발표한 이 단체의 사무총장 야스리 칸은 말레이시아 프로게이머 출신으로 컴퓨터 능력이 출중해 스웨덴으로 이민 온 젊은이다. 이 단체는 2001년에 설립돼 2008년 학습서클단체로 인정을 받았다. 어린이, 청년, 중년, 노인 이슬람 이민자들의 스웨덴 적응을 돕는 한편, 스웨덴 사람들에게 이슬람 이민자들이 어떤 고민과 어려움을 겪는지 이해하도록 소통의 매개역할을 한다. 스웨덴 이주민들이 스스로 자신들에게 필요한 교육을 주도하고 이를 정부가 지원한다는 점에 깊은 인상을 받았다. 요즘 한국에서도 수

많은 다문화교육 프로젝트를 여러 정부 부처가 앞다투어 착수하고 있고 한편에서는 당사자 운동이란 말이 나오고 있다. 한국에서 이주민들 스스로 단체를 만들어 자신에게 필요한 교육을 실현하고 그들에게 정부지원금이 제공되는 날은 언제 현실화될까.

대화와 행동－학습서클의 교육방법

스웨덴에서 또 하나 주목했던 것은 학습서클 리더들에 대한 훈련과 정이었다.

"민주주의는 저절로 유전되지 않는다. 민주국가는 잘못된 사물을 분석하고 대담하게 의문을 제기할 수 있는 사람이 필요하다. 그러기 위해 대화와 행동은 학습서클의 교육방법에서 대단히 중요하다. 모든 학습과정은 참여자의 경험, 기술, 지식에서 출발한다. 모든 사람들이 편안한 분위기에서 자기 의견을 피력하며, 함께 한다는 느낌, 서로 돕겠다는 의지가 생겨야 한다. 학습서클 리더는 학습과정에서 참여자들 스스로 '왜 내가 이 일을 하며, 어떤 결과를 목표로 할지' 명심하도록 해야 한다. 리더에게 질문이 집중되지 않고, 서로에게 질문을 던져 문제를 해결하기 위해 참여자들 간의 대화를 유도해야 한다."

내가 만난 ABF 사무총장은 말했다. "우리 단체에만 스터디서클 리더가 1년에 2만 7천 명이다. 이 가운데 풀타임 스태프가 10년 전엔 1,200명, 지금은 950명이다. 스터디서클을 더 많이 운영하기 위해서 풀타임 스태프의 수를 줄였다." 자세한 스터디서클 리더 교육과정이 궁금했으나, 제한된 시간 때문에 충분한 정보를 얻지 못해 안타까웠다.

정부와 NGO의 협력관계 – NGO가 시민교육의 중심

"스웨덴 민주주의 발전에 시민교육의 역할은 중요하다", "민주주의와 평등이 스웨덴의 경쟁력이다", "지식과 자기발전은 모든 사람의 권리이며, 사회의 교육격차를 줄이는 것이 시민교육의 핵심 목표"라는 스웨덴의 사회적 합의. 이에 따라 정부는 시민교육 NGO의 역할을 대단히 존중한다.

회의에서 브린튼 망손 스웨덴 시민교육위원회 사무총장은 민주주의를 위한 시민교육에서 NGO의 역할이 매우 중요하다며, 정부와의 협력에 대해 여러 차례 힘주어 강조했다. 브리타 레욘 포크하이스쿨 위원장 역시 "무엇보다 비판의식과 창의적 사고를 장려하는 스웨덴의 교육제도가 시민의식 발전에 큰 영향을 주었다. '적극적 시민'이란 '비판적 시민'과 일맥상통한다"고 지적했다.

이렇듯 민주주의와 시민교육이 사회 발전에 중요하다는 공감대가 강하고, 성인교육과 평생교육의 바탕에 시민성의 가치가 분명한 나라. 정부와 시민단체의 신뢰가 강력하고 정부 지원을 받는 시민교육이 독립성을 보장받는 스웨덴. 평소의 문제의식에 집중해 질문하고 조사했지만 짧은 일정, 부족한 영어실력 때문에 충분히 이해하지는 못했다. 그럼에도 불구하고 소중한 기회였다. 내가 당시 고민하고 있던 시민예술교육과 통합교육에 대해 더 자신감을 가지고 추진할 수 있었고, 시민들의 필요와 요구에 충실한 민주주의교육은 어떠해야 하는가에 대해 생각을 확장할 수 있었다.

나아가 한국에서 정부와 시민교육 NGO의 관계, 시민교육 지원시스템이 어떠해야 하는가에 관해 깊게 고민하게 되었다. 다음 글에서 이 질문에 집중해보자.

시민교육 지원시스템, 질문 있습니다

독립성, 자립성, 중립성

몇 년 전 서울자유시민대학 교육과정 자문단의 민주시민교육 분과 회의에 참여했을 때의 일이다. 현장에서 주민교육, 시민예술교육, 시민인문학 교육활동을 하는 전문가들이 서울자유시민대학에서 앞으로 어떤 민주시민교육을 기획하면 좋을지 의견을 내는 자리. 누군가 심각하게 얘기를 꺼냈다.

'대형상권' 때문에 '골목상권' 무너져요

"서울자유시민대학에서 이렇게 좋은 프로그램을 거의 무료로 많이 실행하는 건 환영할 일이에요. 그런데 걱정이에요. 우리는 수강비를 받아야 강사비를 충당하니까 경쟁이 안 돼요."

이 회의에 참석한 대부분의 시민교육 전문가들이 고개를 끄덕였다.

세금을 지원해 저렴한 비용으로 좋은 시민교육 프로그램을 확산하는 건 분명 발전이다. 그런데 딜레마가 있다. 의도하지 않았지만 시민교육의 대형상권이 골목상권을 위협하는 상황이 된 것. 여기서 '대형상권'은 서울자유시민대학이나 지자체의 평생학습관과 같이 공간 운영, 직원 인건비, 강사비 등을 세금으로 충당하는 곳이다. 그래서 안정성과 지속성이 탄탄한 것은 물론이고 수강비가 저렴하다. '골목상권'은 수강비 받아 장소비, 강사비를 해결하는 풀뿌리 시민단체의 교육기관. 비유가 부적절할 수도 있지만 이 고민은 현실의 문제다. 각 시민교육 공간은 각자의 차별성을 부각해 이 문제를 타개하려 노력하지만 쉽지 않다.

그러면 이들 시민교육공간도 세금 지원을 받으면 되지 않느냐고? 이것은 간단한 문제가 아니다. 참여연대의 경우만 해도 정부지원금 0%를 원칙으로 하는 시민단체다. 정부지원금을 받으면 시민운동의 독립성이 침해받을 수 있다는 문제의식 때문이다. 참여연대 아카데미 느티나무는 참여연대 부설 시민교육기관. 따라서 일체의 정부지원금을 쳐다보지도 않았다. 심지어 민주화운동기념사업회와 서울시 생활속민주주의학습지원센터의 시민참여 프로그램 지원사업도 신청하지 않았다.

시민교육단체가 정부지원금을 받을 것인가의 문제는 한국사회의 민주주의 현실과 직결되어 있는 핵심사안 중의 하나다. 이와 관련해 떠오르는 것이 있다.

시민교육지원금, 약인가 독인가?

내가 성공회대학교 사회교육원에서 노동대학을 진행할 무렵이었다. 2003년 노무현 정부가 들어섰을 때 민주노총 안에서 정부 지원을 받아 노동자교육 공간을 만들자는 논의가 있었다. 결론은 '안 받는다'. 왜? 정부가 지원하는 돈을 받으면 민주노총의 독립성이 위축된다는 우려 때문이었다. 정부가 세금을 지원하면 업무감사권을 발동하여 지원한 돈 이외의 회계까지 다 들여다볼 수 있다는 것이었다. (그 사이 변화가 있다면, 현재 민주노총 지역본부에서는 건물 사용료에 한정하여 지원금을 받는다고 한다. 노동자 교육비 지원이 아니다.)

그러나 이 원칙을 계속 유지하는 것이 타당한지 의문이다. 교육비를 지원받으면서 독립성을 지켜내는 방법은 없을까? 새로운 상상을 적극적으로 해야 하지 않을까?

관련하여 장애인 교육공간 노들야학의 사례가 눈에 들어왔다. 장애인운동은 1990년대부터 우리 사회에서 가장 빛나는 변화를 만들어낸 시민운동. 그 운동의 중심에는 서울의 노들야학이 있다.

> 우리는 운동이 없는 배움, 단지 기능적 학습뿐인 배움을 '배움'의 이름으로 단호히 거절해야 하며, 또한 배움이 없는 운동, 그저 습관이 되고 관성이 된 운동에 대해 '운동'의 이름으로 맞서야 할 겁니다. (…) 노들은 '노란 들판'의 줄임말입니다. 노들인은 그 들판을 일구는 농부입니다. 시퍼런 경쟁의 도구로 차별과 억압의 들판을 만드는 것이 아니라, 상호협력과 연대, 인간존엄성과 평등이 넘쳐나는

노란 들판, 그 대안적 세계를 꿈꿉니다.[40]

노들야학은 교육비를 지원받으면서도 그 독립성을 확실하게 유지하고 있다. 2003년 장애인교육권 연대를 결성한 노들야학은 2008년에는 마로니에공원에서 천막 야학을 하면서 투쟁을 했고 그 결과 2009년부터 서울시로부터 공간 지원금을 받는다. 2022년 현재 서울시교육청에서 상근자 인건비도 일부 지원받는다. (나아가 장애인평생교육법을 추진하고 있다.)

노들야학의 사례에서 보듯 가장 좋은 것은 운동을 통해 공적 지원을 받으면서도 독립성과 자립성을 지켜나가는 것이다. 그러나 이것이 한국의 정치상황에서는 결코 안정적이지 않다.

정치적 중립성은 정부가 지켜야

2014년 서울시 민주시민교육지원 조례가 통과된 후 나는 2015년부터 2년 동안 서울시 민주시민교육 자문위원으로 참여했다. 어떤 시스템으로 시민교육을 지원할 것인가 함께 논의했고, 서울시가 위탁기관을 선정해 추진하는 것으로 결론이 났다. 이에 따라 2017년부터 흥사단(2년)과 징검다리교육연구소(3년)가 위탁사업을 진행했던 '생활속

---

40   홍은전, 『그럼에도 불구하고 수업합시다: 노들장애인야학 스무해 이야기』, 까치수염, 2014, 127, 183쪽. 이 책은 『노란들판의 꿈』(봄날의책, 2016)으로 재출간.

민주주의학습지원센터'. 그러나 시장이 바뀐 후 2022년 9월에 문을 닫게 되었다. 서울시가 재위탁을 하지 않기로 결정하고 그 사업을 서울시 평생교육과 업무로 거둬들인 것이다. 명백한 후퇴다.

"삶의 전환을 마주하는 50+세대를 위해 상담 및 정보제공, 교육과정 지원, 일과 활동의 플랫폼으로써 생애전환에 필요한 종합서비스를 제공하는" 서울시 50플러스재단 역시 예산 축소는 물론, 일자리사업을 강조하는 사업 방향으로 변화를 요구받고 있다고 한다.

이것은 기시감이 있다. 행정안전부 산하 공공기관인 민주화운동기념사업회의 민주시민교육 지원사업도 이명박, 박근혜 정부 시절 우여곡절을 겪었다. 이렇듯 지자체나 정부의 수장이 어느 정당인가에 따라 시민교육에 대한 지원이 흔들리고 위협받는 상황을 당연하게 받아들여야 할까?

이와 관련하여 독일의 사례를 보자. 2008년 나는 민주화운동기념사업회의 독일 정치교육 현장 연수에 참여한 경험이 있다. 12박 13일 동안 독일 사회민주당의 프리드리히 에베르트재단을 방문했고 독일연방정치교육원과 한국선거연수원이 공동주최한 워크숍에 참여했다. 그때 가장 인상적으로 다가왔던 것이 있다.[41] 독일은 정부가 적극적으로 시민들을 위한 정치교육을 지원한다. 정부는 지원을 하되 내용은 간섭하지 않는다. 정치교육은 정당의 정치재단, 시민단체, 교회 등을 통해 이루어진다. 좀 더 자세히 살펴보자.

---

41 주은경, 〈민주주의교육은 국가 발전의 힘이다〉, 『독일정치교육의 현장을 가다』, 민주화운동기념사업회 독일연수단 엮음, 민주화운동기념사업회, 2008.

1952년에 설립된 독일연방정치교육원은 내무부 산하의 국가기관이다. 연방정치교육원의 모든 예산은 연방예산에서 나오며 수백 개의 단체를 지원한다. 독일의 주 정치교육원은 주에서 예산을 받는다. 연방정치교육원은 다양한 정치교육을 장려하는 것이 주 임무다. 각 기관의 교육내용에는 간섭을 하지 않되, 두 가지 조건을 지켜야 재정을 지원한다. 첫째는 '보이텔스바흐 협약'[42]을 준수하는 것이고, 둘째는 모든 예산 지출을 투명하게 집행하는 것이다. 단, 극우나 극좌 등 극단적인 정치교육은 보이텔스바흐 협약을 위반한 것이기 때문에 지원을 하지 않는다.

연방의회에서 의석을 가진 정당은 각 노선에 따라 정치재단을 운영한다. 이 정치재단들의 가장 큰 임무는 시민들에게 정치교육을 하는 것이다. 정치재단이 실시하는 정치교육의 비용은 연방예산에 책정된 액수에서 각 정당 의석수 비율로 지원을 받는다.

여기서 중요한 것이 있다. 각 정치재단이 자신의 입장을 교육하는 것은 정치적 중립에 어긋나지 않는다. 오히려 연방정치교육원 같은 상부기관이 중립성을 견지하는 것이 중요하다. 그 시기 집권정당이나 연방정치교육원장의 정치적 입장과 성향이 정치교육을 좌우하지 않는다. 정부가 정치교육에 대해 중립적인 것이다.

독일과 한국의 민주주의 역사와 정치지형이 다른 만큼, 독일의 정

---

42 1976년 독일의 다양한 정치교육 주체들이 합의한 협약. 보이텔스바흐 협약의 원칙은 1. 국가의 재정 지원을 받는 정치교육 단체들은 어떤 경우에도 정치교육에서 특정 교조를 일방적으로 주입하면 안 된다. 2. 논쟁 중인 사안은 그 논쟁성이 투명하게 드러나도록 해야 한다. 3. 학생들이 당면한 정치상황과 자신의 입장을 분석하고 자율적으로 자신의 결론을 도출할 수 있는 능력을 키울 수 있게 한다.

치교육 지원체계를 한국에서 기대할 수는 없다. 그러나 언제까지 정부와 지자체의 정치적 경향에 따라 시민교육에 대한 지원이 흔들리는 상황을 받아들여야 할까? 우리도 정부에게 시민교육에 대한 정치적 중립을 요구해야 하는 것 아닐까? 결국 이것은 정부와 시민사회의 상호 신뢰의 문제인데, 이 과제를 어떻게 해결해야 할까?

한국에서도 안정적인 시민교육 지원을 위한 노력은 20년 넘게 진행되어왔다. 2020년 11월 국회 행정안전위원회에 발의되어 현재 법안심사소위원회에 계류 중인 민주시민교육지원법안은 그 연장선에 있다. 아래는 그 내용의 일부.

> 현재 각 사회 영역에서 시민사회를 중심으로 다양한 민주시민교육 관련 프로그램을 운영하고 있으며 다수의 지방자치단체(2020년 10월 기준 46개)에서 조례를 제정하여 운영하고 있으나, 이에 관한 법적 근거가 미흡하여 체계적인 지원이 이루어지고 있지 않은 상황임. 이와 관련하여 「평생교육법」상 평생교육에 '시민참여교육'이 포함되어 있으나, '시민참여교육'이 평생교육에서 차지하는 비중은 극히 일부인 0.1%에 불과하며, 사회 각 영역에서 특정 분야에 대한 교육과 진흥의 필요성이 계속 제기되어 「통일교육 지원법」(1999년), 「문화예술교육 지원법」(2005년), 「법교육지원법」(2008년), 「경제교육지원법」(2009년), 「인성교육진흥법」(2015년) 등 관련 입법이 이루어지고 있는 점을 고려할 필요가 있음.
>
> 이에 민주시민교육에 대한 종합적·체계적인 지원체계를 구축하여 사회 각 영역에서 민주시민교육의 기회가 충분히 제공되어 국

민의 자발적인 참여를 이끌어내는 한편, 교육의 공정성과 중립성을 보장하여 민주주의의 가치를 실현하고 사회통합에 기여할 수 있도록 민주시민교육 지원에 관한 법률을 제정하고자 하는 것임.

이 법안이 명시한 "교육의 중립성" 등에 대해서 하고 싶은 말이 많지만, 일단 통과되기를 바란다. 정부와 지자체의 성향에 의해 민주시민교육이 흔들리지 않고 안정적으로 실행되기 위해. 그런데 이 대목에서 시민교육 지원기준에 대해 할 말이 있다.

그동안 공공기관 교육지원의 경우 프로그램은 지원하되 인건비를 지원하지 않았다. 처음엔 강사비만 지원받아도 기획이 교육으로 성사될 수 있으니 좋아했던 시민교육기획자들. 그러나 그 일을 할 사람에 대한 인건비 지원이 없으니 그 교육을 수행하기 위해 일상의 자기 업무 외에 플러스로 자신의 뼈를 갈아 넣어야 한다. 한번 하고 나면 지쳐 쓰러진다. 기획자가 지치면 그 자리를 떠나거나 포기한다. 경험이 축적되어 새로운 방향으로 나아가기가 어렵다. 이 문제는 해결해야 한다.

또 하나. 이 법안 통과를 기다리고만 있을 순 없다. 정부 지원과 별도로 시민교육을 운영할 수 있는 자체의 능력이 필요하다. 이를 위해 무엇을 해야 할까?

시민교육의 자생력을 위한 새로운 상상

《민주시민교육프로그램 편람조사 연구》에 따르면 "프로그램 재원에서 정부, 지자체, 공공기관에 의한 보조금의 비율이 73%로 압도적으로 높게 나타났다." 자체 예산 12%, 참가비 7%, 민간보조금 6%. (…) 그러나 "보조금에 의존한 민주시민교육은 그 자체로 시민사회의 자생적인 발전 방향이나 교육활동에 또 다른 제약이 될 가능성도 있다. (…) 따라서 민주시민교육은 안정된 재원을 통해 시민교육 활성화에 기여하는 동시에 자생력을 키울 수 있는 대책이 함께 요구된다고 할 수 있다."[43]

그렇다면 시민교육의 자립성과 독립성을 위해 정부, 지자체, 공공기관의 보조금과 구별되는 안정적인 시민교육 지원체계로 어떤 것이 가능할까? 예컨대 2017년 공공부문 노동조합들이 기금을 출연해 설립한 공공상생연대기금. 시민교육을 중요사업으로 추진하는 노무현재단. 제2, 제3의 노회찬을 양성하고 지원하는 노회찬재단. 이러한 재단들이 먼저 시동을 걸어주면 어떨까?

공공상생연대기금은 사회문제 해결과 사회적 가치 실현을 목적으로 한 공모전을 매년 추진하고 있다. 여기서 일정 부분을 시민교육에 대한 지원으로 할 수 있지 않을까? 노무현재단은 민주시민 역량 강화, 시민의 창의적 활동 발굴·지원을 위해 신생 비영리 단체·법인·기관 및 자발적 시민모임을 대상으로 2022년 '시민교육 프로젝트 협력 운영사업'을 시작했다. 노회찬재단도 앞으로 다른 사회운동단체와의 정치교육 네트워크를 추진할 계획이다. 정부와 구별되는 이런 재단들이 직접 프로그램을 운영하는 것을 넘어 다른 현장의 시민교육과 정

---

43   민주화운동기념사업회, 《민주시민교육프로그램 편람조사 연구》, 2021년 11월, 27쪽.

치교육을 독려하고 지원하는 데 더 적극적으로 나서면 좋겠다.

　이밖에도 시민교육의 자생력을 높이는 방식에 대해서도 고민해야
한다. 자체 경비와 수강비만으로 교육을 진행하는 것이 가장 좋지만,
그것이 어렵다면 교육기금 모금 등 적극적으로 방향을 찾아야 한다.
동시에 몸이 가벼운 개인과 소모임의 작은 활동도 소중하다. 자발적으
로 모여 독서모임과 정치토론을 하는 시민들. SNS 계정에서 직접 수
강생들을 모집해 자신의 저서로 청년 독서모임을 하는 사회학자. 무료
로 온라인 영상수업을 개설한 현대사 연구자. 나는 이런 작은 시도 역
시 시민교육의 자립성을 위해 꼭 필요한 실핏줄이라고 생각한다.

　"우리가 돈이 없지, 가오가 없냐." 한국 영화계에 대해 어떤 배우가
했다는 말이 생각난다. 한국 시민교육의 '가오'도 못지않다. 그 치열한
노력과 열정은 그 어느 나라에도 뒤지지 않는다. 하지만 노력과 열정
만으론 한계가 있다. 시민교육의 지원시스템, 그리고 자생력과 독립성
을 위한 새로운 상상력이 필요하다. 여기에 각 시민교육의 주체들이
더 적극적으로 참여해 목소리를 내자. 더욱 신나고 풍성하고 자유로운
시민교육을 위해. 수많은 사람들이 노력해 일궈낸 민주주의의 진지를
더욱 발전시키기 위해.

5부

일상기획자,
직업기획자 사이에서

시민교육기획자라는 직업

시민교육기획자의
정체성을 묻는다

　지난 10년 한국사회에 시민교육, 평생교육의 공간이 확장되고 다양
해졌다. 서울시민이라면, 서울자유시민대학, 도서관 인문학 강좌와 문
화수업, 역사박물관의 전시 연계 강좌부터 근대사강좌, 미술관의 예술
강좌까지 선택의 폭이 매우 넓다. 50대 이상이라면 서울시 50플러스
재단의 각종 프로그램과 인생학교에 참석할 수 있다. 강의 수준과 내
용도 훌륭하다. 지방에 거주하는 사람 역시 지역평생학습관과 도서관,
복지관 등 이용할 수 있는 배움의 공간이 많다. 시민들이 독립적으로
운영하는 공간도 확대되었다.

　배움의 공간이 다양해진 만큼 그곳에서 일하는 사람들도 많아지고
있다. 그렇다면 교육의 장을 가능하게 하고, 기획을 하며 공간을 만드
는 일을 하는 시민교육기획자는 누구인가? 스스로를 어떻게 규정하고
있는가?

　질문을 바꿔보자. 당신이 시민교육의 수강생이나 참여자라면, 그곳

에서 일하는 기획자나 실무자를 어떤 사람으로 이해하고 있는가? 접수받고 강사 소개해주는 사람? 아니면 그 교육 전체를 연출하는 사람으로 보고 있는가?

먼저 당신의 경험을 떠올려보자. 살아오면서 잊지 못하는 배움의 기억. 특별한 깨달음과 감동을 받았던 일. '아하!' 하는 교육의 체험을 했을 때 무엇이 그것을 가능하게 했을까? 단지 강사가 강의를 잘해서였을까? 물론 좋은 강의를 통해 공감과 각성, 성장과 변화를 경험한 기억이 있을 것이다. 그러나 그것만으론 부족하다. 거기엔 그 교육을 기획해서 배움의 장을 성사시킨 기획자, 실무자가 있었다. 눈에 보이지 않았을 뿐이다.

연극의 3요소가 무대, 관객, 배우인 것처럼, 교육은 기획자, 참여자, 강사가 함께 만드는 예술행위이다. 교육기획자는 이 모든 과정을 꿰뚫어 그 교육이 목표한 바대로 이뤄질 수 있게 하는 사람이다. 교사, 교육자, 조직가다. 그는 교육의 장에 참여한 교육의 세 주체 모두가 함께 그 교육을 통해 소통하고 성장하기 위한 연출가이며 종합예술가다.

교육기획자의 일이란 무엇인가. 구체적으로 나열해볼까. 먼저 어떤 기획을 할 것인가, 왜 그 기획을 하는가에 대한 조사와 연구. 기획안 쓰기. 그 기획에 적합한 강사 섭외. 교육 목표에 부합하는 강의를 위해 그 자리에 오는 분들이 어떤 욕구가 있는지, 어떤 삶의 경험을 가진 분인지, 강의 흐름이 어떻게 되면 좋겠는지에 관해 강사와의 사전 소통. 그 교육의 장소에 당신이 호기심을 가지고 신청하고 참여하게 하는 홍보문 쓰기.

편안하고 환대받는 느낌을 주는 장소 세팅과 간식 준비. 일방적 강의 듣기에 그치지 않도록 참여자들의 질문과 토론이 자유롭고 효과적으로 이뤄질 수 있는 진행방법을 연구하고 실행하기. 교육 컨셉에 맞는 책상과 의자 배열하기, 컵과 휴지통 정리하기.

참여자들의 평가와 피드백 받기. 참여자들이 이 교육에서 무엇을 배우고 느꼈는지 후기 작성 독려하기. 매 분기별 또는 연간 교육 평가서 쓰기. 다음 교육 기획하기. 새로운 시도를 위해 강사와 퍼실리테이터, 나아가 학습매니저 역할을 해줄 수 있는 참여자와 소통하기. 강좌가 끝나고 후속모임으로 연결되도록 함께 의논하기. 소모임에서 문제가 생겼을 때 각 개인들의 욕구를 존중하며 필요한 만큼 조정하기. 강좌나 소모임에서 성장하는 개개인들에게 필요한 새로운 교육이나 사람, 모임 연결하기. 수강신청을 받고, 강사비를 지출하는 등 회계 관리를 하는 건 기본 중의 기본. 요즘은 각종 SNS 소통도 기민하게 해야 한다.

이것만이 아니다. 직관적으로 새로운 교육에 대한 영감이 떠오를 때 이것을 실현해나가는 추진력, 함께 하는 사람들과 팀워크를 이뤄 공동의 교육목표를 이뤄나가기 위한 조정력, 배움의 공동체를 만들기 위한 소통력도 필요하다. 물론 이것은 아주 간단하게 요약해서 말한 것이다. 현실에서는 훨씬 더 많은 과정이 필요할 수 있다.

너무 과하게 의미부여하는 것일까? 나는 그렇지 않다고 생각한다. 모든 교육활동가에겐 교육연출가, 교육예술가로서의 정체성이 필요하다. 그러지 않으면, 단순한 교육기술자, 교육관리자에 그치게 된다. 이것을 가장 경계해야 한다.

물론 강사와 교육에 참여하는 사람은 다르게 생각할 수 있다. 교육기획자를 강사에게 강의 제목만 전달해서 섭외하는 사람, 강의안 복사하고 강의장 세팅 담당하는 관리자로 대하는 경우도 있다. 그러나 스스로 자기 정체성을 어떻게 규정하는가는 그 교육의 분위기, 그 교육이 추구했던 것에 결정적인 영향을 미친다. 이에 대해 별생각이 없던 참여자들과 강사들도 경험을 통해 이 사람이 단순한 교육관리자로 이 자리에 있는지 교육연출자로 있는지, 서서히 그 차이를 알게 된다.

현실적인 어려움은 있다. 소수의 실무자에게 많은 업무가 부과되면 자연히 단순한 교육 관리업무에만 급급해지고, 새로운 연구와 시도에 소홀해지기도 한다. 이 문제는 해결을 해야 한다. 어떻게 하면 좋을까. 수원평생학습관에서는 기획실무자를 '연구원'이라고 부른다고 한다. 새로운 교육을 기획하기 위해 연구를 중요하게 생각한다는 점에서 이 것은 하나의 좋은 사례일 수 있다. 하지만 자칫 연구와 기획만 중요하고 다른 실무노동은 부차적인 것으로 여기거나, 기획과 실무를 분리할 수 있다는 점에서 생각해볼 점이 있다고 본다.

당연히 혼자 모든 것을 다 할 수는 없다. 협력과 팀워크가 필요하다. 중요한 것은 단순한 실무도 어떤 관점으로 하느냐. 강사와의 소통뿐 아니라, 교육 장소의 간식, 물 마시는 장소, 쓰레기 정리도 기획자와 참여자들이 만들어내는 배움의 문화 중 일부분이다. 다양한 실무활동을 참여자들과 어떻게 역할을 분담해 조직할 것인가 역시 기획의 중요한 영역이다.

다시 한번 강조하고 싶다. 교육기획자는 이 모든 과정을 관통해내는 종합예술가라는 점을. 시민단체뿐 아니라 도서관, 평생학습원에서 일하는 실무자 역시 스스로 교육연출가, 교육예술가의 정체성을 갖고 일하는 사람들이 있을 것이다. 그는 지금 사람들이 답답해하는 것이 무엇일까, 공부하고 싶어 하는 주제가 무엇일까 촉을 세워 관찰하고 연구한다. 그에 맞는 강사를 찾아 자신이 고민하는 포인트를 설명하고 기획을 발전시킨다. 자신이 일하는 교육현장에서 만나는 사람들과 함께 감응하며, 오늘은 편안한 분위기를 위해 어떤 시, 어떤 간식을 준비할까, 의자세팅은 어떻게 할까를 고민한다. 강사가 강의를 마친 후 질의응답 시간에 진행자로서 역할을 한다. 처음 참여해서 말문을 열기 힘든 사람이 편하게 말을 시작할 수 있는 분위기를 만들려고 공을 들인다. 교육에 참여한 시민들의 작은 변화에 충만감을 느낀다.

이런 일을 하고 있다면, 당신은 시민교육과 평생학습의 큰 기둥 역할을 하는 교육기획자, 교육연출가다. 누가 인정을 하든 안 하든 말이다. 중요한 것은 스스로 자신이 누구인지, 무엇을 하는 사람인지 정확히 알고 일하는 것이다. 그래야 타인도 그것을 인정하지 않겠는가.

교육기획자가
지치지 않으려면

교육활동가가 교사, 교육자, 교육연출가의 정체성을 갖는 것이 왜 중요한가? 일을 하다 보면 기쁨과 보람은 잠깐이고, 힘 빠질 때가 있다. 이럴 때 기획자의 정체성은 중심을 잡아준다. 물론 정체성이 분명해도 힘들 때가 있다. "나는 누구인가? 뭐 하는 사람이지?" 스스로 질문할 때가 있기 마련이다.

시민들의 춤서클 '도시의 노마드'가 서울댄스프로젝트에서 3년 연속 공연을 하고, 광화문에서 20여 명이 평화의 춤 공연을 했을 때 '드디어 이걸 해냈구나' 하는 대단한 성취감이 있었다. '바로 이거야. 이게 바로 기획하는 맛이지.' 시민연극을 처음 기획했을 때 인원이 부족해 마음을 끓이다가 겨우 성원이 되어 오픈하면 '휴. 일단 시작할 수 있구나' 하고 크게 숨을 쉰다. 그렇게 어렵게 시작한 프로그램이 한 해 두 해 성장해 가는 걸 보면 기쁨과 보람이 있다. 마치 자식을 키우는 것 같다.

그런데 허탈감과 서운함이 밀려올 때가 있다. 나는 이 프로그램들을 기획할 때 함께 성장하는 '배움의 공동체'를 염두에 두고 열과 성을 다했는데, 강사와 참여자가 그것에 관심이 없거나 거리를 둘 때. 강사가 몇 년 동안 강의나 워크숍을 하다가 형성된 참여자들과의 관계를 자기 개인의 연구소나 공간으로 가져갈 때. 참여자들이 배움을 만들었던 공간의 가치나 방향에 대해서는 전혀 관심이 없어 보일 때. 시민행동이나 공연을 하고 난 뒤 참여자들의 소감 나누기를 위해 이런저런 궁리해서 제안하는데, "왜 이런 걸 해야 하느냐"고 부정적인 피드백을 받을 때. 애써 노력을 해도 늘 싫은 소리만 듣는 것 같을 때 기운이 빠진다. 당신이 기획자라면, 이 허탈함과 서운함을 어떻게 다루겠는가?

프로그램은 성공했지만 기획자는 소진될 때

2000년 성공회대 사회교육원 기획실장으로 일할 때의 일이다. 대학로 어느 소극장에서 '시노래모임 나팔꽃'의 공연을 보고 마음에 큰 울림이 왔다. 이런 프로그램을 시민교육과 연결하면 좋겠구나 생각해 문화예술교육을 기획했다. 〈춤과 마음〉 총 8회, 〈노래와 시〉 총 3회 프로그램. 이 중에 〈노래와 시〉는 가수 이지상, 홍순관 등이 활동하는 시노래모임 나팔꽃의 협조를 받아 기획을 했다.

시와 노래. 특히 노래는 사람이 자신의 감정을 표현하는 가장 쉬운, 가장 원초적인 예술이다. 누구나 어디서나, 살아 있다면 노래를 부를 수 있다. (…) 노랫말은 우리 감정을 표현하는 문학이다. 노래를

문학으로 음악으로 함께 만나는 문화의 장, 그것을 만들고자 한다.
- 〈노래와 시〉 기획안에서

전체 3회 모두를 신청한 사람이 80명이 넘을 만큼 반응이 좋았다. 그런데 시민교육에서 이런 음악 공연방식을 시도해본 건 나도 처음이었다. 공연을 할 때 무엇이 필요한지, 무엇을 체크해야 하는지 나도 동료도 전혀 경험이 없었다. 매주 공연할 때마다 등에서 식은땀이 나는 크고 작은 일들이 일어났다. 첫날은 공연 한 시간 전에 도착한 가수가 말했다.

"무대 위 소품으로 작은 원탁이 필요해요."

늘 봤던 것 같아도 막상 급하게 찾으려 하면 그게 쉬운 일인가? 동료와 내가 캠퍼스를 뒤지고 뒤져 공연 10분 전에 원탁을 찾아냈다. 공연 시작도 하기 전에 쓰러질 것 같았다.

셋째 날은 공연장의 스피커에 문제가 생겼다. 가수가 조금만 고음을 내도 스피커에서 찢어지는 소리가 났다. 심장이 오그라들었다. 알고 보니 전날 축제 공연을 했던 학생들이 강당을 사용할 때 오디오장비가 고장난 것이다. 노래 공연에 스피커가 문제라니. 다행히 그날의 초대가수 이지상은 진정한 대인배였다. "선수가 날씨 안 좋다고 달리기 안 하나요?" 이런 유머를 날려주면서 분위기를 다독여주었다. 쪼그라든 내 심장이 그 덕에 아주 조금 풀리는 듯했다. 지금도 나는 그가 고맙다.

모든 공연은 매우 성공적으로 끝났다. '시노래모임 나팔꽃'의 가수들과 안도현 시인, 도종환 시인, 신영복 선생님, 이영미 문화평론가 등 훌륭한 게스트들 덕분이었다. 기획자인 내가 봐도 참여한 시민들의 얼굴에 행복감이 퍼져나갔다. 요즘은 토크콘서트가 흔해졌지만, 그때만 해도 이렇게 교육과 음악을 통합한 프로그램은 매우 드물었다. 그런데 정작 나는 진이 빠졌다. 온갖 걸 다 챙겨야 하는 데다, 계속 뭔가 사고가 터지는 상황이 힘들었다.

이 프로그램은 꼭 해야 하는 일도 아니었다. 교육개발원의 문화감성교육 지원 공고를 발견해 프로젝트 신청을 한 것이다. 시민들이 수강비 걱정 없이 거의 무료로 참여할 수 있도록. 그러나 이런 프로젝트는 강사비는 지원해도 실무자 인건비는 지원하지 않는다. 이 일을 하기 위해 다른 인력을 추가로 배치할 수 없으니 나로서는 과외의 에너지가 든다. 그럼에도 불구하고 이걸 하면 많은 사람들이 행복하겠구나 하는 마음에 이리저리 알아보고 도움을 받아 실행한 것이다.

'시노래모임 나팔꽃'과 공연을 할 수 있도록 연결해주었던 K교수. 행사할 땐 안식년으로 외국에 있던 그가 돌아왔을 때 내게 물었다. "내년에 또 하나요?" "아뇨. 너무 힘들어서 못 하겠어요." 그가 쿨하게 물었다. "뭐가 힘들었어요?"

할 말이 없었다. 아니 말할 기운이 없었다. '공연 30분 전에 학교를 다 뒤져 소품용 테이블 찾아야 하고, 공연장에 오디오가 고장나고. 내 수명이 줄어든 것 같았어요.' 이런 시시콜콜한 얘기를 하고 싶지 않았다. 그때 생각했다. 말을 한다고 실무자의 고충을 알까? 잘 전달이 될까?

다른 교수는 내게 물었다. "그런 행사 하면, 우리 학교 사회교육원에는 뭐가 좋아요?" 이 말도 나를 지치게 했다. "참여하는 시민들이 새로운 경험을 하면서 행복하잖아요." 나는 그때 이 대답 말고 뭐가 더 필요한가 생각했다. 이 대단한 걸 해낸 것에 대해 그 누구도 고생했다, 고맙다 얘기하는 사람은 없고, 그걸 왜 했는지 이 기관에 어떤 이익이 있는지 설명을 해야 하는 거구나.

사실 이런 질문은 다른 교육을 할 때도 반복되었다. 그러나 어찌 보면 그들 입장에선 당연한 질문이고 기획자는 대답할 준비가 되어 있어야 한다. 이런 질문을 피곤해하면 안 된다. 대답도 늘 변화하고 발전한다. 어떨 땐 즉답이 어려울 수 있어도 그 질문이 내 생각을 발전시켜주기도 한다. 이런 일은 백 가지 사례 중 하나일 뿐이다. 오랜 시간이 흘렀는데도 이 경험을 얘기하는 건 그만큼 그때의 기억이 강렬했기 때문이다. 지금 이 얘기를 하면서 털어내고 싶을 만큼.

지치지 않기 위해 정체성이 중요하다

이 글을 읽는 교육기획자들은 자신이 겪었던 수많은 일들이 떠오를 것이다. 나는 성공회대학교 사회교육원 기획실장, 참여연대 아카데미느티나무 부원장·원장으로서 겪은 일이었지만, 함께 일했던 실무자들에겐 이런 일이 훨씬 더 잦았을 것이다. 장소 예약을 분명히 한 것 같은데 뭔가 잘못되어 같은 시간 같은 장소에 다른 일정이 잡혀 있다거나, 강사에게 분명히 날짜 확인을 몇 차례 했는데도 강사가 날짜를 잘못 알고 있다거나, 빔프로젝터가 갑자기 말을 안 듣는다거나. 등줄기에 식은땀 나는 일이 한두 번이 아닐 것이다.

그러다 보면 나는 뭐지? 그냥 여기 조교인가? 관리자인가? 시민교육의 철학과 방향, 비전을 고민하며 학습을 하고 배움의 공동체를 지향하며 활동하지만, 이런 일이 쌓이면 지치고 허탈해질 수 있다. 이럴 때 교육자로서의 정체성이 있다면, 이런 쓴 경험을 툭툭 털고 일어날 수 있지 않을까.

영화나 연극은 배우뿐 아니라 감독, 연출, 기획자의 위치가 대단히 중요하다. 그러나 교육기획자는 다르다. 그 교육과 워크숍이 대단히 성공적이었어도, 기획자는 보이지 않는다. 그냥 당연한 일을 한 사람. 그러다 뭐 하나 소홀해서 구멍이 나면 그건 대형사고다. 어떨 땐 이 일이 가정의 엄마 일 같다는 생각을 한 적도 있다.

뿐만 아니다. 교육자로서의 정체성을 갖는 시민교육기획자는 늘 사람과 소모임의 성장과 변화 가능성을 관찰하고 적절하게 그 길을 내는 일을 한다. 따라서 언제나 이 자리에서 무엇이 더 필요한가, 사람들 사이의 서로 배움을 위해 어떤 장치로 촉진해야 할까 늘 고민한다. 좋게 말하면 직업의식과 소명감, 나쁘게 말하면 직업병이다. 시민교육기획자에게는 그런 관찰과 고민이 늘 몸에 배어 있다. 이것이 짜릿한 즐거움이자 일하는 맛이다. 하지만 좋아서 하는 일도 힘들 때가 있다. 계속 무반응 또는 거절을 당하게 되면 지친다. 할 맛이 안 나는 것이다.

그래서 내가 나 자신에게 그리고 동료 교육기획자들에게 늘 강조한 것이 있다. "지치지 않아야 한다." 말은 그렇게 하면서도 나 역시 힘 빠져 쓰러질 때가 많았다. 그러면 어떻게 해야 하나? 지칠 때 내게 힘이 됐던 것은 무엇일까? 사실 대단한 묘수가 있는 건 아니다. 이럴 때 필요한 건 결국 그 상황을 거리 두고 바라보기, 각자의 욕구와 처지를 존중하는 태도, 그리고 나에게 필요한 응원을 조직해내는 것 아닐까?

　나는 교육기획자로서 좋아하는 일, 해야 하는 일을 하는 거다. 다른 사람들은 또 각자 자신의 위치와 욕구가 있다. 강사, 참여자, 기획자가 그 욕구와 방향이 맞을 때 함께 하는 것. 처음엔 그게 잘 맞았지만 시간이 가면서 각 주체의 욕구가 변화하는 경우는 얼마든지 있을 수 있다. 강의의 성과를 강사가 본인의 연구소나 공간으로 가져간다면, 그것은 그분의 능력이다. 함께 이동하는 참여자들은 그 강사에게 더 깊게 배우고 싶은 것이니 그 또한 받아들여야 한다. 크게 보면 모두 행복해지자고 하는 일인데, 이걸 경쟁적으로 바라보는 건 어리석지 않은가? 다만 서로가 공감대를 넓혀 협력하기 위해 노력하는 것은 필요하다.

　한편 어떤 기획을 하거나 일을 도모할 때 제안하는 건 나의 일이고 나의 제안을 거절하는 건 그분의 소관이니 존중해야 한다. 사사건건 "그걸 뭐하러 해요?" 하며 나를 지치게 하는 질문도 상대 입장에선 얼마든지 할 수 있다. 그 사람은 내 상태까지 고려하면서 궁금한 걸 참아야 할 의무가 없다. 내가 힘들면 나부터 나를 존중해야 한다. 대답을 안 할 수도 있고, 좀 나중에 할 수도 있다. "질문해줘서 고마워요. 지금은 이 정도로 대답할게요. 더 생각해보고 공부해볼게요." 이렇게 대답하면 어떨까.

　100을 해도 1이 펑크 나면 그 1만 보인다. 여러 사람들이 불편을 겪는다. 그러니 늘 체크해야 하고, 혼자서 힘들 땐 여러 사람이 함께 체크하고 보충할 수 있는 시스템을 마련해야 한다. 나아가 기획자 뜻대로 되지 않거나 스스로 존재감이 없다고 느끼는 상황이 있다면 이것도 그렇구나, 하고 쿨하게 받아들이자. 백 명에 한 명은 알아주는 사람이 있다. 그것도 아니라면 내가 나를 알아주면 된다. 일단 그것부터 시작하자. 그리고 힘들 때 힘든 걸 얘기할 수 있고 나를 응원하는 동료나 시민 친구 한두 사람이라도 있으면 된다. 그것도 없다면? 만들어야 한다. 그러지 않으면 정말 지친다. 관성에 빠지거나 일을 그만둔다. 경험이 쌓이지 않고 전문성이 떨어진다.

시민교육기획자의 자리가 어떤 건지, 어떨 때 힘을 받는지, 지치지 않으려면 어떻게 해야 하는지 이야기했다. 하지만 이건 단지 나의 생각이고 경험일 뿐이다. 각자의 지혜와 방법이 있을 것이다. 당신의 방법은 무엇인가? 기획자들의 대화마당에서 이런 이야기를 나눠보면 어떨까?

교육기획,
타인을 관찰하는 힘

어떤 모임을 해도 늘 중심에 있고 존재감이 있는 사람이 있다. 말을 잘하거나, 기본 콘텐츠가 탄탄하거나, 인간적인 매력이 강한 사람. 교육을 할 때도 이런 강사들은 말로 사람들을 휘어잡는 카리스마가 있고 사람들에게 인기가 있다. 교육기획자나 진행자도 마찬가지다.

그러나 나는 그런 사람이 전혀 아니다. 대학교 서클 세미나에서 선후배와 친구들은 청산유수로 자기 신념과 사회에 대한 비판적인 말을 쏟아냈다. 그런데 나는 고민도 많고 질문도 많았다. 내 순서가 오면 무슨 말을 해야 하나 마음이 오그라들었다. 정작 내가 말할 땐 무슨 말을 하고 있는지 정신이 없었다. 얘기한 후에는 이게 아닌데 싶고 부끄러웠다.

하지만 약점은 강점이 되기도 한다. 나처럼 속으로만 고민하고 질문을 꺼내지 못하는 사람에게 눈이 간다. 타인을 관찰하는 힘이 있다. 나 자신의 생각에만 빠지지 않고 다른 사람은 무엇을 말하고 있는지 경청한다. 그들의 고민에 대해 함께 질문하고 생각한다. 모임의 전체 흐름과 분위기를 읽어내는 힘이 생기기도 한다. 오히려 말 잘하고 외향적이고 인간적인 매력이 강한 사람들은 다른 사람들의 마음을 읽어내는 감수성이 부족할 수도 있다. 어디서나 중심인물로 살아온 사람들은 전체 분위기를 살피는 힘이 약해 자칫 자기중심적이 되기 쉽다.

나는 교육기획자로서 언제부터 재미를 느꼈을까? 처음부터? 전혀 아니다. 그 힘과 재미는 천천히 느린 걸음으로 다가왔다. 1988년 무렵 인천민중교육연구소 교육부에서 활동할 때였다. 내 나이 스물여덟에 200여 명의 노동자들을 상대로 조합원 교육을 하게 되었다. 몇 날 며칠 강의준비를 했다. 일하다 말고 식당에 모인 20~50대의 노동자들에게 "노동조합이란 무엇인가, 노동법 개정 왜 필요한가"에 대해 설명했다. 그러나 노동자들이 내 얘기에 공감하는 에너지가 느껴지지 않았다. 교육이 끝나고 이건 아닌데 절망했다. 쥐구멍을 찾아 들어가고 싶었다.

20여 명의 노동조합 간부들에게 '자본주의와 제국주의'에 대한 정치교육을 한 적도 있다. 강의를 하러 경상북도 구미 지역에 출장을 가기도 했다. 하지만 내가 핵심을 잘 전하고 있다는 생각이 들지 않았다. 중간에 나가지 않고 끝까지 앉아 있는 사람들에게 고맙고 미안할 정도였다.

그런데도 나는 '교육'이라는 이 일이 참 좋았다. 교육과 배움을 매개로 사람을 만나고, 변화에 대해 고민하며 생각과 마음을 나누는 게 즐거웠다. 이것도 해보고, 저것도 해보고. 그러다 나는 강의가 교육의 전부가 아니라는 걸 깨닫게 되었다. 그 첫 경험이 노동자들과 함께 하는 영화모임이었다.

당시 한양대학교 영화동아리 학생을 소개받아 영화목록을 뽑았다. 미국 자본주의의 그림자를 볼 수 있는 〈분노의 포도〉, 〈모던 타임즈〉. 이탈리아 노동자들의 삶을 그린 〈철도원〉, 〈자전거 도둑〉. 러시아혁명의 역사를 다룬 〈전함 포템킨〉. 매주 1회 이 영화들을 보는 모임을 진행했다. 각 영화마다 그 시대와 사회에 대한 교육자료를 만들고 토론주제를 뽑고, 노동자 거주지역과 노동조합 사무실에 발품 팔아 다니며 내가 만든 어설픈 포스터를 붙였다.

노동자 교육용 영상자료가 많다는 영등포산업선교회도 찾아갔다. 비디오테이프를 복사하기 위해. 그러려면 비디오 데크 두 대가 필요했다. 비디오 데크를 보자기에 싸들고 인천 갈산동에서 부평역까지 버스, 부평역에서 영등포역까지 전철, 영등포역에서 다시 버스 타고 영등포산업선교회까지 계단을 오르고 내렸다. 나에게 비디오 데크는 어깨가 빠질 듯 무거웠다. 그런데도 테이프 하나 더 복사해올 때마다 얼마나 기뻤는지. 신나는 일은 힘이 들어도 얼마든지 할 만하다.

그렇게 하나둘 비디오테이프를 구하고 교육용 해설 자료를 만들었다. 비디오 상영모임을 하고 파업하는 노동조합에 대여도 해주었다. 조합 간부들의 1박 2일 수련회에 초대되어 〈모던 타임즈〉 영화를 상영하기도 했다. 그때는 자막이 일본어로 되어 있어 나는 변사역할까지 하면서 자본주의의 모순을 이야기했다. 강의 열 번 하는 것보다 이런 일이 훨씬 재미있었다.

이렇게 영상매체를 통한 교육에 맛을 들일 무렵 영화운동단체 '서울영상집단' 멤버들이 인천민중교육연구소로 찾아왔다. 노동자교육을 위한 슬라이드 드라마를 만드는데 도와달라는 것이었다. 이때 사진 촬영을 위해 섭외를 도우면서 어깨너머로 그 제작과정을 보게 되었다. 슬라이드 콘티는 이렇게 쓰고, 사진은 이렇게 배열하는 거구나. 감성을 통해 접근하는 영상교육의 힘을 처음 알게 되었다. 교육에 필요한 것을 저렇게 만들 수 있겠구나 감이 왔다.

기획자, 당신의 약점이 강점이 될 수 있다

이때부터 나는 교육기획자의 추진력을 발휘했다. 1989년 노동법개정을 위한 전국 투쟁본부가 조직됐을 때였다. 인천민중교육연구소에서 일하던 나는 조합원교육을 위한 슬라이드 교육자료를 만들겠다고 기획안을 써서 노동법 개정 전국투쟁본부 사무실을 찾아갔다. 콘티와 대본을 써서 검토를 받고 사진운동 하는 사람을 물색해서 필요한 영상을 만들었다. 그러나 새로 촬영한 건 극히 일부. 주로 잡지에서 유사한 이미지를 찾아 사진을 찍었다. 저작권 개념이 부족했던 시절이니 가능한 일이었다.

그렇게 뚝딱뚝딱 모든 과정을 끝내고 녹음을 하던 날을 기억한다. 성신여자대학교 방송실에 내레이션 녹음을 하러 왔던 사람은 당시 극단 한강의 연극배우였다. 지금은 유명배우가 된 K. 노동법 개정 전국투쟁본부에 속해 있던 문화운동단체 활동가가 그를 섭외한 것이다.

이렇게 노동법 개정을 위한 슬라이드 교육자료를 제작해 전국에 보내고, 내가 일하던 인천 지역에서도 조합원교육을 했다. 나 혼자 마이크 들고 교육할 때보다 훨씬 집중도가 좋았다. 각 지역에서 반응이 좋았다는 소리도 들려왔다.

이 경험은 나에게 교육기획의 힘이 무엇인지 느끼게 해주었다. 교육 하면 으레 강사만을 떠올리던 시절, 교육현장에서 무엇이 필요한가를 읽어내고 그것을 만들었다. 오감을 이용해 공감으로 접근하는 교육의 힘을 느껴본 것이다. 이것은 내가 말 잘하는 카리스마로 사람들을 사로잡는 강사의 능력이 부족한 사람이었기 때문에 가능했는지 모른다. 오히려 강의를 잘하고 평가도 좋았던 노동자교육 활동가들은 다른 일을 하느라 교육 분야에 집중하지 못했다.

교육기획자는 꼭 말을 잘 못하는 사람이 해야 한다는 얘기를 하려는 게 아니다. 당신의 약점이 강점이 될 수 있다. 약점이 있어도 그 일에 애정이 있으면 다른 시야를 키울 수 있다. 현재 당신이 일하는 곳에서 무엇이 더 필요한가. 그것에 주목하고 일을 만들어내 끝까지 추진해내는 능력. 그것은 역설적으로 당신의 약점에서 나올 수 있다.

시민교육기획자, 당신은 어떤 스타일인가요?

시민교육기획자의 유형은 그가 속한 공간이나 단체의 성격에 의해 크게 영향을 받는다. 시민단체의 경우는 교육만 전담하는 기획자가 많지 않다. 인원이 부족해 다른 업무와 병행하는 경우가 자주 있다. 전담자가 있어도 서너 명을 넘지 않는다. 반면에 다수의 교육프로그램을 운영하는 지자체 시민대학, 평생학습관, 50플러스재단 같은 곳에는 프로젝트 매니저 등 기획 전담자들이 훨씬 많다. 이런 공식 기관 말고 동네책방이나 소모임에서도 자세히 보면 기획자 역할을 하는 사람이 꼭 있다. 아래는 내 경험이라는 한계가 있지만, 기획자의 유형에 대해 가볍게 정리해본 것이다.

기획 스타일

(1) 기획하는 걸 매우 즐긴다

창의적으로 기획하는 것을 즐기고 좋아한다. 어떤 사안에 대해 호기심과 질문이 생기면 그것을 발전시킨다. 기획안을 쓰고 또 고쳐 쓰며 완성한다. 모르는 분야에 접근하는 것을 놀이처럼 즐긴다. 잠을 자면서도 문득 기획 아이디어가 떠오른다. 아침에 눈을 뜨면 번쩍 아이디어가 스친다. 그 불씨를 살려 기획으로 추진하는 데 탁월하다.

(2) 기획을 강사에게 맡겨 확실하게 받아낸다

교육기획안을 기획자가 다 써야 한다고 생각하지 않는다. 그는 강사에게 거의 모든 것을 맡긴다. 좋은 강사를 잘 찾아내고 강사와 소통을 잘한다. 그는 강사와 전체적인 취지와 방향에 대해서만 의논을 하고 세부적인 기획을 강사가 다 하게 한다. 이것도 그의 능력이다.

(3) 참여자들에게 묻고 또 묻는다

그는 교육기획을 할 때 '주요 참여자로 상정한 시민들'을 괴롭힌다. 물어보고 또 물어본다. 기획 취지, 전체 제목, 각 강의제목, 흐름, 횟수. 심지어 강의날짜를 정할 때도 자신이 생각한 그 참여자들이 오기 좋은 요일까지 확인해서 결정한다.

(4) 강사와의 소통을 힘들어한다

그는 강사를 섭외하거나 기획내용에 관해 강사와 협의를 해서 수정을 해야 할 때 매우 스트레스를 받는다. 과거의 좋지 않았던 경험 때문이다. 기획안에 대해 의견을 조율할 때 강사가 불쾌해하며 그에게 크게 화를 냈다. 그 기억 때문에 이후에도 강사와 소통할 때 늘 조마조마하다. 평소 전혀 소심한 성격이 아니고 매우 활발한 성격인데도 그렇다. 강사와 통화하기 전에 몇 개의 대화 시나리오를 미리 준비해놓기도 한다.

(5) 비전, 미션 등 페이퍼 작성을 먼저 해야 마음이 놓인다

그는 교육을 시작하기 전에 비전, 미션, 기대효과 등을 '문서'로 보기 좋게 작성해야 마음이 놓인다. 이것은 교육기획 하는 일을 하기 전에 그가 어떤 공간에서 어떤 일을 해왔는가의 경험과도 관계가 있다. 그런데 자칫 구체적인 그 교육의 문제의식, 내용과 사람들에 대한 고민보다 '문서'와 '틀'에 집착하는 잘못을 범할 수가 있다.

(6) 거대담론보다 경험하면서 기획하고 내용을 채우는 걸 좋아한다

시민성, 공동체성, 민주시민교육이란 무엇인가. 이런 거대담론 토론을 그다지 즐기지 않는다. 오히려 삶의 현장에서 경험을 통해 기획한다. 현실의 질문에 관심이 더 많다. 시민서클 리더에게 공동체성에 맞는 적합한 보상이란 어떠해야 하는가, '돈'이 아닌 대안적인 보상과 선물이 가능하지 않을까? 강의 현장, 후속모임, 나아가 일상의 삶에서 시민성과 공동체성을 실현하는 구체적인 방법을 더 많이 고민한다.

운영 스타일

(1) 친절한 '교회 오빠'

그는 정말 잘 웃는다. 그와 함께 있으면 늘 빵빵 터진다. 회의 시간에도 참여자들과 함께 하는 시간에도. 모든 사람들에게 친절하다. 그런데 가끔은 그의 과한 친절함에 제동을 걸어야 한다. 왜냐고? 그는 정말 A부터 Z까지의 실무를 전부 직접 처리해야 마음을 놓는다. 예컨대 엠티를 갈 때 장소 예약부터 식당 등 모든 것을 자신이 담당한다. 참여자들이 역할을 나누어 스스로 해보는 것도 좋은 경험 아니냐고 동료가 조언해도 그는 그렇게 하는 것이 쉽지 않다. 친절함이 몸에 배어 있기 때문이다.

(2) 분담 능력 최고

그는 정말 쿨하다. (1)과 완전 정반대다. 자신이 담당해야 할 것을 분명하게 정해놓고 나머지는 참여자나 강사에게 맡긴다. 자신이 맡은 것은 확실하게 책임진다. 별다른 사고가 나지 않고, 참여자들도 별 불만이 없다. 그런데 딱 거기까지다.

(3) 문제를 발견하고 변화를 만드는 데 관심이 많다

시민교육을 운영하면서, 배움의 문화와 관련해 더욱 참여적이고 민주적인 방법이 없을까 늘 고민하고 문제를 제기한다. 소수자 권리에 대한 감수성이 깊어 화장실, 강의실 등 공간 이용에 대해서도 새로운 방식이 없을까 궁리하고 변화를 만들어간다.

(4) 완벽하게 세팅하고 꼼꼼하게 체크한다

담당하는 프로그램에 필요한 강의자료부터 진행과 사회, 청소와 뒷정리까지 완벽하게 해낸다. 모든 과정에서 체크 리스트를 늘 꼼꼼하게 확인한다. 그가 담당하는 교육은 그래서 늘 깔끔하다. 실수로 인해 생기는 작은 사고가 거의 없다.

(5) 교육 기록에 능력을 발휘한다

그는 자신이 담당한 워크숍에 대한 후기를 매우 꼼꼼하게 작성한다. 진행한 지 8년이 지난 프로그램도 그의 후기만 보면 그 두세 시간이 완전하게 재현된다. 그의 글에는 자신이 그 프로그램에서 얼마나 깊은 감동을 받았는지가 느껴진다. 자상한 성격이 드러난다.

(5) 따뜻하게 환대한다

그가 담당하는 프로그램에 참여하는 사람은 기분이 좋다. 간식부터 강의실의 냉난방 적정 온도 세팅, 그리고 이름표, 필기도구에 이르기까지 참여자들에게 정성스럽게 환대받는 느낌을 준다. 따뜻한 사람이다. 자신도 그것을 매우 즐긴다.

(6) 진행에 에너지가 넘친다

워크숍이 아닌 강의프로그램에서도 그가 진행을 하면 일단 함께 하는 사람들의 에너지 지수가 확 올라간다. 그만큼 쾌활하고 명랑하다. 진행자가 활짝 웃으면서 질의응답과 조별모임 등을 안내하면 참여하는 사람들도 덩달아 생기가 돌아 적극적으로 참여하게 된다.

인간관계 스타일

(1) 참여자들, 강사들과 친구로 지낸다

그는 교육을 통해 맺어지는 인간관계를 매우 즐긴다. 참여자는 물론 함께 일했던 강사들 중에서도 그와 개인적인 친구관계를 유지하는 사람들이 많다. 친화력이 좋다. 그렇다고 외향적 성격인가? 그렇지는 않다.

(2) 교육공간에서는 친절한데 그 이상의 관계는 맺지 않는다

그는 강사와 참여자에게 매우 친절하지만 그것은 업무를 위한 것일 뿐 자신이 정한 선 이상의 개인적 관계는 맺지 않는다. 시민교육기획이 사람을 상대하는 일이라 해도 공적 관계와 사적 관계가 섞이는 것이 그는 피곤하다. 자신을 잘 보호해야 시민교육기획을 오래 잘할 수 있다고 생각한다.

(3) 사람들을 격려하고 연결한다

기본적으로 사람을 좋아한다. 교육을 통해 만나는 사람들의 삶을 잘 이해하고 있고, 그 삶을 격려하며 구체적인 도움을 주는 것을 좋아한다. 그들이 필요로 하거나 요구하는 것을 경청하여 기획에 반영한다. 비슷한 문제의식을 가진 사람들을 잘 연결한다.

당신은 어떤 유형인가

정답은 없다. 어떤 유형만이 좋다고 할 수도 없다. 한 사람 안에 여러 유형이 섞여 있기도 하고, 시기와 조건에 따라 그것이 변하기도 한다. 가장 바람직한 것은 기획자마다 다른 스타일을 서로 존중하며 '도레미파솔라시'로 화음을 만들어가는 것 아닐까? 그러나 이것이 현실에선 말처럼 쉽지 않다.

당신은 어디에 해당하는가. 어떻게 변화하고 있는가. 당신의 동료는 어떤가. 서로 존중하며 조화를 잘 이루고 있는가. 성장하고 있는가. 혹시 무엇 하나만이 옳다고 주장하고 있는 건 아닌가. 함께 짚어보면 좋겠다.

무례한 참여자에게
대처하는 법

마음의 근육을 키우다

시민교육 현장에서 힘든 참여자가 있다. 맥락 없이 강사에게 한꺼번에 몇 개씩 질문을 퍼부으며 강의 흐름을 방해하는 사람. 내가 경험한 바로는 주로 중장년의 남성이 그랬다. 이런 분들은 대체로 자신과 비슷한 사람을 참지 못한다. 내가 있던 시민교육기관에도 이런 분이 있었다. ○선생이 수강신청을 하면, 그날 진행을 담당한 실무자는 강의 시작 전부터 스트레스를 받을 정도였다.

그날도 ○선생은 강의 맥락을 무시하고 혼자 속사포처럼 질문 대여섯 개를 던졌다. 담당 실무자가 자제해달라고 부탁했지만 완전 무시. 실무자는 그분의 무례함을 참지 못하고 이메일을 보냈다.

"선생님은 이곳에서 배울 것이 없을 것 같으니, 더이상 수업에 안 오시면 좋겠습니다."

가만있을 ○선생이 아니었다. ○선생은 홈페이지 게시판에 하늘을 찌르는 분노의 글을 올렸다. "젊은 간사가 오래된 회원에게 이래도 되느냐." 그리고 전화를 걸어 "이 단체의 간부를 면담하겠다" 소리를 높였다.

당시 실무 책임자였던 나는 담당간사의 행동을 충분히 이해할 수 있었다. 내가 진행을 했을 때도 그의 행동에 모욕감을 느꼈기 때문이다. 마침 외부에서 시민교육 전문가들의 회의가 있던 날이라 어떻게 하면 좋을까 의견을 물었다. 여러분들이 이렇게 말했다.

"그런 사람은 일을 더 키우고 시끄럽게 해요. 그냥 사과하고 넘어가는 게 나아요."

하지만 그건 해답이 아닌 듯했다. 수강생이 잘못한 것이 분명한데 왜 실무자가 사과를 해야 하지? 시민단체 회원이 무례한 행동을 해도 실무자는 다 받아줘야 하나? 표현예술치료사 이정명 선생님에게 상황을 설명하고 지혜를 구했다.

"자신을 아주 거대한 장군이라 생각하고 춤을 춰보세요."

이게 무슨 소리지? 모욕감을 느껴 잠을 못 잘 정도인데 춤을 추라고? 그래도 일단 해보자. 안방에서 혼자 춤을 췄다. 음악을 크게 크게 틀어놓고.

"나는 큰 장군이다. ○선생, 당신이 나를, 우리를 우습게 봐? 시민단체 활동가는 회원에게 무조건 네, 네 해야 하는 줄 알아? 우리 단체가 사회와 일상의 삶에 민주주의를 확산하기 위한 단체인 것도 모르나? 나이 많은 남자라고 위세를 부리면 누가 받아줄 줄 알아?"

춤을 추며 소리를 지르고 쌍욕도 하고. 완전히 나의 분노에 몰입했다. "나는 힘이 센 장군이다. 네가 뭐라고 나를 모욕해." 그야말로 발광을 했다. 누가 뭐라겠는가? 내 집에서 음악 틀고 춤추는데. 이틀 동안 몇 시간씩 그렇게 춤을 췄다. 그런데 놀라운 일이 일어났다. 처음엔 안방에 큰 자리를 차지한 듯했던 ○선생의 괴물 같은 형상이 작아지고 작아지고 또 작아졌다. 계속 온 힘을 다해 욕을 하며 춤을 췄다. 적을 무찌르듯. 그러자 그 괴물은 손바닥 크기로, 다음엔 새끼손가락만큼 점점 작아졌다. 그리곤 마침내 사라졌다. 신기한 체험이었다.

나중에 이것이 일종의 행동명상인 걸 알게 됐다. 내 마음에 가득 차 있던 ○선생에 대한 분노와 모욕감에 내가 휘둘리지 않게 된 것이다. 분노가 가라앉으니 그에게 담담하게 솔직한 편지를 쓸 수 있었다. ○선생이 홈페이지 게시판에 올린 항의글에 대한 답신으로. 이전에 배웠던 '나 전달법'을 최대한 동원했다. 그 결과 아래와 같은 합의를 하고 글을 올렸다.

(…) 본 단체의 문제제기에 대해 ○선생님이 공감하셨고, 이후 그와 관련해서 문제가 될 수 있는 일들은 없을 것이라는 점을 약속해주셨습니다. 이후 다시 이러한 문제가 발생할 경우, 본인 스스로 수강을 취소하겠다는 의사도 밝혀주셨습니다. 마음이 무거운 한 주였습니다.
하지만 열린 마음으로 서로가 서로에게 배우는 소통과 성찰의 공간을 만들어가기 위해 거쳐갈 수밖에 없는 한 고비를 넘어가고 있는 것이 아닌가 싶습니다.
관심 가지고 걱정해주신 많은 분들께 감사드립니다.

그 후에도 ○선생은 강의를 들으러 왔고, 그의 질문 독점 욕구는 터져 나왔다. 진행자도 늘 그것을 견제하느라 애를 썼다. 그래도 그가 조심하고 자제하는 건 느낄 수 있었다. 이런 경우는 우리 일상에 흔하다. 꼭 교육을 하는 실무자만 겪는 일이 아니다.

이 경험에서 배워야 하는 것은 무엇일까. 실무자가 참여자에게 느낀 모멸감, 모욕감이 상처로 남지 않도록 문제를 덮지 않고 제기한 것. 그 과정에서 다친 마음을 치유하기 위해 행동명상이든 뭐든 가능한 방법을 동원해 분노를 다스리고 내면의 힘을 키운 것. 이 과정을 통해 무엇이 문제인지 정확하고 차분하게 전달했고 그가 자신의 문제를 인정한 것. 그 과정을 수강생들에게 공개한 것. 물론 이것은 아주 작은 일이다. 하지만 작은 일이 중요하다는 걸 우리는 안다. 이 작은 일들이 쌓이고 쌓여 일상의 문화가 되기 때문에.

사회학자 김찬호는 『모멸감』[44]이라는 저서에서 한국인이 일상적으로 주고받는 굴욕감을 대신해 회복해야 하는 것이 서로의 존엄을 북돋아주는 관계라고 말한다. 우리의 삶이 생존에서 존엄으로 한 단계 격상하기 위해 함께 노력해야 한다는 것이다.

서로 존중하는 사회를 만들고 민주주의를 삶으로 확산하려는 시민교육, 평생학습 현장에서 이런 일은 그냥 지나쳐선 안 된다. 삶에서 마주치는 문제를 해결하고 소통하는 능력을 키우는 것이 시민교육의 목표인데, 이런 문제도 해결 못 하고 넘어가면 안 되지 않겠는가.

44　김찬호, 『모멸감: 굴욕과 존엄의 감정사회학』, 문학과지성사, 2014.

교육기획안 쓰기

대화와 소통의 과정

교육기획안을 잘 쓴다는 것은 무엇일까. 시민교육기획과 출판이나 행사 기획은 무엇이 다를까. 좋은 기획엔 어떤 요소가 필요할까. 기획은 대화와 소통이다. 왜 우리가 이 자리에 함께 하는가에 대해 기획자 스스로 자신과 대화하는 것이기도 하고, 강사와 참여자와 소통하기 위한 것이다.

사실 기획서는 두 가지로 분류해서 쓰는 것이 좋다. 먼저 교육단체 또는 기관 내부에서 서로의 소통을 위해 쓰기. 이 경우에는 대체로 목표, 대상, 내용, 기대효과, 후속계획 등의 내용이 포함된다. 표현이 다소 딱딱해도 괜찮다. 단체 내부를 설득하기 위해, 그리고 무엇보다 기획자 스스로 이 강좌를 왜 하는지, 목표가 무엇인지 분명히 하기 위해 정리하는 과정이기 때문이다. 함께 일하는 동료들에게 이 기획의 필요성을 설득하는 것은 물론, 강사를 섭외할 때 기획자가 원하는 것이 무엇인지 잘 소통하기 위해서도 필수적이다. 이것을 컨셉 페이퍼라고 할 수도 있다.

위의 단계가 끝나면, 이 기획에 참여할 대상자들을 위한 홍보기획안 단계로 넘어간다. 홍보기획안에는 기획자의 의도, 관점, 철학이 잘 담겨야 한다. 참여자에게 내가 기획하는 프로그램이 무엇이라고 설명하고 참여할 것을 설득하는 과정이다. 홍보기획안을 보면 그 교육공간의 특성이 잘 드러난다. 시민들이 단순히 강의를 듣기만 하는 곳인지, 아니면 교육 주체로서 참여하고 함께 만들어가는 공간인지.

새로운 영감이 떠올랐지만 그 상이 잘 잡히지 않는 새로운 실험을 할 때 이 두 단계가 매우 중요하다. 때로는 두 단계를 하나로 진행할 수도 있다. 기획서를 쓰고 강사섭외를 하고 홍보문을 쓰면서 처음의 생각은 계속 변화·발전한다. 기획안이 잘 안 써진다는 것은 어딘가에 허점이 있다는 뜻이다. 그걸 발견하는 것도 소중한 배움이다. 고민을 깊이 할수록 좋은 카피와 홍보글이 떠오른다. 왠지 부족하고 마음에 안 든다 싶을 땐 이 기획에 꼭 초대하고 싶은 몇 사람에게 보여주고 그 의견을 참고한다. 이런 과정을 거쳐 처음 구상이 점점 더 발전하고 정교해진다. 이렇게 동료기획자, 참여자, 강사들과 기획을 함께 만들어갈 때 기획자도 신이 난다.

공을 들여 완성한 기획은 참여자들에게도 영향을 미친다. 기획안을 자세히 보고 프로그램에 신청한 사람들은 이 프로그램에 참여한 이유와 목표의식이 분명하다. 배움의 공간에 활력을 준다. 주체로 참여할 준비가 되어 있기 때문이다.

사례를 들어보자. 2012년 가을 18대 대통령 선거를 앞둔 시기. 담대하기는커녕 소심하기 그지없는 보통 시민들이 뭐라도 꼼지락 해볼 수는 없을까? 용기를 내서 뭔가를 행동해보고 서로 이야기를 들어주고 격려하며 기분 좋은 놀이를 해보면 어떨까? 나는 시민들의 소박한 행동 워크숍을 해보고 싶었다. 시민단체 하면 떠오르는 전형적인 기자회견, 판에 박힌 시민행동 말고. 연단의 마이크와 확성기로 시위하는 것 말고.

평소 남의 눈을 두려워하거나 눈에 띄는 걸 극히 싫어하는 아주 소심한 시민들이 쌍용자동차 해고자, 용산참사 희생자 등 사회이슈에 대해 슬픔, 분노, 희망을 담은 '정치적 감정'을 가볍고도 진지하게 표현하는 시민행동, 놀이와 표현이 서로의 마음에 닿아 울림을 만들어내는 경험을 함께 해보고 싶었다. 그 시작을 어떻게 할까.

이럴 때 하고 싶은 열정이 강하고 목표가 분명하면 일단 시작할 수 있다. 먼저 전체 기획을 함께 할 강사를 찾았다. 성미산마을 주민들이 홍익대학교에 맞서 성미산 지키기 투쟁을 할 때 꼼지락 꼼지락 즐거운 시도를 했다는 이래은 연극연출가를 소개받았다. 무엇을 하고 싶은가 정리한 1단계 컨셉 페이퍼를 가지고 그를 만나 나의 의도를 설명했다. 처음엔 무얼 하려는 건지 감이 안 잡힌다던 그가 마침내 눈빛을 반짝였다. "재미있겠네요. 해보죠." 이렇게 기획자와 메인강사의 마음이 통하면 절반은 성공한 것이다. 참여자에게 함께 해보자고 설득할 때 자신감이 생긴다. 아래는 그 후에 완성한 기획안이다. 〈소심한 사람들의 유쾌한 꼼지락〉.

사회와 정치에 대해 발언하고 표현하고 싶은 마음은 절실하지만, 소심하고 겁 많은 우리들. 하지만 뭐든지 괜찮아요. 일단 한번 꼼지락 해봐요. 아주 즐겁고 유쾌하게! 알고 보면 안전한 방법도 많아요.

이 워크숍은 대단한 결과를 목표로 하지 않습니다. 목표와 미션이 정해져 있지 않습니다. 마음 가는 대로 함께 손잡고 건너가면 됩니다. 이 과정을 어떻게 하면 재미있게 즐길 수 있을까요? 지나친 진지함을 걷어내고 마음 가는 대로 장난쳐보고 놀아봅시다. 우리의 뻘쭘하고 불안한 모습도 함께 깔깔대며 즐겨봅시다.

이 워크숍은 여러 차례 집회에 참여하면서도 다 차려진 밥상을 앉아서 받는 것 같은 수동적 느낌이 불편했던 시민들이 스스로 더욱 풍성한 밥상을 차려보는 즐거운 경험이 될 것입니다.

"대단한 결과를 목표로 하지 않는다. 장난치고 놀아보자." 지금 다시 봐도 마음에 드는 기획안이다. 이래은 연출이 전체 담임으로 총괄 진행하고 매주 워크숍의 취지를 충분히 공감한 다른 강사들이 진행을 했다. 기대 이상으로 활력 넘치는 시간이었다.

참여자들 20명의 구성도 흥미로웠다. 참여연대 아카데미느티나무의 민주주의학교, 인문학교, 시민예술학교에 한 번이라도 참여했던 시민이 12명. 이 워크숍에 흥미를 느껴 처음 왔다는 시민이 8명. 교사, 회사원, 마트 계산원, 화가, 학생 등 구성이 다양했지만 이것이 오히려 분위기를 살려주었다.

워크숍이 진행되면서 처음 계획을 수정하기도 했다. 참여자들이 내가 예상했던 것보다 훨씬 소심한 사람들이었기 때문이다. 그래도 좋았다. 참여자들이 즐겁게 소화할 수 있을 만큼만 하자. '매우 소심한 사람들의 유쾌한 꼼지락'이면 어떤가. 그토록 소심한 사람들이 이런 행동워크숍에 참여하려 마음을 낸 건 무엇 때문이었을까? 혹시 홍보문의 글귀 속에서 뭐라도 해봐야겠다는 욕구가 건드려진 건 아닐까?

새로운 기획을 할 때 자신이 썼던 기획안의 1단계, 2단계, 3단계를 다시 한번 살펴보자. 기획자의 처음 의도와 목표가 잘 담겨 있는가. 그 기획은 단계를 거쳐 어떻게 구체화되고 발전했는가. 그 기획안은 함께하는 참여자와 강사와 잘 소통하고 대화하고 있는가.

교육의 주체는
강사, 참여자, 기획자

교육과 학습의 주체는 강사만이 아니다. 참여자, 기획자가 함께 배움의 목표에 대한 공감대를 가지고 함께 참여하는 것이 중요하다. 시민교육과 평생교육에서 강의 중심 교육방법의 문제점을 인식하고 배움에서의 권력관계에 대한 감수성을 갖게 된 것은 큰 발전이다. 그러면 이 생각이 현실에서 잘 적용되고 있는지 어떤 어려움이 있는지 살펴보자.

강사 ——

동네 도서관에서 유명한 인문학자의 강의를 들은 적이 있다. 두 시간 강의 중 10분을 남기고 강사가 물었다. "질문 있나요?" 20~30명이 넘게 있는 장소에서 웬만한 강심장 아니면 질문하기 어렵다. 어떤 강사는 질문받기 싫다고 노골적으로 티를 낸다. 내가 일했던 곳에서도 아주 드물게 이런 강사가 있었다. 기획자(진행자)는 참여자가 자신의 의견을 말하거나 질문하는 것을 중요하게 생각해도 강사가 이런 태도라면 대화의 분위기는 만들어지지 않는다.

참여자 ──

요즘처럼 교육과 배움의 콘텐츠가 쏟아져나오는 상황에서 시민들은 단순한 수강생이나 소비자가 되기 쉽다. 십수 년째 도서관, 평생학습관에서 대중문화 강사로 활동해온 내 친구는 이렇게 말한다. "강의하다 보면 '이 여자, 얼마나 잘하나 보자' 이런 분위기일 때가 많아."

시민들이 강의를 듣기만 하면 소비자의 태도로 앉아 있기 쉽다. 강의가 재미있다, 없다를 평가하는 관객, 소비자가 되는 것이다.

기획자 ──

교육단체에는 자신의 교육철학과 방향이 있고 장기·단기 목표와 방침이 있다. 이에 근거하여 기획자는 매년 또는 분기별로 평가하고 계획한다. 어떤 기획은 접게 되고, 어떤 기획은 새로 추진한다. 같은 기획도 운영이나 방식에 변화를 주게 된다. 변화하는 시대와 참여자들의 요구를 반영하는 기획을 위해 이는 매우 중요하다.

그런데 이때 교육단체와 기관의 기획자들은 중요 사안에 대해 참여자들의 의견을 존중해서 결정하고 있는가. (몇 년 동안 지속해온 프로그램을 중단할 때 특히 이것이 문제가 된다.) 5년 동안 ○○평생교육원에서 드럼연주반에 참여하고 있었던 정민 씨(가명). 수강료가 월 2만 원이라 부담이 없었고, 강사가 매우 열정적이었다. 참여자들 몇 명이 밴드를 구성할 때도 강사가 적극적으로 도움을 주었다. 그런데 어느 날 강사가 말했다. "다음 학기부터는 드럼연주반이 없어진대요. 개인 음악 학원으로 이 수업을 옮겨갈까 해요."

정민 씨는 화가 났다. "평생학습관이 이런 결정을 할 수도 있죠. 하지만 몇 년 동안 참여한 시민들에게 의견을 물어보거나 그렇게 결정한 이유에 대해 설명은 해줘야 하는 거 아닌가요?"

평생학습관 사무실로 찾아갔다. 담당자가 말했다.

"앞으로 인문학 프로그램을 강화할 겁니다. 전문강사가 가르치는 취미예술 강좌는 없애려 합니다."

정민 씨는 나에게 말했다.

"다 정해놓고 통보만 하면서 시민이 무슨 '배움의 주체'라는 거죠? 말뿐이지."

얼마 후 나는 그 평생학습관 실무자들을 인터뷰할 기회가 있었다. 시민예술 프로그램들을 없앤 이유에 대해 물어봤다.

"오래 지속된 예술강좌는 문제가 많았어요. 수강생들이 강사를 우리 선생님, 선생님 하며 떠받들고(?) 너무 배타적인 분위기였어요."

같은 사안에 대해 강조점이 다르다. 각 입장 모두 타당성이 있을 것이다. 그런데 한번 생각해보자. 여기서 중요한 것은 무엇일까. 기획자가 새로운 방향을 모색하면서 이 같은 판단과 결정을 할 수 있다. 그런데 결정하기 전에 기획자는 무엇을 고민하고 있는지, 앞으로 어떤 변화를 왜 주려 하는지 강사, 참여자들과 공유하는 과정이 필요하지 않았을까? 물론 현실에서 이 과정이 말처럼 쉽지 않다. 하지만 최소한 각자의 욕구에 대해 존중하고 공유하는 시간이 있을 때, 교육의 세 주체는 강사, 참여자, 기획자라는 말이 성립할 것이다. 기획자가 참여자와의 소통 없이 일방적으로 결정하고 통보하는 관행 역시 참여자를 단순 수강생, 소비자로 대하는 것 아닐까? 그렇다면 어떤 변화를 고민해야 할까?

교육에서는 긴장관계도 배움의 과정

교육에서도 늘 권력관계가 작동한다. 그 관계를 잘 만들어가는 것은 그 자체가 중요한 배움의 경험이다. 일례로 몇 년 동안의 활동이 쌓인 시민서클은 참여자들보다 새로 부임한 담당실무자가 그 분야에 대해 잘 모를 수 있다. 관련된 기획이나 강사를 결정할 때 기획자와 참여자 사이에 긴장이 생기기도 한다. 이때 어떤 태도가 필요할까?

> 교육이 제대로 성립되려면, 가르치는 자도 배우는 자도, 과도한 권력을 가져서는 안 된다. 가르치는 자와 배우는 자의 힘의 균형은 교육의 과정 속에서 끊임없이 깨지고 복원되어야 한다. 교육은 그러한 역동이 이루어지는 과정이다. 서로의 권력을 인정하되, 그 권력을 견제하는 노력이 작동되어야 한다. 최종적으로 학습자에게 힘을 실어주기 위해서 말이다.[45]

기획자는 자신의 교육목표와 방향이 있고, 그에 따라 매년 구체적

---

45   정민승, 『배움의 독립선언, 평생학습』, 살림터, 2020, 70쪽.

인 기획을 하고 결정을 한다. 이때 강사, 참여자와 함께 각 주체가 어떤 고민과 욕구가 있는지 공유하고 서로 '존중'하는 과정이 필요하다. 그 결정이 모두의 욕구를 충족하지 못할 수 있다. 하지만 최소한 서로의 처지와 욕구가 무엇인지 이해할 수 있다면, 다른 보완 방법을 만들 수 있다. 각자의 길을 가더라도 서로의 길을 격려하며 필요할 때 협력할 수 있다.

시민교육과 평생교육이 배움을 통해 시민들의 민주주의 감수성과 시민력을 키우는 것을 중요한 목표로 생각한다면, 참여자, 강사, 기획자가 배움의 과정에서 당면하는 긴장이나 갈등을 해결해가는 과정 역시 민주주의를 배우는 경험이어야 한다. 민주주의 감수성과 시민력을 추상적인 언어와 개념으로 이해하는 것도 중요하다. 그런데 더욱 중요한 것은 삶의 문제를 해결해가면서 경험으로 체득하는 그 무엇이 아닐까? 이렇게 힘을 키운 시민들은 다른 삶의 현장에서도 그 힘을 발휘할 것이다.

기획한 프로그램에
다 참여하세요?

"직접 기획한 강좌나 워크숍에 다 들어가세요?" "원장님도 연극하세요?"

일하면서 자주 들었던 질문이다. 함께 참여하는 사람들은 물론 강사들도 이 점을 신기해했다. 나는 오히려 이런 질문이 놀라웠다. 다른 기획자들은 자신이 기획한 프로그램에 안 들어가나? 왜 안 들어가지? 기획안을 쓰고 강사를 섭외하고 모집을 하는 것은 그 교육의 시작일 뿐인데?

나는 내가 기획한 프로그램, 특히 새로 기획한 프로그램에는 90% 참가했다. 기획자의 역할을 교육자이자 종합예술가로 보기 때문이다. 연극연출가가 자기가 연출한 연극 공연을 보는 것은 당연하지 않은가. 배우, 관객, 무대가 제대로 작동하는지 체크하는 것이니 말이다.

내가 기획한 프로그램에 참여해야 그 기획이 원래 취지대로 잘 돌아가고 있는지 참여한 사람들의 반응을 살피고 무엇이 부족한지 알 수 있다. 질의응답이나 서로 대화하는 시간에 필요하면 적절하게 사회자, 진행자로서 개입해서 배움의 물길이 제대로 흘러가도록 역할을 할수 있다.

강의와 워크숍을 함께 경험하면 참여자들이 어떤 배움을 원하는지, 그 시기에 참여자들에게 가장 공감과 호응을 받는 포인트가 무엇인지, 앞으로 무엇을 더 발전시켜야 할 것인지 다음 단계로 무엇을 연결시키면 좋을지 감이 온다. 새로운 기획에 훨씬 더 생동감이 생긴다. 이전 프로그램에 함께 했던 구체적인 인물들을 떠올리며, 그들이 원하는 것을 구상하게 된다. 때로는 그분들과 직접 의논을 하고 의견을 들으며 기획을 할 수 있기 때문이다. 몇 가지 사례를 들어보자.

기획은 종이 위에 하는 것이 아니다

2010년에 기획했던 〈에로스의 인문학〉. 이 강좌는 솔직하게 말하면 당시 나의 질문과 고민에서 시작한 것이다. 당시 내 나이 50. 새삼 깨달은 게 있다. 인생에서 에로스가 어떤 의미인지, 개인뿐 아니라 사회와 역사의 관점에서 충만한 에로스는 어떤 힘이 있고, 그것이 억압됐을 때 어떤 문제가 있는지 제대로 공부해본 적이 없었다. 다른 사람들은 어떤지 직접 물어보았다.

"에로스에 대해 모르는 게 편해요. 오히려 제대로 알게 되면 내 인생이 어떻게 변할지 두려워요. 그냥 이대로 살래요." "그걸 뭐 공부까지 해야 해요? 난 에로스와 관련해 아무 문제가 없어요." "시민단체에서 이런 것까지 해요?" "분위기 이상한 거 아닌가요?"

다양한 반응이 있었다. 이 기획은 내가 다 공부하고 알아서 구성한 게 아니었다. 무엇을 모르는가, 더 알고 싶은 것이 무엇인가. 질문의 핵심과 흐름을 연결한 다음 강사들을 찾았다. "나도 잘 모르는데 이 강의를 맡아도 될까요?" 하는 강사도 있었다. "무엇을 모르는지 시민들과 함께 생각해보고 싶은 질문을 공유해주셔도 됩니다." 이렇게 설득하면서 기획안을 썼다.

세상에는 에로스를 주제로 한 영화, 소설, 그림 등이 넘쳐납니다. 성과 사랑에 대한 사람들의 태도는 한국사회의 현기증 나는 변화 속도 이상으로 변하고 있습니다. 그러나 그 변한 모습이 과연 아름다울까요. 과연 우리에게 성과 사랑에 대한 주체적이고 성찰적인 입장과 태도가 있을까요. 자본과 권력의 성에 대한 통제와 각본을 거부하고, 세상이 부추기는 대로 휘청거리지 않으면서 더 성숙한 인간으로서의 성을 누리고 대할 수는 없을까요.

성적 욕망을 인정하고 바라보고 즐기면서도 그 욕망에 사로잡혀 휘둘리지 않는, 더 큰 자유의 삶으로 나아갈 수는 없을지, '인간에게 에로스가 뭐길래?'라는 질문을 가볍고 진지하고 재미있게 던져봅니다.

결론은? 〈에로스의 인문학〉은 아카데미느티나무의 레전드 기획강좌가 되었다. "강의를 듣고 인생이 크게 바뀌었다. 남편, 파트너와의 관계에 대해 깊은 성찰과 배움이 있었다. 내가 배우자와의 관계에서 진정 바랐던 것이 무엇이었는지 알게 됐다"는 피드백이 들려왔다. 나아가 그 강좌에서 몇 명의 강사는 독립 강좌로 발전시켜 추가로 기획을 했다.

예술교육 역시 내가 기획했던 프로그램이 정착할 때까지는 거의 빠지지 않고 들어갔다. 춤을 추고 그림을 그리고 연극을 하며 삶의 기쁨을 나누는 서로 배움의 공동체. 처음엔 막연했지만 목표가 있었기에 겁 없이 시작했다. 나도 그 현장에서 함께 배우고 성장하면서 다음 기획을 준비했다.

소모임을 촉진하는 것도 마찬가지다. 내가 그 강좌에 참여해야 누가 소모임을 즐겁게 잘 이끌어갈 수 있을지 적합한 인물을 찾아낼 수 있다. 그 사람이 일을 할 수 있도록 막힌 부분을 뚫으며 도울 수 있다. 소모임 리더를 지원할 제2, 제3의 인물을 발견하는 것 역시 기획자의 할 일이다.

다만 기획자가 꼭 들어가지 않아도 원래 취지대로 잘 운영될 수 있는 시스템이 구축되었다면 손을 떼는 게 좋다. 강사와 다른 실무자나 자원활동가가 호흡을 맞출 수 있다고 판단했을 때 그러하다.

여러 가지 강좌를 운영하면서 일이 많은 기획자, 실무자가 모든 강좌에 참여하는 것이 어려울 수 있다. 강좌나 워크숍의 성격에 따라 기획자가 참여하지 않아도 된다고 판단할 수도 있다. 하지만 앞서 얘기했듯이 기획을 해서 강사를 모셨으니 역할을 다했다고 생각하진 말았으면 한다. 배움의 현장에 늘 새로운 길이 있기 때문이다.

강사가 있는데
진행자가 왜 필요해요?

코로나19 변이바이러스가 발견됐다는 2021년 11월. 이틀 사이에 강의 두 개를 들었다. 첫 번째 강의는 수요일 저녁 참여연대 아카데미 느티나무가 주최한 온라인 특강 〈자본은 재난을 어떻게 기회로 삼는 가〉. 정치철학자 김만권 선생님이 무료강의를 자청했고 신청자가 60명이 넘었다. 무료강의일 경우 신청만 하고 참여하지 않는 사람들이 많은데 이날은 처음부터 끝까지 55명이 넘는 인원이 함께 할 만큼 관심이 뜨거웠다. 이렇게 사람 수 많은 비대면 강의에 강사와 참여자들이 서로 소통하는 자리가 가능할까? 물론 가능하다. 그것도 아주 훌륭하게.

진행자 황미정 참여연대 아카데미느티나무 원장은 시작하기 전, 이 강의를 기획한 취지를 간단히 설명했다. 이어서 이 강의를 신청한 시민들이 어떤 궁금증을 가지고 왜 참여했는지 10분 동안 채팅창에 띄워달라고 부탁했다. '반응이 없으면 어쩌지?' 하던 차에 벌써 내가 쓸까 했던 글들이 올라왔다.

"코로나 때문에 쿠팡, 카카오 같은 대자본만 돈을 버는 것 같아요."
"부동산과 물가가 너무 올랐어요."

강의를 시작하기 전, 이런 과정은 짧은 시간에 배움의 공동체를 형성한다. 비록 온라인으로 만나지만 함께 이 시대의 문제를 고민하고 있다는 연결감을 준다. 강사도 강의할 맛이 난다. 전체 분위기에 활기가 생긴다. 사회 비판적이고 진지한 내용의 강의를 들으며, 나는 참여자들의 표정을 하나하나 살펴보았다. 사람들의 얼굴이 살아 있었다. 깊이 생각해보고 함께 호흡하고 있음이 느껴졌다. 심각한 주제임에도 강사가 웃음과 유머를 적절히 사용한 것도, 강사가 채팅창에 질문과 의견을 낸 사람의 이름을 불러주며 강의 내용에 반영하는 것도 좋았다. 강사는 중간 5분 휴식시간을 포함해 강의시간과 질의응답 시간을 정확히 지켰다. 이것은 비대면 수업의 체력적 피곤함을 감해주었다. 원활한 진행을 위해 필요한 화면을 만들어 공유한 실무자의 세심한 배려도 돋보였다.

진행자가 강사와 함께 호흡을 맞춰 시민들의 참여를 적절하게 이끌어냈을 때 그 시간은 즐겁다. 비대면 수업임에도 몸이 지쳤다는 느낌이 거의 없다. 그런데 강사가 혼자 강의만 할 때는 집중하기 어렵다. 화면을 끄고 누워버리게 된다. 강사와 진행자가 그 시간을 어떻게 끌고 가느냐. 이것이 그 차이를 결정한다.

두 번째 강의는 목요일 저녁 〈『마하바라따』와 함께 읽는『바가와드기따』〉라는 총 7강의 집중 강의. 2016년 50일 가까운 인도 여행에서 자극받아 개인적으로 인도 역사를 공부하기도 하고 〈아시아학교-인도의 과거, 인도의 오늘〉 강좌를 기획하기도 했던 나에겐 흥미있는 주제였다. 망설임 없이 신청을 했다. 그런데 첫날 수업 장소에 들어서면서 깜짝 놀랐다. 코로나가 점점 심각해지는 상황인데도 참석자가 30여 명이나 되었다. 서울도 아닌 이 산마을에? 실상사 인근 주민들의 지적 · 문화적 욕구가 어느 정도인지 느낄 수 있었다.

강사는 인도 고전번역가로 이 주제에 대해 30년 동안 연구한 내공 있는 분이었다. 이 주제를 씹어 삼킨 듯 강의가 풍부하고 깊이 있었다.

나는 총 7회 중 2회까지 힌두 경전의 중요한 개념과 신들의 가계도를 따라가느라 정신을 못 차렸다. 하지만 『바가와드 기따』 책을 정독하고 그 전체 흐름을 '느끼고' 나니 강의가 훨씬 재미있었다. 그런데 아쉬움이 있었다. 이 수업에는 진행자가 없었다.

강사는 전달하고 싶은 내용이 많다. 이것도 말하고 싶고 저것도 중요하고. 그러다 보면 참여자들 한 사람 한 사람이 눈에 들어오지 않는다. 적극적으로 손들고 말하는 사람이 있으면 그 사람하고만 얘기가 오고 가기 쉽다. 다른 참여자들은 하고 싶은 말이 있어도 끼어들기 어렵다. 그날도 그 주제에 대해 박식한 분이 내 뒤에 앉아 강사와 이야기를 계속 주고받았지만, 그 대화가 무슨 의미인지 와닿지 않았다. 다른 사람들은 어떨까? 어쩔 수 없이(?) 나는 손을 들었다.

"강사님, 시작할 때 오늘이 마지막 날이니 소감이나 질문 나누는 시간이 있다고 하셨죠? 25분 남았어요."

수강생이 이런 얘기를 한다는 것은 쉬운 일이 아니다. 못 말리는 나의 직업의식과 소명의식(?)이 발동한 것. 다행히 강사는 흔쾌하게 마이크를 수강생들에게 넘겼다. 참여한 사람들이 각자 자신이 이 수업을 왜 들었는지, 어떤 배움과 어려움이 있었는지, 어떤 질문이 새롭게 생겼는지 이야기했다. 총 7회 49일 동안 함께 공부하는 사람들의 눈빛을 보고 목소리를 들으니, 11월 말이라 추웠던 강의실에도 웃음과 생기가 흘렀다. 강사 역시 자신의 강의가 사람들에게 어떤 감응을 일으켰는지 확인하며 즐거워했다.

진행자, 확실한 포지셔닝을 하자

보통 시민교육의 강의프로그램에는 진행자가 없는 경우가 많다. 누군가 강사 소개를 하고 다음 시간 공지를 하는 정도. 이런 방식은 일방적인 강의가 되기 쉽다.

기획자가 진행자 역할을 하면 가장 좋다. 그는 왜 그 기획을 그 공간에서 했는지 정확하게 알고 있다. 그렇기 때문에 참여자들이 하는 질문의 맥락을 잡아줄 수 있고, 때로는 그 시간에 꼭 짚어야 할 질문을 순발력 있게 할 수도 있다. 참여자들의 눈높이에서 강사와 참여자들을 연결하는 역할을 할 수 있다. (물론 기획자와 별도로 진행자가 있을 수도 있다.)

이때 중요한 것은 진행자의 포지셔닝. 진행자는 자신이 어떤 역할을 왜 하는지 강사와 참여자들과 공유해야 한다. 강사가 강의를 할 때는 참여자 자리에 있었더라도, 질문과 대화 시간에는 강사의 옆자리에 앉아 사회자 역할을 해야 한다. 말을 길고 장황하게 하는 사람이 있다면 재치 있게 '사인'을 주고, 이야기가 한 사람에게 집중되지 않도록 시간과 분위기 관리도 해야 한다.

물론 강사가 진행자 역할을 겸할 수도 있다. 문제는 모든 강사에게 참여자들과의 원활한 소통을 기대하기 어렵다는 것. 참여자와 호흡을 잘하는 강사에게도 기획자가 조금 더 나은 진행을 위해 새로운 제안을 할 수 있다.

한 가지 예를 들어보자. 참여연대 아카데미느티나무에서는 정치철학이나 검찰개혁에 대한 수업시간에도 강의가 끝나면 옆, 앞, 뒷사람들과 두 명 아니면 서너 명이 10~15분 동안 대화하는 시간을 가졌다. 강의를 들으며 새롭게 다가온 것, 질문하고 싶은 것을 이야기하고 강사에게 질문하고 싶은 것을 뽑았다. 일방적인 강의가 아니라 함께 하는 분위기를 만들어낸 것이다. 물론 쉽지는 않다. 처음엔 뭔가 어색하다. 여긴 왜 이런 걸 시키나 저항감을 표하기도 한다. 그러나 한 번 두번 경험하면 그 과정에 재미를 느끼는 사람이 생긴다. 그런 사람들은 나중에 적극적으로 대화의 물꼬를 터준다.

강의 프로그램에도 진행자 역할을 하는 사람이 있으면 좋겠다. 그래야 함께 하는 배움이 활기가 있다. 배움이 즐겁다.

시위가 대화와
축제가 되려면

나에게 시위 DNA가 있는 걸까? 아니면 이것도 경험하면서 개발되는 걸까? 나는 내향적인 사람이다. 성격검사를 하면 내향성이 압도적이다. 초등학교 4학년 때였나? 오락시간에 친구들 앞에서 눈앞이 까매지며 완전 얼음이 되어 울음을 터트렸을 정도다. 대학 운동권 서클에 들어가 세미나를 할 때도 무슨 말을 해야 하나 늘 긴장했다. 조리있게 내 생각을 말하지 못해 서둘러 입을 닫곤 했다.

그런데 1980년 5월을 경험하고 조금씩 달라졌다. 전두환 독재정권이 가장 서슬 퍼렇던 1981년 5월 학교 안 시위현장에서 정말 놀랐다. 나 자신에게. 그날 데모를 주동했던 학생들이 모두 잡혀갔는데도 나는 일군의 시위대와 함께 구호를 외치고 노래를 부르며 교정을 휘젓고 다녔다. 지금 생각으로는 거리도 아닌 교내에서, 몇 시간도 아니고 고작 30~40분 시위한 게 뭐 대수냐 할 수 있다. 하지만 그땐 단 5분 시위를 해도 학교 안 사복경찰들에게 개처럼 끌려갔다. 경찰서에서 온갖

고문을 당하고 1년 이상 징역을 살아야 했다. 목숨을 내놓는 듯 비장했다. 경찰서에서 별의별 고문을 당했다. (학교마다 차이가 있겠지만 내가 다녔던 대학 관할 경찰서 정보과는 악명이 높았다. 하지만 지금 고문 얘기를 하려는 게 아니다.)

그날 난 경찰에게 주동자로 오해를 받았다. 시위가 끝나고 교수회의에서 시위 주동자가 주은경이라는 얘기가 있었을 만큼. 다행히(?) 조사를 받은 시위 주동자들이 내가 누군지도 모르는 상황이 밝혀졌고, 나는 보름 동안 친구 집을 전전하다 집으로 돌아왔다. 그런데 그걸로 끝이 아니었다.

나는 겁이 많다. 몸이 약하기도 하고 심한 고문을 당했기 때문에 체포되거나 맞는 것에 과도한 공포가 있다. 시위할 때는 늘 끝에 섰다. 그런데 그렇게 벌벌 떨면서도 시위에 참여하는 건 거의 본능적이다. 시위대를 마주치면 그들의 눈빛, 분위기를 자세히 살핀다. 시위대의 에너지는 그 행동의 정당성과 자신감을 말해준다. 내가 참여하는 시위대 안에서도 뭐가 있는지, 뭐가 부족한지 늘 놓치지 않으려 한다.

그런데 언젠가부터 집회와 시위가 완전 스테레오타입이 되어버렸다. 연사는 고래고래 소리 지르며 길게 말하지만, 참여자들은 귀 기울여 듣지 않는다. 심지어 졸거나 그 시간에 술 마시고 오는 사람도 있다. 왜 이렇게 되었지? 이게 무엇을 의미하는 거지? 주의 깊게 관찰하며 몇 가지 든 생각이 있다.

첫째, 집회와 시위의 중심 이슈가 있을 때, 주최 측은 참여한 사람들 스스로 그 이슈에 대해 자기표현을 자유롭게 할 수 있게 문을 열어주고 판을 깔아주어야 한다. 그 이슈에 관심이 역동적이면 참여자들이다 알아서 한다. 이미 광우병 촛불, 세월호, 박근혜 대통령 탄핵시위에서 우리는 그 경험을 하지 않았나?

특히 박근혜 대통령 탄핵시위에는 시민들이 자발적으로 만들어 나온 유쾌한 창작물들이 넘쳐났다. 나도 참여연대 아카데미느티나무 친구들과 커다란 노란 천에 "탄핵 박근혜!" 글씨를 색테이프로 붙여 망토를 만들어 입고 나갔다. 코트와 모자에 "당장 나가!" 글자를 크게 붙였다. 모두 처음 해보는 짓(?). 서로 보며 깔깔 웃었다. 우리는 거리로 나갔다. 광화문 거리에서 20명이 함께 춤을 추며 탄핵퍼포먼스를 했다. 새누리당 당사를 지키는 경찰버스 앞에서도 겨울비를 맞으며 춤을 추었다.

그런데 언제부턴가 다시 시민들이 주체적으로 신나게 참여하는 시위 문화가 약해졌다. 2019년 검찰개혁 시위는 다시 무대 중심이 되었다. 집회나 시위가 주최 측 중심이 되면 어쩔 수 없이 정형화된다. 군데군데 화가들이 캐리커처 그림을 그리고, 고급종이에 인쇄된 네모글씨를 마치 카드 섹션하듯이 들었다 내렸다 하는 정도. 그나마 내가 가장 기분 좋았던 것은 여의도의 전철역에서였다. 시민들이 말하고 싶은 내용을 적은 수천 수만 개의 작은 포스트잇들이 수십 미터 벽을 가득 메우고 있었다. 훌륭한 설치예술이었다.

시민들의 창의적인 힘을 믿고, 시위 참여자들이 자신 있게 자기표현을 할 수 있게 분위기를 만들어내면 좋겠다. 물론 이것을 주최 측에만 바라지 말자. 시위에 참여할 때, 이렇게 준비해서 나가겠다는 시민들의 자발적인 마음과 행동이 필요하다.

둘째, 집회와 시위는 동일한 성향의 참여자들이 한 자리에 만나 서로 격려하고 앞으로 더 잘 해나기 위해 힘을 다지는 자리다. 동시에 자신들에 동의하지 않는 사람들과 '대화'하는 시간이다. 일방적으로 선언하는 자리가 아니다. 물론 그 대화의 형식은 시대와 상황에 따라 변화한다.

과거 엄혹했던 박정희, 전두환 독재정권 시절에는 20대 청년들이 자신의 모든 걸 걸고 시위를 하고 징역살이를 했다. 세상에 이런 목소리가 있음을 신문 한 줄에라도 내는 게 중요했다. 그런데 민주화된 지금도 우리 사회의 집회와 시위는 획일적인 문화가 지배한다. 군대식 문화가 남아 있다. 자연히 참여한 사람들의 에너지가 눌리고 죽어버린다. 이걸 해결하려면 우선 연단을 향해 몇 시간 앉아 있는 방식부터 바꿔야 한다. 시위자로 하여금 들썩이게 해야 한다.

2020년 독일에 체류했던 조선희 전 서울문화재단 대표이사의 페이스북에서 흥미로운 글과 동영상을 발견했다.

베를린 브란덴부르크광장에 산책을 나갔다가 우연히 만난 농민시위대. 거대한 바퀴의 트렉터들이 개성만발 플래카드를 앞세우고 베를린 도심을 행진했다. 나중에 《디 벨트Die Welt》지에서 확인한 바로는 트렉터 수백 대에 시위군중은 2만 7천 명 정도. 베를린 말고도 여러 도시에서 동시다발로 열렸다 했다. 주최 측은 농민단체가 아니라 페이스북을 통해 모인 사람들. 공지된 준비물은 냄비-강력한 음향장비!

(…) 화나서 거리로 나온 농민 또는 지지자들은 한편 절박한 캐치프레이즈를 내걸면서도 한편 재기발랄하고 위트 넘친다.

"그들은 시위라는 것이 바깥사람들과의 대화이며 대화란 어떠해야 하는지 정확히 알고 있는 것 같다"는 이야기가 특히 인상적이었다.

셋째, 집회와 시위가 집단적인 대화에서 더 나아가면, 일종의 리추얼이나 페스티벌, 축제가 될 수 있다. 베를린의 3.8 여성대회가 그랬다. 조선희는 그날의 풍경을 이렇게 전한다. "코로나는 확산 추세였지만 베를린은 세계여성의 날을 공휴일로 지정한 도시였다. 임신 3개월 이후의 임신중단 처벌, 여성폭력과 인권침해, 빈곤과 저임금, 그리고 난민여성 문제 등 다양한 이슈를 들고 사람들이 거리 행진에 나섰다. 똑같은 조끼를 입고 나왔거나, 인쇄된 플래카드를 들고 나온 팀은 없다." 영상 속에서 사람들의 옷차림은 다들 개성이 넘치고, 피켓도 직접 만들어 나온 티가 역력하다. 행진할 때, 음율 박자에 맞춰 몸을 들썩이고 냄비 북 등을 두들긴다. 흥겨운 축제의 마당이다.

미국 '코드 핑크'의 시위 역시 매우 흥미롭다. 미군이 이라크전에서 발한 '코드 옐로'를 조롱하며 만든 여성들의 평화운동조직 '코드 핑크'. 이들의 시위 사진을 보면, 분홍색 티셔츠, 드레스, 스카프를 하고 피케팅을 한다. 환하고 즐겁다. 피켓 하나하나 손으로 쓰고 붙여서 만들었다. 귀엽고 경쾌하다.

그렇다. 시위가 축제가 될 수 있고, 애도의 리추얼이 될 수 있고, 분노를 표출하는 집단 퍼포먼스가 될 수 있다. 이런 변화는 한국에서도 이미 시작되었다. 한국의 3.8 여성대회나 성소수자들의 퀴어축제는 발랄하고 유쾌하다. 춤을 추고 노래를 부르고 퍼레이드를 한다.

2022년 9월, 3만여 명이 참여한 기후정의행진. 이날 시민들은 마을, 모임별로 각자 알록달록한 피켓이나 천으로 수놓은 깃발을 만들어 나왔다. 인문학공동체 '문탁'에서는 20여 일 동안 SNS에서 기후정의에 대한 피켓 릴레이를 했고, 그 덕에 다른 사람들도 점차 관심을 갖게 되었다. 엄마가 릴레이에 참여하는 걸 보며 초등학교 4학년 아들은 "정부는 자나요?"라는 재치 있는 글에 그림을 그리기도 했다.

그러나 노동조합처럼 단일 대오가 형성되어 있는 집단, 특히 남성 중심의 조직일수록 이것이 쉽지 않다. 그래도 시냇물이 바위를 뚫듯, 변화를 만드는 사람들이 있다. 문화연대 신유아 활동가에 따르면 대공장 노동조합과 시민운동단체에서도 점차 변화가 일어나고 있다. 특히 여성사업장의 투쟁이 늘어나면서 현장에서 뜨개질이나 소품 만들기 등 스스로 만들고 참여하는 새로운 시위문화가 확산되고 있다고 한다.

이런 흐름을 촉진하기 위해 '사회운동단체 활동가들과 함께 하는 시민예술행동 기획 워크숍' 같은 걸 시도해보면 어떨까? 시위에 나가기 전에 지부별로 조직별로 자신들이 요구하는 구호를 직접 써보자. 이게 말이 되나 안 되나 수다를 떨고, 낄낄거리고, 때로는 심각해지기도 하고. 피켓에 그림을 그리고 소품을 준비하며 작은 흥분감을 즐기자. 그 자유로운 표현이 일종의 리추얼이며 축제다. 그것을 함께 경험한 집단은 더욱 단단한 공동체가 된다.

함께 하는 기억은 힘이 세다

결혼식, 장례식 모두 형식적 행사가 되어버린 시대. 기쁨과 슬픔에 푹 빠졌다가 새롭게 '재생(revital)'하는 진정한 리추얼(제의)이 실종되었다. 그러나 사람에겐 혼자 감당하기 힘든 감정 특히 슬픔이 찾아오면 다른 사람들과 함께 그 마음을 나누는 시간이 필요하다.

세월호가 침몰했을 때 슬픔, 미안함, 연민, 분노의 감정으로 몸부림을 쳤다. 몇 날 며칠 잠을 잘 수 없었다. 무얼 해야 하나. 어딜 가야 하나. 함께 눈물 흘리며 서로 안아줄 사람들이 필요했다. 마음 갈 곳이 없었다. 이럴 때 사람들은 광장으로 나간다. 우리 모두 나약한 존재. 하지만 함께 눈물을 흘릴 수 있다면, 그 슬픔이 밖으로 흘러 넘쳐 많은 사람의 마음을 적셔줄 수 있다면, 우리는 서로에게 의지하며 다시 살아갈 힘을 얻는다.

광장에서 시민들의 붓질로 완성한 걸개그림

2014년 세월호 희생자 합동분향소가 설치됐던 서울시청 광장. 참여연대 아카데미느티나무의 소모임 '그림자' 회원들은 강사 고경일 선생님과 함께 광장으로 나갔다. 세월호 승객들이 사고 없이 제주도에 도착해 즐거운 시간을 보내는 모습을 상상하는 그림을 그리기 위해. 5월 2일 밤, 비 온 뒤의 서울시청 광장은 뜻밖에 쌀쌀했다. 약 15명이 곱은 손을 호호 불며 가로 30미터, 세로 1미터의 대형 천에 밑그림을 그리고 밤늦게까지 색칠을 했다. 세월호 희생자 한 사람 한 사람을 생각하면서. 다음날 토요일도 이른 아침부터 다시 작업을 시작했다. 광장에 나와 구경하던 시민들도 함께 쪼그리고 앉아 붓을 들었다. 이렇게 이틀 동안 여러 사람이 손을 모아 완성한 거대한 그림은 5월의 햇살 아래 펄럭였다. 구겨졌던 마음도 조금은 가벼워지는 듯했다.

사람의 '소리'는 빛보다 멀리 간다 - 사운드 오케스트라

2018년 광화문 광장. 30여 명의 사람들이 세월호 추모 사운드 오케스트라를 했다. 황정인 음악활동가의 지휘에 따라 시민들은 몸을 악기 삼아 손뼉을 치고 발로 바닥을 쳤다. 눈짓, 발짓으로 하모니를 함께 만들어가는 퍼포먼스. "사람의 소오리는 빛보다 머얼리 간다고 하아죠."[46] 리듬을 넣어 말을 하고, 깡통과 냄비를 두드리고 돌림노래를 했다. 해보면 알 수 있다. 즉흥 소리내기가 얼마나 신나고 재미있는지.

시민 30여 명이 내는 '소리'는 작았지만 함께 기억하려는 마음이 만들어낸 하모니의 힘은 강렬했다. 이성과 사고보다 직관과 즉흥을 사용하고, 연습한 것보다 정리되지 않은 것을 즐겼다. 태극기부대의 확성기를 '인간이 내는 소리'가 이겨낸 시간이었다.

치유와 화합의 '평화의 둥근 춤'

2019년에도 광화문 광장에서 평화의 둥근 춤으로 서로를 위로했다. 이 춤은 다수의 시민들이 말 그대로 손에 손을 잡고 원을 만들어 추는 춤이다. 음악을 들으며 단순한 스텝과 움직임을 반복하면 평화를 위해 기도하는 마음으로 온전히 하나가 된다. 보통의 경우처럼 무대 위에서 관객들에게 보여주기 위해 추는 춤이 아니다. 이선, 강휴 선생님과 이전에 몇 차례 워크숍에 참여했던 시민들이 한번 모여 연습을 하고, 세월호 기념일에 광장으로 나가기 직전에 다시 한번 연습을 하는 방식

---

46 중국에서 금서로 지정된 위화의 에세이 책 제목 『사람의 목소리는 빛보다 멀리 간다』(김태성 옮김, 문학동네, 2012)에서 따왔다.

으로 계획을 짰다.

그리고 집회 당일 시민들 30여 명이 하얀 옷에 노란 스카프를 드레스코드로 정하고 광장에 모였다. 바람이 무척 강했던 그날, 한 사람이 노란 스카프를 양손에 펼쳐 들고 번쩍 들어올린다. 사전에 계획한 것이 아니다. 이어서 하나 둘 셋 노란 스카프들이 춤을 추듯 바람에 펄럭인다.

그때 태극기부대의 무지막지한 스피커 시위가 광장을 채운다. 기계 소음이 고막을 찌른다. 우리는 음악 대신 입과 발로 박자를 맞추며 둥근 원을 만들어 춤을 추었다. 그 어떤 거대한 폭력이 다가와도 손잡고 춤을 추겠다는 의지로. 눈부신 봄날이었다.

코로나 시대, 온라인 광장에서 춤을 – 세월호 리추얼

2020년, 코로나가 일상을 압도한 후 광장은 닫혔다. 이때 '도시의 노마드'는 온라인 광장을 찾아냈다. 세월호를 기억하는 춤 영상을 만들어 유튜브에 올렸다.

지리산 노고단에 올라가 떠오르는 새벽 해를 보며, 다섯 살 아이와 함께 광화문 광장에서 노란 리본의 숲을 배경으로, 자신의 방과 거실에서, 학교 운동장에서, 검은 마스크와 검은 옷을 입고서. 사람들은 그렇게 자기가 있는 장소에서 춤을 추었다. 그리고 "세월호는 나에게 무엇인지" 글씨를 쓰고 그림을 그렸다. 이렇게 춤추는 영상 속 사람들의 메시지들을 연결하니 아름다운 시가 되었다.

세월호는 나에게

분노와 슬픔의 동백꽃이다

미안함, 미안함이다. 함께 기억함이다.

아비의 부끄러움이다.

광화문의 칼바람이다.

세월호는 배움터다.

세월호는 나에게 다시 시작이다.

눈물방울이 모여 세상의 소금이 되었다.

느티나무 시민연극단원들은 각자의 컴퓨터 앞에서 따로 그러나 함께 4.16을 기념했다. 연극대본 〈그녀를 말해요〉를 낭독하며. 2016년 4월에 초연된 〈그녀를 말해요〉는 배우들이 세월호 유가족 어머니들을 만나 인터뷰하고, 다시 그 배우들을 인터뷰해서 제작한 다큐멘터리 형식의 연극이다.

"예은이 성격은 어땠나요?" "그럼 어머니, 아버지 두 분 다 맞벌이를 하신 거예요?" "지현이 목소리가 어땠어요?" "지성이 사춘기는 언제 왔어요?" "사고 이후, 쭉 이렇게 활동해오시면서 제일 화나거나 답답했던 건 뭐예요? 제일 위안이 됐던 건요?"

동방신기 유노윤호를 너무 좋아했던 아이, 엄마의 생일날 미역국을 직접 끓여주며 다감했던 아이, 엉덩이가 통통하고 다리가 쭉 뻗어 있던 아이. 욕망과 희망이 살아 있는 내 옆의 '사람'이다. 대본을 낭독하면서 희생자와 유가족의 삶을 느낀다. 아이들도 그 부모들도 '희생자'와 '유가족'이라는 말에 갇힌 사람들이 아니다.

고해인, 김민지, 김민희, 김수경… 시민연극단원들은 대본 속 304명의 이름을 하나하나 불러본다. 목이 메는 걸 참으며.

이렇게 그 '사람들'을 함께 기억하고 느낀다는 것은 당신과 내가 연결되어 있다는 증거다. 이 연결을 함께 하는 사람들의 존재가 고맙다. 함께 했던 기억은 힘이 세다. 이렇게 공명하며 더욱 단단하게 다시 태어나는(rebirth) 광장의 시간. 기념일은 그런 시간이어야 한다.

여행을 하다 우연히 발견했던 글귀가 있다. "Art is therapy. Art changes people. People change the world." 예술은 사람을, 사람은 사회를 바꾼다. 두려움 없이 자기표현을 하며 시민이 스스로를 치유하는 예술. 이런 예술은 시민을 변화시키고, 그 시민은 세상을 변화시킨다. 'culture'는 자신을 경작하는 것, 이를 통해 사회를 경작하는 것이다.

시민교육은 나의 '다순구미 마을'

2020년 가을, 정년퇴직을 기념해 첫 개인전을 했다. 두근두근. 전시회 제목을 고민하다 문득 마음을 치는 것이 있었다. 내가 그렸던 〈나의 다순구미 마을〉.

나에게 그림은 다순구미 마을이었다. 다순구미. '따뜻하고 양지바른 언덕'이란 뜻이다. 목포 여행길에 만났던 이곳은 골목골목 다정했고 지붕 창문 꽃나무를 그릴 땐 소곤소곤 마음을 나눴다. 풍경이 말을 걸어오는 소리가 들렸다. "나를 꼭 그려야 해요." 나이 50에 시작한 그림은 참 좋은 친구였다. 사랑스럽고 답답하고 슬프고 벅차오를 때 깊은 위로를 받았다.

소박한 마음에서 시작한 개인전. 10년 동안 그렸던 40여 점의 그림들. 장롱 위, 침대 밑에 쌓인 액자들을 한번은 털고 싶었다. 동시에 이 것은 또 다른 의미의 기획이었다. '두려워 말자. 그냥 좋아서 그린 그림들로 개인전을 할 수 있다.' 그림 그리는 친구들에게 용기를 주고 싶었다. 그런데 전시 보러 온 사람들을 만나며 새삼 발견한 게 있었다. 나를 키운 8할(?)은 이들이구나. 배움을 통해 맺은 인연 덕분에 참 즐겁고 행복했구나. 나에겐 시민교육이 '다순구미 마을'이었구나. 힘들 때 찾아가 뭉개고 수다 떨며 위로받았던 친구. 문제 해결을 위해 함께 공부하고 궁리했던 동료. 크고 작은 저항을 작당했던 동지였구나.

　나의 개인전이 그림을 통해 지난 시간과 인연을 기억하고 감사를 나누는 리추얼이었다면, 이 책을 쓴 시간 역시 그러했다. 시민교육기획의 현장에서 함께 했던 사람들을 떠올리는 시간은 행복했다. 하지만 글 쓰는 건 달랐다. 재단하고 박음질하고 뜯어내는 과정이 고단했다. 할 이야기는 많은데 글 만드는 능력은 부족했다. 그래도 용기를 내자. 여기까지가 지금 내가 할 수 있는 최선임을 인정하자.

　탈고할 즈음 더 하고 싶은 이야기들이 생긴다. 희망했던 일이 이뤄지기도 한다. 느티나무 시민연극단은 최근 세 명의 단원들이 자신의 이야기로 대본을 써서 여덟 번째 정기공연을 했다. 시민배우들의 이야기를 담은 다큐멘터리 〈연극, 할까요?〉(70분)도 제작했다. 영화제에 출품해도 될 만큼 훌륭한 작품이다.

　'모든 시민이 기획자.' 이것도 실현되고 있다. 시민연극단의 R은 자신의 지역에서 '교육'을 주제로 시민들을 모집해 토크모임을 했다. 고생은 했지만 뿌듯했다며 다음 기획을 준비한다. '도시의 노마드' 친구 M도 한강에서 멋진 춤 워크숍을 기획해 성사시켰다. 포도농사를 짓는 J는 협동조합을 만들어 지역의 자연과 역사를 공부하는 트래킹코스를 운영하고 있다.

'노년서클' 친구들도 활동력이 대단하다. H는 '무연고 독거노인 돕기'를 하다가 '생전 1% 유산 남기기 프로젝트-내 생애 마지막 기부클럽'을 기획했다. S는 독서모임 지도자과정을 마친 후 '단편소설 낭독프로젝트'를 시작했다. 동네책방에서 자원활동을 하는 G는 자신에게 친절해지는 시 한 편을 골라 매일 필사를 해왔는데, 노트 30권이 넘는다고 한다.

내가 미처 생각지 못했던 좋은 기획을 하는 공간들도 눈에 뜨인다. 한 언론사는 그동안 해왔던 시민교육기획 방향에 대해 어떤 변화를 줄 것인지 고민하면서, 또 다른 문화운동단체는 새롭게 시민교육을 시작하기 위해 내 의견을 물어온다. 이런 좋은 자극을 받으면 더 쓰고 싶다. 그러나 이제 그만. 나를 말려야 한다. 이러다 책 못 낸다.

언젠가 선물처럼 다가온 꿈이 있다. 꿈에서 나는 작은 화분 하나를 돌보고 있다. 키 50센티미터 남짓한 작은 나무. 연녹색 이파리들이 올라오고 있다. 아래쪽엔 시들한 잎들이 옹기종기 모여 있다. 시든 잎을 잘라냈다. 개운하다. 내가 정리한 건 무엇일까? 새롭게 자라날 것, 더 키워야 하는 것은?

누군가는 말한다. 정년퇴직하면 이전 자신의 직업은 잊어야 한다고. 글쎄. 잘 모르겠다. 이 책의 첫머리에 말했듯이 "직업을 나의 진정한 기쁨과 세상의 깊은 허기가 서로 만나는 장소"로 생각하고 살아온 사람에겐 직책을 내려놨어도 소명은 남아 있다. 그 소명을 어떻게 경작하면 좋을까? 나는 앞으로 일궈갈 나와 우리의 시간이 궁금하다.

지금 나는 지리산 자락의 마을에 있다. 며칠 전엔 실상사의 빨간 보리수열매에 홀려 그림을 그렸다. 쨍 소리 나는 햇살에 이불을 말리는 사이, 고양이가 살그머니 왔다 간다. 창문 밖 절의 타종소리에 실려 고마운 얼굴들이 떠오른다.

지난 시간을 함께 만들어온 동지들, 글을 쪼아내느라 힘들 때 투정을 받아준 가족, 의논상대가 되어준 동료들, 외로울 때 나의 비빌 언덕이었던 지리산 친구들, 그리고 매일 산책을 함께 한 강아지 몽이도 고맙다. 부족한 나의 글을 늘 재미있게 읽고 격려해준 궁리출판사 김주희 편집자에게도 고마운 마음을 전한다.

• • •

인생을 담은 책은 친근하고 세월을 담은 책은 깊이가 있다. 경험을 조심스레 내어놓아 나의 삶에 빛이 된다면 더 말할 것 없이 좋은 책이다. 그 좋은 책의 범주에 이 책이 있다.

이 책은 운동권 학생에서 노동운동가로, 다큐멘터리 작가에서 시민교육기획자로 내면의 열망과 세상의 요청이 맞아떨어지는 지점을 따라 천천히 그러나 거침없이 살아왔던 경험의 고백록이며, 동시에 그 경험의 동력인 시민교육과 평생학습에로의 초대장이다.

30여 년 교육경험에 대한 회고를 통해, 작가는 시민과 함께 만들어 낸 교육활동들이 인생의 본질적 가치를 구현하는 놀이·창조의 기획이었으며, 시민들이 주인이 된 배움의 경험은 즐거움과 해방감 속에서 성장을 이루어낸다는 점을 생생하게 보여주고 있다.

작가는 춤을 추고, 연극을 하고, 그림을 그리고, 영상을 찍고, 전시회를 하는 일이 긴장되고 소외된 과정이 아니라 느슨하고 행복한 연대의 과정이 될 수 있음을, 그리고 그 중심에 교육적 성장이 있음을 알려준다.

학교에서의 학습이 입시에 자신을 내어주는, 그래서 암기로 '자신을 잃는' 작업이었다면, 시민교육기획 노트가 보여주는 배움은 내 삶의 깊은 활력을 되찾는 '자신을 찾는' 활동이다. 그것은 경쟁적 자아가 관계적 자아로 전환하는 회복의 과정이며, 과도한 정보홍수에 쓸려가던 자아가 내면의 욕구를 살피는 자아로 변해가는 창조의 과정이다.

이 책이 움츠러들고 힘없는 '나'들이 더 나은 세상을 만드는 흥겨운 '너와 나'들의 움직임으로 피어나기를, 모든 사람의 반짝반짝한 '인생 기획 노트' 한 권씩으로 이어지기를 바란다.

정민승 (한국방송통신대학교 교육학과 교수)

• • •

　한국의 시민사회는 촛불광장으로 최고 권력자를 탄핵시켰을 만큼 잠재력이 자라났다. 그렇게 되기까지 여러 요소가 맞물렸는데, 시민들이 스스로 배우며 함께 성장하는 마당을 빼놓을 수 없다. 시민교육은 현실을 읽으면서 새로운 세계를 상상하는 문화운동으로 자리잡았고, 거기에는 주도면밀한 기획과 활동이 뒷받침되었다.

　저자는 바로 그 중심에 서 있었다. 그가 시민교육이라는 영역을 개척하고 그 안에 다양한 장르를 디자인해온 바탕에는 노동운동과 다큐멘터리 작가를 거치면서 추구해온 공동체에 대한 열망이 깔려 있다.

　이 책은 저자가 종합예술가의 안목과 감수성으로 시민교육을 기획해온 선구적 여정을 세밀하게 기록하고 있다. 프로그램 구상에서 점검해야 할 사항과 운영의 노하우를 깨알같이 전하면서도 그것이 조응하는 시대의 맥락을 놓치지 않는다.

　황량한 시대에 나무그늘 같은 배움터를 묵묵하게 일궈온 저자의 발자취를 더듬으면서 우리는 새삼스럽게 느끼게 된다. 삶에 대한 경외감, 관계의 소중함 그리고 시민의 위대함을.

　　　　김찬호 (성공회대학교 초빙교수, 『모멸감』 · 『대면 · 비대면 · 외면』 저자)

어른에게도
놀이터가 필요하다

1판 1쇄 펴냄 2022년 10월 20일
1판 2쇄 펴냄 2023년 6월 5일

지은이 주은경

주간 김현숙 | **편집** 김주희, 이나연
디자인 이현정, 전미혜
영업·제작 백국현 | **관리** 오유나

펴낸곳 궁리출판 | **펴낸이** 이갑수

등록 1999년 3월 29일 제300-2004-162호
주소 10881 경기도 파주시 회동길 325-12
전화 031-955-9818 | **팩스** 031-955-9848
홈페이지 www.kungree.com
전자우편 kungree@kungree.com
페이스북 /kungreepress | **트위터** @kungreepress
인스타그램 /kungree_press

ⓒ 주은경, 2022.

ISBN 978-89-5820-795-5 03300